비즈니스 워크플로 101

M&A 실사부터 해외 업무 협업, 영어 제안서 작성까지
영어로 말하고 쓰고 일하는 법

비즈니스 워크플로 101

초판 1쇄 발행 · 2023년 11월 25일

지은이	한지혜
발행인	이종원
발행처	(주)도서출판 길벗
출판사 등록일	1990년 12월 24일
주소	서울시 마포구 월드컵로 10길 56(서교동)
대표 전화	02)332-0931	팩스 · 02)323-0586
홈페이지	www.gilbut.co.kr

기획 및 책임편집 김효정(hyo@gilbut.co.kr) **O 외주 편집** 정영주 **O 디자인** 글리치팩토리 **O 제작** 이준호 손일순
이진혁 **O 마케팅** 이수미 장봉석 최소영 **O 영업관리** 김명자 심선숙 **O 독자지원** 윤정아 전희수 **O 전산편집** 영림인쇄
CTP 출력 및 인쇄 예림인쇄 **O 제본** 예림인쇄

ISBN 9791140706778(03740) (길벗도서번호 301166)
ⓒ 길벗
정가 25,000원

독자의 1초를 아껴주는 정성 길벗출판사

길벗	IT실용서, IT/일반 수험서, IT전문서, 경제경영서, 취미실용서, 건강실용서, 자녀교육서
더퀘스트	인문교양서, 비즈니스서
길벗이지톡	어학단행본, 어학수험서
길벗스쿨	국어학습서, 수학학습서, 유아학습서, 어학학습서, 어린이교양서, 교과서
페이스북	www.facebook.com/gilbuteztok
네이버 포스트	http://post.naver.com/gilbuteztok
유튜브	https://www.youtube.com/gilbuteztok

비즈니스 워크플로 101
Business Workflow 101

한지혜 지음

책머리에

이 책은 <비즈니스 영어>가 무엇인지 고민하는 것에서부터 출발했습니다. 수년간 한국에서 외국계 컨설팅 회사와 금융 업계에 종사하기 전, 저는 해외에서 학교를 졸업하고 호주와 미국에서 직장 생활을 했습니다. 그런데 그때 썼던 비즈니스 영어와 한국에서 쓰는 비즈니스 영어에는 다른 점이 많았습니다.

한국에서 영어를 사용할 때는 문화적 차이에 따라 변형이 필요했고, '책임준공', '신탁구조' 등 일부 금융 개념들은 영어로 설명하기도 쉽지 않았습니다. 대화 도중에 등장하는 '콩글리쉬' 때문에 개념이 더 모호해질 때도 있었고, 아예 한국에서만 쓰이는 영어 단어들도 있었습니다. 결국 <비즈니스 영어> 교육은 아래 세 가지 니즈를 모두 충족해 줄 수 있어야 한다고 생각했습니다.

먼저, 가장 기본적인 <영어 실력>을 향상시킬 수 있어야 합니다. 비즈니스 영어에 대한 고민을 시작하고, 대기업 임원분들과 1:1 영어 수업을 할 기회가 많았습니다. 대부분 상대적으로 영어에 익숙하지 않은 데도, 적은 어휘와 표현으로도 문제없이 업무를 수행하는 분들이 많았습니다. 결국 일머리가 좋은 분들, 즉 업무 능력이 뛰어난 사람들은 설령 언어 능력에 다소 한계가 있더라도, 영어에 능숙한 분들보다 네트워킹이나 협상, 업무 처리면에서 더 뛰어난 능력을 발휘한다고 볼 수 있을 것 같습니다. 이분들에게 필요한 것은 이미 뛰어난 업무력에 더 큰 날개를 달아줄 수 있는 '영어 실력 향상'입니다.

두번째, 비즈니스 영어는 <실무적인 내용 전달>이 가능해야 합니다. 컨설팅사에서 수많은 글로벌 프로젝트를 진행하면서 소위 외국 명문대 졸업자들과 일할 기회도 많았습니다. 이분들의 경우엔 분명 영어로 의사소통을 하는 덴 아무런 문제가 없지만, 이런 <영어 의사소통 능력>과 <영어로 업무를 진행하는 능력>은 비례하지 않았습니다. 왜 그런 것일까요? 결국 제대로 된 비즈니스 영어는 실무와 영어 능력 간의 갭을 메워줄 수 있어야 한다는 결론을 얻었습니다.

마지막으로, 비즈니스 영어는 <목적>을 전달할 수 있어야 합니다. 이 책을 준비하면서, 시중에 나와 있는 비즈니스 영어 서적들을 찾아보았습니다. 전반적으로 회의 진행하는 법, 출장 시 사용하는 영어, 이메일 작성법 등을 주로 다루었지만, 이를 실무자 입장에서 다룬 책은 많지 않았습니다. 표현과 단어를 익힌다고 해서 이를 실무에 그대로 사용할 수 있는 것은 아니기 때문에, 비즈니스 영어에서는 자신이 말하려는 내용이 정확히 무엇을 전달하는 것인지 목적을 생각할 수 있어야 합니다.

바로 이러한 저의 고민과 나름의 답을 찾아 이 책을 쓰게 되었습니다. 비즈니스 영어는 살아있는 영어이자 실무 현장에 실제 사용되는 것이기에, 상황이나 사람에 따라 달라질 수 있습니다. 이 책에서는 이러한 변수까지 고려하여 최대한 한국 실무 현장에 맞는 비즈니스 영어를 다루었습니다.

또한, 이 책에서는 주로 재무자문이나 컨설팅 업무에 초점을 두고 있지만, 영어로 업무를 진행하는 모든 실무자 여러분께 공통적으로 도움이 될 만한 부분이 많으리라 생각합니다. 독자 여러분의 비즈니스 영어에 큰 진전이 있으시길 기대하며, 감사의 마음을 전합니다.

2023년 가을
한지혜

목차

Chapter 1:
컨퍼런스 콜과 미팅

Unit 001. 실사(DD, Due Diligence) 미팅

회계법인의 재무자문본부(FAS, Financial Advisory Services) 소속 컨설턴트들이 글로벌 화장품 프랜차이즈(Cosmetics franchise) 인수 딜을 검토하기 위해 재무실사를 진행하려고 합니다. 클라이언트는 해당 프랜차이즈의 인수를 검토 중인 사모펀드로, 실사팀은 바이 사이드(Buy-side, 인수매수를 하려는 쪽)에서 딜을 검토해야 합니다. 프로젝트를 총괄하는 프로젝트 매니저(Project Manager, PM)가 프로젝트 팀과 함께 이를 수행합니다. 약 3주간 진행될 본 용역을 위해 프로젝트를 리딩할 인차지(In-charge) 차장 및 회계사, 컨설턴트 등 4명이 한 팀으로 구성됐습니다.

| PM | 미국 화장품 회사 Beauty Moon 아시죠? 에프디디(FDD) 딜 들어왔으니까 보고서 준비해 주세요. 4월 첫째 주까지 가능하죠? |
| 팀 | 넵!! |

M&A, 상업용 부동산 매수매각, 개발 프로젝트 등을 진행함에 있어 실사(Due diligence)는 필수 절차입니다. 보통 FDD는 회계법인에서 주로 수행하며, CDD는 컨설팅 회사(또는 회계법인), LDD는 법무법인에서 수행합니다. 실사를 시작하면, 프로젝트 기간 동안엔 새벽까지 야근하는 일이 잦고 업무 강도도 높은 편입니다.

용어 tips　**Due Diligence (DD):** 실사는 개인이나 조직이 비즈니스 거래, 투자 또는 인수를 검토할 때 해당 사업의 위험, 기회, 전반적인 타당성을 평가하기 위해 수행하는 철저한 조사 또는 검토 과정을 말합니다. 재무, 법률, 상업(사업), 기술 등 다양한 측면을 검토하게 되며, 이를 통해 의사 결정자는 잠재적인 위험 요소와 기회를 파악하여 비즈니스 거래에 대해 신중한 결정을 내릴 수 있습니다. 한국어로도 영어 명칭 그대로 DD라고 하거나 실사라고 합니다.

FDD (Financial Due Diligence): 재무실사(또는 재무 검토)는 기업의 재무 상태와 재무 정보를 검토하여 투자나 인수에 대한 재무적 위험도를 평가하는 과정입니다.

CDD (Commercial Due Diligence): 사업적 (상업적) 실사는 기업의 시장, 경쟁력, 제품, 고객 등 비즈니스 영역을 분석하여 투자나 인수에 대한 상업적인 가능성과 전략적 가치를 평가하는 과정입니다.

LDD (Legal Due Diligence): 법무적 실사는 조직이나 기업의 법적인 문제나 리스크를 파악하기 위해 법률적인 문서와 협약을 조사하고 분석하는 과정입니다.

본 프로젝트에 어싸인된 신입 컨설턴트들은 주어진 자료도 없이 어떻게 보고서를 써야할지 막막하기만 한 상황입니다. 노트북만 하염없이 들여다 보고 있는 신입 컨설턴트들에게 경험이 풍부한 인차지(In-charge)는 해당 프랜차이즈 기업 본사를 방문하여 관계자들을 인터뷰하고 미팅을 진행하면서 재무실사 보고서를 작성할 것을 지시합니다.

컨설턴트	아! 가서 물어보면 되는 거군요! (단순하지만 깊은 깨달음)
인차지	어떤 자료를 요청해야 할지 RFI를 작성하고, 인터뷰 질문도 준비해 주세요.

실무 tips

인차지(In-charge): 현장 업무 책임자로, 프로젝트 실무를 진행하며 팀원들을 이끌고 업무를 배정하는 역할을 합니다. (예: the person in charge는 담당자를 의미함) 일반적으로 과·차장급이 맡는 경우가 많으며, 일반적으로 매니저(manager) 또는 팀장이라고 부릅니다. EM(Engagement Manager)은 인차지의 업무에서 더 나아가 프로젝트 전체를 총괄하며, EM의 상위 책임자로는 파트너급인 PM(Project Manager)이 있습니다. 프로젝트에 팀원들이 배정되는 것을 '어싸인' 되었다(assigned)고 합니다. 배정된 프로젝트가 없어 딱히 할 일이 없는 컨설턴트는 '언어싸인(unassigned)' 또는 '언어싸'라고 부릅니다. 언어싸인 기간이 길어지면 성과평가 등에서 불리할 수 있습니다.

RFI: Request for Information의 약자로, 주로 고객사 등에 자료를 요청하기 위한 목적으로 작성하는 문서를 뜻합니다. 엑셀 파일을 사용해 필요한 자료 정보와 목록을 정리해 넣습니다. 일반적으로 필요한 자료나 정보의 이름, 중요도(시급한 정도), 정보 제공자, 자료 확보 여부(O, X 또는 진행 상황 업데이트) 등을 함께 표시합니다.

Topic 001. 사전 질의 - 어떤 질문들을 할 수 있을까?

Financial Due Diligence (FDD)를 수행하기 위해 프랜차이즈 기업의 담당자에게 직접 필요한 자료를 요청하고, 궁금한 사항들을 질문할 수 있습니다.

아래의 각 확인 사항별 질문들은 프랜차이즈와 재무실사팀의 질의응답뿐 아니라 사모펀드와의 미팅에서도 등장할 수 있는 표현들입니다. 특히 재무회계 용어들을 알아두면 질문하거나 내용을 협의할 때 도움이 됩니다.

1. 재무적 퍼포먼스와 안정성 (Financial performance and stability)

프랜차이즈의 재무 성과와 안정성을 평가하는 것은 가장 기초적인 검토 사항입니다. 이를 통해 기업이 수익성을 유지하고 안정적인 재무 상태를 유지할 수 있는지, 적절한 가격으로 제공되는지 등을 파악할 수 있습니다. 기업의 재무 현황을 파악하기 위해서는 아래와 같은 질문을 해 볼 수 있습니다.

[질문 사항] 문서 요청 질문

Can you provide **financial statements** and **performance metrics** for the past 3-5 years?
지난 3~5년간의 재무제표(financial statements)와 퍼포먼스 지표(performance metrics, 퍼포먼스를 측정할 수 있는 지표)를 제공해 주실 수 있을까요?

표현 tips

Can you provide~?: "~를 제공해 주실 수 있을까요?"라는 표현입니다. 자료나 질문에 대한 답변을 요청할 때는 명령하듯이 말하기보다는 Can you/Could you/Is it possible to/Please와 같이 완곡한 표현을 쓰는 것이 좋습니다.

for the past 5 years/over the past 5 years: 과거 5년간

용어 tips **Performance metrics**: 성능 또는 퍼포먼스를 측정할 수 있는 지표.
(= measurement of performance: 퍼포먼스 측정, 측정 지표)
재무적인 현황 및 안정성을 파악하는 데 필요한 기본적인 질문입니다.

Financial Statements(재무제표) * 하기 용어 설명 참고 요망

[긍정 답변] 문서 정리와 관련된 표현들

Yes, we can provide the requested information. **I will gather the
information and organize it into a clear and concise format for your
review.** Please let me know if you have any specific questions or additional
requests.
네, 요청하신 자료를 드리겠습니다. **검토하실 수 있도록(for your review) 자료를 취합
해 명확하고 간결한 형식(clear and concise format)으로 정리하겠습니다.** 특별한 질
문이나 추가 요청 사항이 있으면 알려주세요.

표현 tips **requested**: 요청받은
requested document: 요청받은 문서
requested data: 요청받은 데이터
request for~: ~에 대한 요청(RFI는 Request for Information, 즉 자료
요청이라는 뜻입니다)

문서 정리와 관련된 표현들
gather, collect, assemble: 모으다

- We **gather** all the relevant documents and
  materials for the presentation.
  발표를 위해 관련 문서와 자료를 모아야 합니다.

consolidate, integrate: 통합하다

- We **consolidated** the research findings into a structured
  report.
  연구 결과를 종합해 구조화된 보고서로 통합했습니다.

categorize, classify: 분류하다

> – The research findings will be **categorized** into different sections based on their themes and topics.
> 연구 결과는 주제와 내용에 따라 다양한 섹션으로 분류될 것입니다.

consolidated financial statements: 연결재무제표

> – The CFO presented the **consolidated balance sheet** at the annual shareholder meeting.
> CFO가 정기 주주총회에서 연결 재무제표를 보여주었습니다.

실무 tips

Yes(네), Certainly(물론이죠), Absolutely(당연하죠) 등 긍정적인 답변을 한 후, "I will gather the information and organize it into a clear and concise format for your review" 식의 표현을 통해 자료 준비차 필요한 시간을 끌 수 있는 답변입니다.

[긍정 답변] 그래프, 차트, 표를 설명할 때 유용한 표현

The statements demonstrate **a consistent growth** in revenue and profits **over the past 3-5 years**, accompanied by a robust profit margin and stable cash flow.

재무제표는 **지난 3–5년간** 건전한 이윤 마진(healthy profit margin)과 안정적 현금 흐름 (stable cash flow)을 기반으로 매출(revenue)과 이익(profits)이 **꾸준히 성장**했음을 보여줍니다.

표현 tips

over the past 5 years(과거 5년간), over the next 5 years(향후 5년간), in the following year(그 다음해에), in the following years (향후 수년간)

A demonstrates B: 'A는 B를 보여주다'라는 의미로 이때 A에는 특정 문서, 차트, 테이블 등이 오며, demonstrate 대신 show(보여주다), indicate(나타내다), illustrate(보여주다) 등의 단어를 사용할 수 있습니다.

accompanied by: ~을 동반하는, 함께 수반하는 = alongside, together with

- During the meeting, I will provide explanations <u>accompanied</u> by materials.
  회의에서는 자료와 함께 설명을 드리겠습니다.

다음은 그래프, 차트, 표를 설명할 때 유용한 표현들입니다.

그래프, 차트, 표를 처음 제시할 때:
show(보여주다), indicate(가리키다), illustrate(설명하다), represent (제시하다), demonstrate(시연하다), highlight, emphasize(강조하다), etc.

- The chart <u>shows</u> a significant increase in our profits for the third quarter!
  차트를 통해 3분기 수익이 크게 증가했음을 확인할 수 있습니다!

- The graph <u>indicates</u> a fluctuating trend in demand for the product.
  그래프는 제품에 대한 수요의 변동 추세를 나타냅니다.

- It's <u>evident(obvious, apparent)</u> from the graph that we are doing well.
  그래프를 보면, 우리가 양호한 성적으로 거두고 있는 것을 알 수 있습니다

눈에 띄는 큰 변화를 설명할 때:
significant(중요한), considerable, substantial(상당한), sharp (날카로운, 급격한), impressive(인상적인), etc.

- The graph indicates a <u>sharp</u> surge in revenue.
  그래프는 매출의 급격한 증가를 보여주고 있습니다.

- Our revenue experienced a <u>substantial</u> surge following the implementation of the new strategy.
  새로운 전략을 실행한 이후 수익에 상당한 변화가 있었습니다.

A following B: B에 이은 A (B가 A보다 먼저 발생함)
A followed by B: A에 이어 B (A가 먼저 발생하고 B가 연이어 발생)

    – Walmart is the biggest company **followed by** Amazon.
      회사 규모는 월마트, 그리고 아마존 순으로 큽니다.

점진적이고 지속적인 변화를 설명할 때:
consistent(지속적인), gradual(점진적인), stable(안정적인),
steady(꾸준한), etc.

    – There is a **consistent** increase in the number of new
      customers.
      새로운 고객 수가 지속적으로 증가했습니다.

    – The chart illustrates a **gradual** decline in sales over the
      past year.
      차트를 통해, 지난 1년간 판매가 점진적으로 감소했음을 알 수
      있습니다.

[부정 답변] 자료 제공의 어려움

Unfortunately, we are not able to provide the requested information **at this time.** There have been some internal issues with our financial reporting that have prevented us from accurately tracking and documenting our financial performance.

죄송하지만, **현재로서는(at this time)** 요청하신 자료를 제공해 드릴 수 없습니다. 당사의 재무 성과를 정확하게 파악하고 문서화하지 못한 몇 가지 재무 보고 관련 문제가 내부적으로 있었습니다.

표현 tips　　at this time, at this moment 등의 표현은 '지금 당장은'이라는 뜻으로, 요청받은 자료를 즉시 제공할 수 없는 상황에서 덧붙이기 좋은 말입니다. 현재는 문제가 있어도 상황이 개선될 것이라는 뜻을 내포할 수 있습니다. 부정적인 답변을 할 때 그 이유를 설명하지 않으면 자칫 무례하게 보일 수 있으므로 위와 같이 부가 설명을 덧붙이는 것이 좋습니다.

internal: 내부적인(external: 외부적인)

prevent A from B: 'A가 B하는 것을 막다, 금지하다'라는 의미로, 이때 prevent 대신 ban(금지하다), prohibit(금지하다) 등을 쓸 수 있습니다.

[부정 답변] 해결 의지 암시

We are actively working to **resolve these issues** and hope to have more reliable financial data **in the near future.**

우리는 이러한 **문제를 해결하기** 위해 적극적으로 노력하고 있으며 **가까운 시일 내에** 보다 신뢰할 수 있는(reliable) 재무 데이터를 얻고자 애쓰고 있습니다.

실무 tips 문제가 있을 경우, 해결 중이라는 것을 반드시 덧붙이도록 합니다. 부정적인 답변만 내놓고 부연 설명을 덧붙이지 않으면 오해의 소지가 있을 수 있기 때문입니다.

표현 tips 단순히 미래나 나중을 뜻하는 future 또는 later보다는, 가까운 시일을 뜻하는 in the near future을 써 주면 좋습니다.

resolve: (문제 등을) 해결하다 (= solve, address, deal with, sort out, find a solution for~)

- I have to deal with the angry customer and **resolve** their complaint.
  성난 고객을 응대하고 불만을 해결해야 합니다.

- The supervisor called a meeting to **address** the concerns raised by the employees.
  상사는 직원들이 제기한 문제를 해결하기 위해 회의를 소집했습니다.

[질문 사항] 매출 등의 특이 사항을 확인하는 경우

What are the **revenue** and **profit trends** for the franchise? Are there any significant fluctuations or anomalies?

회사의 **매출**과 **이익 동향(profit trends)**은 좀 어떤가요? 눈에 띄는 변동 사항이나 특이점은 없나요?

실무 tips | 최근의 재무 변화 추이를 질문함으로써 좀 더 자세히 알아보려 합니다.

용어 tips | 두 단어 모두 데이터의 값이 변하는 것을 의미하지만, fluctuation은 일반적인 데이터의 변동성을 나타내고, anomaly는 데이터가 정상적인 범위를 벗어난 값을 나타냅니다. 즉, fluctuation은 다양한 요인에 의해 일반적으로 발생할 수 있는 범위이지만, anomaly는 데이터의 수집, 분석 과정에서의 오류나 이상 값을 의미하며 아웃라이어 또는 외부 요인 등에 의해 발생하므로, 데이터의 의미를 해석하는 데 미치는 영향 측면에서 차이가 있습니다.

[긍정 답변] 변동 및 이상 현상

Based on our analysis, we have seen a consistent **upward trend** in revenue and profit. However, there have been some fluctuations and anomalies that are worth noting. For example,...

분석한 바에 따르면, 매출과 이익이 지속적인 **상승 추세**를 보였습니다. 그러나 몇 가지 주목할 만한 변동 및 이상 현상이 있었습니다. 예를 들어,...

실무 tips | fluctuations(출렁거림, 변화) 또는 anomalies(아웃라이어, 이상 현상)에 대한 설명을 할 때는 부가적인 컨텍스트나 시장 상황에 대한 정보를 제공하는 것이 좋습니다.

표현 tips | upward trend: 상승 추세

downward trend: 하강 추세
worth noting~: ~를 주목할 가치가 있는
worth~: ~할 가치가 있는
based on~: ~에 기초하여, ~에 따르면 (according to ~와 비슷)

[부정 답변] 일관성 부재

Our revenue and profit trends have been **somewhat inconsistent** over the past few years. While we have experienced some periods of growth and profitability, we have also faced significant challenges that have **impacted** our financial performance.

지난 몇 년 동안 당사의 매출 및 이익 추세는 **다소 일관성이 없었습니다.** 일정 기간 성장과 수익성을 보이기도 했지만 재무 성과에 **영향을 미치는** 중대한 문제를 겪기도 했습니다.

표현 tips　　일관성이 없었다(inconsistent)는 부정적인 표현을 somewhat(다소), slightly(살짝) 등으로 완화하여 표현했습니다.

[부정 답변] 약간의 변동과 이상 현상

We have seen some fluctuations and anomalies in our revenue and profit, which are related to **broader economic conditions and changes in our industry.**

매출과 이익에서 약간의 변동 및 이상 현상을 발견했으며, 이는 **산업의 광범위한 경제 상황 및 변화**(broader economic conditions and changes in our industry)와 관련이 있다고 생각합니다.

실무 tips　　부정적인 결과의 원인이 회사에 있는 것이 아니라 경제 및 산업 전반에 있다는 식으로 노련하게 표현하고 있습니다.

[질문 사항] 부채와 자본 구조

What is the **debt and equity structure** of the franchise? Are there any outstanding loans or liabilities?

프랜차이즈의 **부채와 자본의 구조**는 어떻습니까? 대출 등 부채는 없나요?

실무 tips

현재의 재무 구조를 파악하는 필수적인 확인 항목입니다. 부채가 너무 많거나 리스크가 너무 크지는 않은지 확인해 볼 수 있습니다. 부채 비율이 높거나, 수익성이 낮아져 가치가 하락할 가능성이 있다면 리스크 요인이 될 수 있으므로 이에 대한 적절한 대처 방안을 마련해야 합니다.

표현 tips

outstanding: 남아 있는, 미결의, 미수금의, 지불하지 못한, 해결되지 않은, 밀려 있는, 탁월한

- The company received an award for its **outstanding** customer service.
  회사는 뛰어난 고객 서비스로 수상을 했습니다.

- We have some **outstanding** invoices that haven't been paid by our clients yet.
  고객으로부터 아직 지급받지 못한 미결제 인보이스가 있습니다.

- The marketing campaign had an **outstanding** impact, generating a significant increase in brand awareness.
  마케팅 캠페인이 뛰어난 영향력을 발휘하여 브랜드 인지도를 크게 높였습니다.

- We have some **outstanding** payments from clients that need to be collected to improve our cash flow.
  현금 흐름을 개선하기 위해서는 회수해야 할 고객의 미결제 금액이 있습니다.

– The project is behind schedule, and there are still many
  <u>outstanding</u> tasks that need to be completed within the
  given timeframe.
  프로젝트가 일정보다 늦어지고 있으며 주어진 시간 내 완료해야
  하는 미해결(밀려 있는) 작업이 여전히 많이 있습니다.

– The bill is <u>outstanding</u>.
  청구서가 미납 상태입니다.

[긍정 답변] 부채 및 자본 구조의 양호한 관리

The franchise's **debt and equity structure** is well-managed, with no
outstanding loans or liabilities that pose a significant risk to the business.
프랜차이즈의 **부채 및 자본 구조(debt and equity structure)**는 잘 관리되고 있으며
비즈니스에 큰 위험을 초래하는 미결제 대출(outstanding loans)이나 부채(liabilities)
는 없습니다.

표현 tips well-managed: 잘 관리된 ↔ poorly-managed, badly-managed:
제대로 관리되지 못한, 관리 부실의

– The **well-managed** startup efficiently adapted to
  market changes, gaining a competitive edge.
  관리에 탁월한 스타트업은 시장 변화에 효율적으로 적응하여
  경쟁 우위를 확보했습니다.

일반적으로, '잘 관리된'은 '효율적으로 관리된(effectively mamnaged)',
'효율적으로 운영되는(efficiently operated)',
'잘 조직된(well-organized)'와 비슷한 의미로 사용됩니다.

[부정 답변] 자금조달의 어려움

We have taken several loans to support our **operations and growth**, but have faced consistent challenges in meeting our financial obligations. We are actively seeking additional funding and exploring other options to **address** our debt and equity structure.

우리는 **운영 및 성장 자금을 조달**하기 위해 대출을 받았지만 재무적 의무(상환 의무)를 이행하는 데 계속하여 어려움에 **직면했습니다.** 적극적으로 추가 자금을 확보하고 부채 및 자본 구조를 **해결하기 위해** 다른 옵션을 모색하고 있습니다.

표현 tips

fund는 자금을 뜻하는 단어이지만, 동사로 '자금을 조달하다, 펀딩을 하다' 등의 의미로 사용될 수 있습니다.

부정적인 표현을 할 때 자주 쓸 수 있는 표현은 challenges(어려움, 어려움을 겪다), struggle(고군분투하다, 어려움을 겪다), concern (걱정하다, 비즈니스 영어에서는 worry보다 concern을 많이 쓰는 편입니다) 등이 있습니다. 완곡한 표현이지만, 듣는 사람 입장에서는 충분히 '어려운 상황'을 인지할 수 있는 표현이라고 할 수 있습니다.

용어 tips

아래는 USCPA(미국 회계사, AICPA라고도 부름) 등 관련 자격증 공부를 한 적이 있다면 익숙하실 법한 회계 용어들입니다. 금융 쪽 종사자라면 당장 해외 업체와 일할 기회가 없더라도 유용하게 쓸 수 있는 기본 용어들입니다.

Buy-Side Advisory: 바이사이드 자문은 기업이나 자산을 인수하는 측의 자문으로, 투자자나 기업이 특정 거래나 투자 기회에 참여할 때 그 이익과 목표를 달성하기 위한 전략적 조언과 지원을 제공합니다. 투자자나 기업을 대신해 자산을 증식시키고 투자 수익을 극대화하기 위한 자산 구성의 전략 및 방법을 수립합니다.

Sell-Side Advisory: 셀사이드 자문은 기업이나 자산을 매각하는 측의 자문으로, 기업이나 매도자가 자산을 매각하거나 투자자를 모집할 때 최적의 결과를 낼 수 있도록 자문을 제공합니다. 매각을 원하는 판매자를 대신하여 자산을 평가하고 적정 가격을 결정하며, 판매 전략 도출 및 협상을 지원합니다.

3대 재무제표(Financial Statements): 재무상태표(Balance Sheet), 손익계산서(Income Statement), 현금흐름표(Cash Flow Statement)를 포함합니다. 재무상태표는 회사의 자산, 부채, 자본을 보여주며, 손익계산서는 회사의 수익, 비용, 순이익을, 현금흐름표는 회사의 현금 흐름을 보여줍니다. 이 세 가지 재무제표를 통해 회사의 재무 성과, 재무 상태, 현금 흐름을 이해할 수 있습니다. 회사의 수익성, 유동성, 지급 능력, 전반적인 재무 건전성 등을 평가하는 데 중요한 정보를 제공합니다.

Financial statements: 재무제표(주로 복수형)로 쓰이며, 국내 기업의 경우 다트(dart.fss.or.kr)에서 확인 가능합니다. 미국 기업은 EDGAR (www.sec.gov/edgar/search-and-access) 또는 각 기업의 홈페이지에서 확인하실 수 있습니다.

EDGAR(Electronic Data Gathering, Analysis, and Retrieval): 미국 SEC(Securities and Exchange Commission, 증권거래위원회)가 개발한 전자 제출 시스템으로 기업의 연례 보고서, 분기 보고서 및 기타 증권 제출물을 포함한 다양한 금융 문서를 확인할 수 있습니다. 미국의 금융시장 규제 및 투자자 보호를 위한 중요한 툴입니다.

Balance sheet: 재무상태표. 특정 시점에서 회사의 재무 상황을 보여주는 재무제표로, 회사의 재무 상태를 알 수 있는 가장 기본적인 재무제표입니다. 재무상태표는 자산, 부채, 자본의 세 가지 항목으로 구성되어 있는데, 자산은 회사가 보유하고 있는 경제적 가치를 의미하고, 부채는 회사가 타인에게 빚을 진 금액, 자본은 자산에서 부채를 차감한 금액을 말합니다. 즉, 자산 = 부채+ 자본의 공식을 기본으로 합니다. 재무상태표는 회사의 재무 상태를 이해하는 데 중요한 도구입니다.

Income statement: 손익계산서. 회사의 특정 기간 동안의 매출액, 비용, 이익, 손실 등을 요약해 놓은 재무제표입니다. 회사의 순이익 또는 순손실을 나타내므로 해당 기간 동안의 수익성을 알 수 있습니다. 회사가 영업 활동을 통해 얼마만큼의 수익을 창출했는지 보여주는 재무제표로, 총매출액, 매출원가, 영업이익, 당기순이익 등의 항목으로 구성됩니다. 회사의 수익성을 평가하는 데 중요한 지표이며, 손익계산서를 분석하여 회사의 영업이익률, 당기순이익률 등의 지표를 확인할 수 있습니다.

Cash flow statement: 현금흐름표. 회사가 일정 기간 동안 현금이 어떻게 발생하고 사용되었는지 보여주는 재무제표로, 크게 영업 활동(operating activities), 투자 활동(investing activities), 재무 활동(financing activities)으로 분류됩니다. 영업 활동은 핵심 사업 활동에서 발생하는 현금, 투자 활동은 자산 투자 또는 매각에 사용된 현금, 재무 활동은 주식 발행, 재매입, 차입 상환 등 재무활동으로 발생한 현금을 표시하여, 회사의 현금 생성 및 관리 능력을 평가할 수 있습니다.

Revenue: 매출은 회사가 비즈니스를 운영하여 창출하는 총금액으로, 비용을 공제하기 전 금액을 의미합니다. 따라서 매출이 있어도 동시에 순손실(net loss)을 가지고 있을 수 있습니다.

Profit: 수익, 이익, 이윤. 일반적으로 매출에서 비용을 제외한 값을 의미합니다.

Gross profit: 매출총이익. 회계용어에서 일반적으로 앞에 gross가 오면 '총', net이 오면 '순'이라 생각하시면 편합니다. Gross profit은 매출(revenue)에서 매출 원가를 뺀 값입니다.

Net profit: 당기순이익. 원가, 비용, 부채, 추가 수입, 운영 비용을 차감한 후 남은 소득으로 회사가 실제 내부적으로 보유할 수 있는 금액입니다. 통상 회사의 이익이라고 하면 순이익을 말합니다.

Expense: 비용, 지출. 일반적으로 매출에서 이익을 제외한 값을 의미합니다.

Asset: 자산 A=L+E (자산 = 부채 + 자기자본)은 재무분석에 사용되는 가장 기본적인 방정식으로, 기업의 재무 상태를 표현하는 데 사용됩니다. A (Asset, 자산: 현금, 인벤토리, 건물 등 기업이 보유하고 있는 경제적 가치)는 L(Liability, 부채: 대출, 미지급금, 이자 비용 등 기업이 외부에 대해 지불해야 하는 금액)과 E(Equity, 자기자본: 주주의 자본 주식과 이익 잉여금 등을 포함한 것으로, 소유주에게 속하는 잔여 경제적 가치)의 합과 같다는 의미입니다.

Equity: 자본. 회사가 자금을 조달할 때, 은행 등에서 빌리는 것은 부채 (liability, debt)이고, 주주 등으로부터 출자를 받는 것은 자본(equity) 이라고 합니다. 특정 자산에 대한 소유의 정도를 나타낼 수도 있습니다. 예를 들어, equity stake는 에쿼티(지분) 보유분을 의미합니다. Equity stake는 기업의 주식을 매입하거나, 기업에 투자를 하는 방식으로 취득할 수 있습니다.

Dividend: 배당, 배당금. 기업이 이익을 주주에게 분배하는 것을 의미하며, 배당금은 기업의 이익 중 일부가 주주들에게 지급되는 형태로 이루어집니다. 주주들에게 기업의 이익을 공유하는 차원에서 투자의 대가로서 지불되며, 일반적으로 현금이나 주식 형태로 지급됩니다.

Cash: 현금. 회계에서 일반적으로 사용하는 현금의 의미로 cash가 사용됩니다.

2. 시장 및 경쟁사 (Market and Competition)

해당 회사가 속한 산업 및 타깃의 경쟁 구도를 파악하고 경쟁자들에 대하여 알아볼 수 있는 질문들입니다. 시장의 크기와 성장 가능성 등을 파악하고, 시장 및 경쟁 상황에 대한 이해를 통해 프랜차이즈의 경쟁 우위성을 파악합니다. 이를 통해 해당 프랜차이즈의 비즈니스 모델이 성공할 가능성 정도를 예측해 볼 수 있습니다. 또한, 시장의 새로운 경쟁자 등장, 시장 자체의 축소 등 위험 요소를 미리 파악하고 대처 방안을 강구해 볼 수 있습니다.

[질문 사항] 타깃 시장에서의 경쟁 구도

What is the **competitive landscape** for the cosmetics industry in the franchise's target markets?

화장품 산업 내에서 회사의 타깃 시장의 **경쟁 구도**는 어떠한가요?

실무 tips
해당 회사가 속한 업계 내 전반적인 경쟁 구도를 파악하기 위해 타깃 마켓에 대해 질문하고 있습니다. 경쟁 관점에서의 정보는 competitive landscape(경쟁 환경)와 competitive dynamics(경쟁 역학관계)가 구분되어 사용될 수 있습니다.

용어 tips
Competitive landscape: 경쟁 환경, 구도 등을 의미. 특정 산업이나 시장 내에서 기업들 간의 경쟁 구도나 상황을 의미하며, 전반적인 시장 환경, 상호 경쟁, 경쟁력, 시장 점유율, 제품 라인업, 각 마케팅 전략 등에 대한 정보를 포함합니다. 기업들이 상호 경쟁하는 시장에서 성공하기 위해서는 필수적으로 파악해야 할 중요한 측면입니다.

Competitive dynamics: 경쟁 역학을 의미. 경쟁 환경 내에서 기업들 간의 상호 작용과 경쟁적인 행위 및 경쟁 업체들 간의 경쟁과 반응 과정을 뜻하며, 기업들 간의 행동, 전략, 반응성 등을 포함합니다. 기업체들이 서로 영향을 주고 받으며 시장에서 경쟁 우위를 점하기 위해 변화하는 과정을 파악할 수 있습니다.

[긍정 답변] 경쟁자 식별

After **conducting market research** and analyzing industry data, we have **identified** several major competitors in the cosmetics industry within the **target markets**, such as Glamour Glow, Beauty Bliss, and Fresh Face. These competitors have strong brand recognition and a large market share.

시장 조사를 수행하고(conducting market research) 산업 데이터를 분석한 후 **타깃 시장**(target markets) 내에서 Glamour Glow, Beauty Bliss, Fresh Face와 같은 화장품 산업의 여러 주요 경쟁자를 **식별했습니다(파악했습니다).** 해당 경쟁자들은 강력한 브랜드 인지도와 높은 시장 점유율을 확보하고 있습니다.

용어 tips | **Target market:** 타깃 시장은 기업이나 마케터가 제품이나 서비스를 특정 집단 또는 특정 고객 세그먼트(Segment)에 집중적으로 마케팅 및 판매하기 위해 설정한 시장을 의미합니다. 특정 소비자 그룹이나 고객 세그먼트를 정의하고, 해당 그룹의 니즈와 요구 사항을 파악하여 제품 개발, 마케팅 전략 개발, 커뮤니케이션 등을 결정하는 데 있어 중요합니다. 타깃 시장을 정확하게 정의하고 분석함으로써 기업은 타깃 고객에게 더 적합한 제품과 메시지를 제공하여 경쟁 우위를 확보할 수 있습니다.

표현 tips | '브랜드 인지도(brand recognition)가 좋다'라고 할 때는 'good'이 아니라 'strong(강력한)'이나 'high(높은)'를 쓰는 것이 자연스럽습니다.

[긍정 답변] 강력한 시장 지위

The franchise operates in a **competitive market** but has a strong market position with a recognized brand and a **loyal customer base.**

프랜차이즈는 **경쟁이 치열한 시장**에서 운영되지만 인지도 있는 브랜드와 **충성도 높은 고객 기반**(loyal customer base)으로 시장 내 입지가 탄탄합니다.

용어 tips | 고객의 충성도를 뜻하는 브랜드 로열티(Brand loyalty)는 소비자가 특정 브랜드에 대해 강한 정서적 애착을 가지고 지속적으로 해당 브랜드를

선택하고 구매하는 경향을 의미합니다. 소비자는 특정 브랜드에 대한 신뢰와 애착을 가지고 있으며, 경쟁사의 제품이나 브랜드보다 자신이 선호하는 브랜드를 선택하는 특성을 보입니다.

[긍정 답변] 경쟁자 식별 완료

Our franchise operates in a highly competitive industry, with many other products vying for the same customers. We have **identified several key competitors in our target markets** and are working to differentiate ourselves by offering **unique** services and experiences.

저희 프랜차이즈는 경쟁이 치열한 산업에서 운영되며 한 고객을 위해 많은 타 제품들과 경쟁합니다. 저희는 목표 시장에서 여러 **주요 경쟁자를 확인한** 가운데 저희만의 **고유한** 서비스와 경험을 제공함으로써 이들과 차별화하기 위해 노력하고 있습니다.

표현 tips

고유한 서비스나 제품을 표현할 때 unique(유니크한), distinctive (식별되는, 독특한), exclusive(독특한) 등의 단어를 사용할 수 있습니다.

vie: 경쟁하다, 다투다(= compete)
differentiate: 차별화하다
differentiate ~ by~: ~를 ~로 차별화하다, ~함으로써 차별화시키다

[질문 사항] 타사 대비 경쟁 우위

What are the franchise's **competitive advantages** compared to other similar franchises?

타 유사 프랜차이즈에 비해 회사의 **경쟁 우위**는 무엇에 있나요?

실무 tips

해당 회사를 타 경쟁사와 차별화(differentiate)시키는 요인, 경쟁 우위는 어디에 있는지 직접 회사 담당자에게 물어보는 질문입니다.

Competitive Advantage(경쟁 우위): 회사만의 특징을 가치로 발전시키는 것을 의미하며, '판매 특징점'과 같은 차별화 전략으로 볼 수 있습니다.

USP(Unique Selling Proposition/Point): 상품이나 서비스 면에서 경쟁사와 차별화된 고유의 강점이나 장점을 말합니다.

[긍정 답변] 차별화 포인트

The franchise's unique selling propositions, such as exclusive products, exceptional customer service, and innovative offerings, **differentiate it from** competitors.
독점적인 제품, 뛰어난 고객 서비스, 혁신적인 제안 등 프랜차이즈의 고유한 판매 방안이 경쟁사와 **차별화됩니다.**

표현 tips

회사만의 독특한 셀링 포인트(selling point)를 언급할 때는 differentiate from(~로부터 차별화되다), exclusive(독점적인), exceptional(뛰어난) 등의 단어를 쓰면 더 강력한 인상을 줄 수 있습니다.

'예를 들어, ~와 같은'으로 쓸 수 있는 표현: such as, for example, like, including, for instance (이 중에서 like는 캐주얼한 느낌이 더 강합니다.)

[긍정 답변] 고유 강점 어필 방법

Our franchise has several unique selling propositions, including a focus on **eco-friendly and sustainable** beauty products, as well as a **commitment to** personalized, high-quality customer service.
저희 프랜차이즈는 **환경친화적이고 지속 가능한**(eco-friendly and sustainable) 미용 제품에 중점을 두는 한편 개인화 및 고품질 고객 서비스에 **대한 약속**(commitment to)을 포함하여 몇 가지 고유한 강점을 가지고 있습니다.

어떤 가치나 품질에 진심으로 최선을 다하고 있다는 의미로 dedicated to, committed to, devoted to 와 같은 표현을 사용할 수 있습니다.

- Our company is **dedicated to** providing our customers with exceptional service and support.
  저희 회사는 탁월한 고객 서비스 및 지원을 제공하기 위해 최선을 다하고 있습니다.

- We are **committed to** delivering high-quality products that meet our customers' needs and expectations.
  우리는 고객의 요구와 기대에 부응하는 고품질 제품을 제공하기 위해 최선을 다하고 있습니다.

[긍정 답변] 타사 대비 차별화

These factors **set us apart from** other similar franchises and independent brands in the industry.
이러한 요소들이 업계의 다른 유사 프랜차이즈 및 독립 브랜드와 **차별화됩니다.**

표현 tips

set ~ apart from: '~을 ~로부터 떨어뜨려 놓다, 구분시키다'라는 뜻으로, 차별화(differentiate)와 같은 의미로 사용될 수 있습니다.

[질문 사항] 고객의 인구통계학 자료 요청

Can you provide market research and **customer demographic data** to support the franchise's growth strategy?
회사의 성장 전략을 위한 시장 조사나 **타깃 고객의 인구통계학 자료**를 제공해 주실 수 있나요?

용어 tips

Demographic: 성별, 나이대, 지역 등 고객의 인구통계학 정보를 의미합니다. 이를 통해 타깃에 대하여 더욱 선명한 그림을 그릴 수 있습니다.

support: 지지하다, ~를 뒷받침하다
supporting evidence: 뒷받침하는 근거

- The financial analyst presented a detailed report with <u>supporting evidence</u> to demonstrate the company's steady revenue growth over the past five years.
재무 분석가는 지난 5년 동안 회사의 꾸준한 매출 성장을 뒷받침하는 증거가 포함된 상세한 보고서를 제시했습니다.

[긍정 답변] 통계 자료 제공 수락

Yes, we can provide them. **<u>Our research indicates that</u>** our primary customer demographic consists of women aged 28-45, with an annual income of $70,000 or more. They tend to be highly educated, **career-driven**, and fashion-conscious, and they value high-quality, **<u>prestige products</u>** that enhance their appearance and confidence.

그럼요. 제공해 드릴 수 있습니다. <u>저희 리서치 결과에 따르면</u> 주요 고객은 인구 통계학적으로 연간 수입이 7만 달러 이상인 28 - 45세 여성입니다. 이들 대상층은 교육 수준이 높고 **커리어 개발 욕구가 높으며**(career-driven) 패션에 민감한 경향이 있습니다. 또한 외모와 자신감을 향상시키는 고품질의 **고급 제품**(prestige products)을 중요하게 생각합니다.

[긍정 답변] 타깃 분석 의견

They prefer natural and sustainable ingredients, and they are **willing to pay a premium** for products that **align with their values.**

그들은 자연적이고 지속 가능한 재료를 선호하며, 그러한 <u>가치에 맞는</u> 제품에 **기꺼이 프리미엄을 지불하는 경향**(willing to pay a premium)을 보입니다.

최근에는 (가치에 맞고 더 나은 제품을 위해) 프리미엄을 기꺼이 지불하는(willing to pay a premium) 고객들이 늘어나고 있습니다. 이에 관련된 표현으로는, conscious consumers(의식 있는 소비자),

ethical consumers(윤리적인 소비자), sustainable shoppers(지속 가능한 쇼핑객), eco-conscious consumers(환경 의식이 있는 소비자), responsible buyers(책임 있는 구매자) 등이 있습니다.

표현 tips **align with**: ~와 어울리다, ~와 맞다, ~와 일치하다, 조화를 이루다

- It's important for the team's goals to **align with** the company's overall mission and vision.
  팀의 목표가 회사의 전반적인 미션 및 비전과 일치하는 것이 중요합니다.

- The proposed budget adjustments must **align with** the company's long-term financial plan.
  예산 조정 제안은 회사의 장기 재무 계획과 맞아야 합니다.

- The new software implementation will only be successful if it **aligns with** the existing IT infrastructure.
  새로운 소프트웨어 도입은 기존 IT 인프라와 잘 호환되는 경우에만 성공적일 수 있습니다.

[긍정 답변] 데이터 수집 근거

We have gathered this data **through** a combination of surveys, focus groups, and customer purchase histories.
설문 조사, 포커스 그룹 및 고객 구매 내역을 종합**하여** 이 데이터를 수집했습니다.

표현 tips **through**: ~를 통해(via)

- The company expanded its market reach **through** strategic partnerships and targeted marketing campaigns.
  회사는 전략적 파트너십과 타깃 마케팅 캠페인을 통해 시장 범위를 확장했습니다.

[긍정 답변] 자료 제공 동의

Certainly, we have conducted thorough market research and gathered customer demographic data to support our franchise's growth strategy. **I can provide detailed reports and analysis of this data upon request.**
네, 저희는 프랜차이즈의 성장 전략을 도출하기 위해 철저한(thorough) 시장 조사를 수행하고 고객 인구 통계 데이터를 수집했습니다. <u>**요청하실 경우 이 데이터에 대한 상세 보고서와 분석 자료를 제공해 드릴 수 있습니다.**</u>

표현 tips

upon: '~위에, ~시에, ~하자마자, ~에 따라, ~을 기반으로'의 의미로, on과 비슷한 방식으로 쓰일 수 있지만 조금 더 형식적인 느낌을 줄 수 있습니다.

- <u>Upon</u> receiving your application, we will review it and notify you of our decision.
  귀하의 신청서가 접수되면 검토 후 결정 사항을 알려드리겠습니다.

- <u>Upon</u> completion of the project, we will provide you with a detailed report outlining the outcomes.
  프로젝트가 완료되면 결과를 요약한 자세한 보고서를 제공해 드리겠습니다.

- The company's success is built <u>upon</u> a strong foundation of innovation.
  회사의 성공은 강력한 혁신 기반을 토대로 이루어집니다.

- The decision to expand our operations was based <u>upon</u> careful market analysis and feasibility studies.
  사업 확장 결정은 신중한 시장 분석과 타당성 조사를 기반으로 한 것입니다.

[긍정 답변] 데이터 설명

Market research and customer demographic data **indicate a growing demand** for cosmetic products in the franchise's target markets, providing favorable growth prospects.

시장 조사 및 고객 인구 통계 데이터는 프랜차이즈의 목표 시장에서 코스메틱 제품에 대한 **수요가 증가하고 있음을 나타내며** 유리한 성장 전망을 보여주고 있습니다.

3. 운영관리 (Operations and management)

프랜차이즈가 성공적으로 운영되는 데 필수적인 역할을 하는 '운영관리'에 대한 질문들입니다. 이익을 창출하고 사업의 확장 및 지속 가능성을 보장하기도 합니다. 이에, 프랜차이즈의 운영 체제와 시스템, 프로세스 관리 등에 대해 살펴보려고 합니다.

[질문 사항] 회사의 조직 구조

Can you provide details about the franchise's **organizational structure?**
회사의 조직 구조에 대한 세부 정보를 제공해 주시겠어요?

[긍정 답변] 기본적인 조직 구조 설명

Certainly, our organizational structure includes various departments, such as marketing, finance, operations, and human resources, **each with** its own set of responsibilities and reporting structures.
물론이죠. 저희 조직 구조에는 마케팅, 재무, 운영 및 인사 등 다양한 부서가 포함되며, 그 각각(each with)에 고유한 책임 및 보고 체계가 있습니다.

[긍정 답변] 조직도 제공 가능 여부

I can provide you with a detailed organizational chart and profiles of our key management personnel **upon request.**
요청하시면, 자세한 조직도와 주요 경영진의 프로필을 제공해드릴 수 있습니다.

실무 tips 핵심 경영진(Key management personnel)은 Top executives (고위 임원들), Senior management(시니어 경영진), C-level executives(CEO, CFO, COO 등)를 의미합니다.

upon request: 요청에 의해, 요청 시

> - We have additional brochures available **upon request**.
>   요청 시 추가 브로셔가 제공됩니다.
>
> - Additional product specifications can be provided **upon request** to meet your specific needs.
>   특별한 요구 사항이 있으신 경우, 요청 시 추가 제품 스펙을 제공해 드릴 수 있습니다.
>
> - A copy of the contract terms and conditions will be sent to you u**pon request**.
>   계약 조건의 사본은 요청 시 발송해 드리겠습니다.

[긍정 답변] 조직 내 인력 설명

The franchise has a **well-defined** organizational structure with experienced and qualified management personnel overseeing various functions.
프랜차이즈는 다양한 기능을 감독하는 경험 있고 자격을 갖춘 관리 인력으로 **잘 짜인** 조직 구조를 가지고 있습니다.

well-defined(잘 정돈된, 잘 정의된, 명확한), qualified(자격을 갖춘)

(요구 사항, 목표, 역할 등이) 명확한

> - The project requirements are **well-defined**, ensuring clarity for the development team.
>   프로젝트 요구 사항이 명확하게 잘 정의되어 있어, 개발팀 입장에서 분명히 이해하기 좋을 겁니다.

(타겟, 범위, 조직문화 등이) 잘 정의되어 있는

> - The scope of the project is **well-defined** to prevent scope creep and ensure timely completion.
>   프로젝트의 범위가 잘 정의되어 있어, 일의 범위가 늘어나는 것을 방지하고 적시에 완료되도록 합니다.

(일의 프로세스, 소비자 경험 등이) 정확하고 디테일한

- The app's user journey is <u>well-defined</u>, resulting in an intuitive and enjoyable experience.
앱의 사용자 여정이 잘 정의되어 있어, 직관적이고 즐거운 경험을 제공합니다.

[긍정 답변] 조직 내 구조조정 시행

Our franchise has <u>undergone</u> significant changes in organizational structure and management personnel over the past few years. We have had some turnover in our <u>executive team</u> and have restructured our operations to be more streamlined and efficient.
저희 프랜차이즈는 지난 몇 년 동안 조직 구조와 관리 인력 면에서 상당한 변화를 <u>겪었습니다.</u> 저희 <u>경영진</u> 내 약간의 이직이 있었고, 운영체계를 보다 간소화하고(streamlined) 효율적(efficient)으로 재정비했습니다.

[부정 답변] 개선 여부 시사

We recognize that we <u>still have some work to do in terms of</u> developing a strong, cohesive leadership team.
강력하고 결집력 있는(cohesive) 리더십 팀 개발에서 <u>여전히 할 일이 남아있다는 것을</u> 알고 있습니다.

표현 tips   '~에 관해서는, ~의 측면에서는'을 표현할 때에는 in terms of~, regarding, in regards to, related to, associated with 등을 주로 씁니다.

still have some work to do: 아직 해야 할 일이(갈 길이) 남았다는 표현으로, 개선할 점이 있음을 시사하고 있습니다. 부정적인 내용 다음, 완곡한 어감을 전하기 위해 이 같은 표현을 사용할 수도 있습니다. 이와 비슷한 표현으로, 'have room for/to~(~할 여지, 공간이 있다)'

- We <u>have room for</u> improvement in this area.
우리는 이 부분에서 개선의 여지가 있습니다.

- We still **have room to** grow and develop in this aspect.
여전히 이 측면에서 성장하고 발전할 여지가 있습니다.

[질문 사항] 직원 이탈률 및 HR 방책

What is the franchise's approach to human resources management,
including **employee turnover rates** and training programs?
직원 이탈률 및 교육 프로그램 등 회사의 인사(human resources, HR) 관리 대책이
궁금합니다.

[긍정 답변] 인적 자원 관리 방식 소개

The franchise has a robust human resources management approach, with a
low employee turnover rate and regular training programs to **enhance staff
skills and performance.**
이 프랜차이즈는 낮은 직원 이직률과 정기적인 교육 프로그램을 통해 **직원의 기술과 성
과를 향상시키는** 강력한(robust) 인적 자원 관리 접근 방식을 가지고 있습니다.

표현 tips   robust: 탄탄한, 강건한, 강력한(robust system: 탄탄한 시스템, robust
strategy: 탄탄한 전략, robust analysis: 철저한 분석, robust evidence:
탄탄한 증거)

- The team conducted a **robust analysis** of market
  trends.
  팀은 시장 동향에 대해 철저한 분석을 수행했습니다.

- We have a **robust contingency plan** in place to mitigate
  risks in the event of a natural disaster.
  우리는 자연재해 발생 시 위험을 완화할 수 있는 강력한 비상
  계획을 마련해 두고 있습니다.

- The company has implemented **robust** security measures to protect sensitive customer data.
회사는 민감한 고객 데이터를 보호하기 위해 **강력한** 보안 조치를 시행했습니다.

[긍정 답변] 유지율 등 관리 현황 확인

We are actively working to improve our human resources management practices, including investing in training programs and employee development initiatives to improve **retention rates** and **overall employee satisfaction.**
저희는 **유지율(retention rates)**과 **전반적인 직원 만족도**를 개선하기 위한 교육 프로그램 및 직원 개발 이니셔티브에 투자하는 등 인적 자원 관리 관행을 개선하기 위해 적극적으로 노력하고 있습니다.

용어 tips

employee retention rates: 직원 유지율(보유율). 특정 기간 동안 회사나 조직에서 재직하는 직원의 비율을 나타내는 지표로, 직원의 유지, 이탈, 퇴직 등을 평가하는 데 사용되며, 직원들의 직무 만족도, 참여도, 회사 애착도 등을 반영하는 요소입니다.

employee retention: 직원 유지, 직원들의 근속 정도를 나타내는 지표로, 직원유지율이 높을수록 우수 인재를 확보하고 유지할 수 있음을 의미합니다.

- Implementing flexible work arrangements contributes to better **employee retention.**
유연한 근무 방식을 도입하면 직원 유지율이 향상됩니다.

talent retention strategy: 인재 보유 전략, 직원들의 근속 정도를 높이기 위한 전략으로, 직원들의 만족도 및 충성도를 높이는 데 중점을 둡니다.

- The new benefits package is part of our innovative **talent retention strategy.**
새로운 복리후생 패키지는 혁신적인 인재 유지 전략의 일환입니다.

[질문 사항] 공급망 관리 문의

How does the franchise **handle** supply chain management, including sourcing, inventory management, and vendor relationships?

원료 조달, 재고관리, 공급업체 등과 같은 회사의 공급망 <u>관리</u>는 어떻게 이루어지나요?

용어 tips

이러한 공급망 관리에 대해서는 Procurement(조달) 또는 Logistics (물류) 등의 표현도 쓸 수 있으며, 이때 한국어로도 영어 표현 그대로 쓰는 경우가 많습니다.

Procurement: 기업이나 조직이 필요한 제품, 재료, 서비스 등을 효율적이고 경제적으로 구입하는 과정을 의미합니다. 적절한 품질과 수량의 제품을 최적의 가격으로 확보하기 위해 공급업체와 진행하는 협상, 계약 체결, 주문 처리 및 납품 조정 등을 포함합니다.

Logistics: 제품의 생산부터 고객에게 전달되기까지 과정 전반을 관리하는 활동을 의미하므로, 효율적인 공급망 구성, 원자재의 운송, 제품의 보관 및 재고 관리, 주문 처리, 배송 및 반품 등을 포함합니다. 이를 통해 제품이 효과적으로 이동하고 유통되는 과정을 조정 및 관리하며, 시간, 비용, 자원 등을 최적화하여 고객에게 만족스러운 서비스를 제공합니다.

[긍정 답변] 공급망 관리 현황 보고

The franchise's supply chain management is efficient, with strong vendor relationships, **reliable** sourcing, and effective inventory management practices **in place.**

프랜차이즈의 공급망 관리는 강력한 공급업체 관계, <u>**신뢰할 수 있는**</u> 소싱 및 효과적인 재고 관리 관행을 <u>**갖추고 있어**</u> 효율적입니다.

표현 tips

in place: ~를 갖추고 있다

- The company has a strong management team **in place** to drive growth.
  회사는 성장을 이끌어 나갈 탄탄한 경영진을 갖추고 있습니다.

- The new security measures are now **in place** to protect sensitive information.
  민감한 정보를 보호하기 위해 새로운 보안 조치가 시행되었습니다(시스템을 갖추고 있다는 의미).

용어 tips   **Sourcing:** 필요한 자원이나 자금 등을 확보하는 과정을 말합니다. 예를 들어, 금융권에서 자주 사용되는 용어인 Deal sourcing은 투자처나 프로젝트 등을 찾아내고 발굴하여 취하는 과정을 말합니다.

- The company's growth strategy involves aggressive deal **sourcing** in the technology sector to expand its product offerings and market presence.
  회사의 성장 전략에는 제품 제공 및 시장 입지를 확대하기 위해 기술 부문에서 공격적인 딜 소싱이 포함됩니다.

- We need to **source** additional funding for our expansion plans.
  우리는 확장 계획을 위해 추가 자금을 조달해야 합니다.

[부정 답변] 공급망 관리 관련 문제 보고

Our franchise has **faced some challenges** with supply chain management, particularly in terms of sourcing and vendor relationships. We have struggled to find **reliable vendors** who can provide us with the quality and quantity of products we need, which has led to inventory management issues and lost sales.

저희 프랜차이즈는 공급망 관리 특히 소싱 및 공급업체 관계 측면에서 **몇 가지 문제에 처했습니다.** 저희에게 필요한 양질의 제품을 제공할 수 있는 **신뢰할 만한 공급업체(reliable vendors)**를 찾는 데 어려움이 있었고, 이로 인해 재고 관리 문제와 판매 손실이 발생했습니다.

문제나 장애 상황을 가리킬 때 쓸 수 있는 단어들로 challenges, struggles, difficulties, issues 등이 있는데, 이를 더욱 구체적으로 설명할 때 in terms of, concerning, in relation to (~에 대해서는, ~에 관한)를 붙일 수 있습니다.

4. 브랜드 및 평판 (Brand and reputation)

프랜차이즈의 브랜드와 평판은 비즈니스 성과에 직접적인 영향을 미칠 수 있기 때문에, 이에 따라 향후 성공적으로 운영될 가능성과 재무적 이익을 평가해 볼 수 있습니다. 또한, 평판을 검토하여 관련 위험 요소들을 사전에 파악하고 대비할 수 있습니다.

[질문 사항] 브랜드 인식과 평판 문의

What is the franchise's brand recognition and reputation in the market?
시장 내 회사 브랜드의 인식과 평판은 어떻습니까?

용어 tips

brand awareness(브랜드 인지도): 소비자들이 특정 브랜드의 존재를 알고 있음을 나타내며, 브랜드가 소비자들에게 얼마나 잘 알려져 있는지를 측정하는 지표로 사용됩니다. 브랜드 인지도는 주로 마케팅 활동을 통해 구축되며, 소비자들이 브랜드의 이름, 로고, 제품 또는 서비스와 관련된 요소를 인식하고, 그 브랜드를 알아보는 정도를 말합니다.

- Our marketing campaign aims to increase **brand awareness** and reach a wider audience.
  저희 마케팅 캠페인은 브랜드 인지도를 높이고 더 많은 잠재고객에게 다가가는 것을 목표로 합니다.

- Social media advertising is an effective tool for building **brand awareness.**
  소셜 미디어 광고는 브랜드 인지도를 구축하는 데 효과적인 도구입니다.

brand recognition(브랜드 인식/식별): 소비자들이 브랜드를 식별하고 구분할 수 있는 능력을 의미합니다. 소비자들이 브랜드의 로고, 색상, 디자인, 또는 다른 시각적 요소를 보고 해당 브랜드를 즉시 '알아볼 수 있는 것'을 말하며, 일반적으로 광고, 포장 디자인, 제품 형태 등을 통해 구축됩니다.

- Our logo has become a symbol of **brand recognition,**
  instantly identifiable by customers.
  우리 로고는 고객이 즉시 식별할 수 있는 브랜드 식별의 상징이
  되었습니다.

- Through consistent advertising and quality products,
  we have achieved high levels of **brand recognition** in
  the market.
  꾸준한 광고와 양질의 제품을 통해 시장에서 높은 브랜드 인지도
  (식별)를 달성하였습니다.

[긍정 답변] 프랜차이즈 평판 보고

The franchise has a **well-established brand recognition** and a positive
reputation in the market, supported by positive customer reviews and
testimonials.
프랜차이즈는 **확고한 브랜드 인식**과 시장에서의 긍정적인 평판을 얻고 있으며, 이는 고
객 리뷰와 사용 후기를 통해서도 확인됩니다.

표현 tips   **well-established:** 잘 세워진, 잘 정립된, 잘 알려진

- The company has a **well-established** customer base.
  회사는 확고한 고객 기반층을 가지고 있습니다.

- The brand is **well-established** in the fashion industry.
  그 브랜드는 패션계에서 확고한 입지를 다졌습니다.

[질문 사항] 평판 리스크 여부 문의

Are there any negative reviews, customer complaints, or **reputational risks**
associated with the franchise?
프랜차이즈와 관련하여 부정적인 리뷰, 고객 컴플레인, **평판 리스크 사항**이 있습니까?

[긍정 답변] 고객 리뷰 현황 보고

There are no significant negative reviews, customer complaints, or reputational risks associated with the franchise that may impact its operations or financial performance.

프랜차이즈와 관련하여, 운영 또는 재무 성과에 영향을 미칠 중대한 부정적 리뷰, 고객 불만 또는 평판 위험은 없습니다.

표현 tips

associated with: '~와 관련된'이라는 뜻으로, 비슷한 의미로 대체하여 (interchangeably) 쓸 수 있는 표현들에는 regarding, in regards to, related to, in relation to, in connection with 등이 있습니다.

- The brand is widely recognized and **associated with** quality products.
  이 브랜드는 널리 알려져 있으며 고급 제품과 관련이 있습니다.
  (함께 연상됩니다.)

- I have some questions **regarding** the new company policy.
  새 회사 정책에 대해 몇 가지 질문이 있습니다.

- I'm writing to you **in regards to** the upcoming conference.
  다가오는 컨퍼런스와 관련하여 (본 메일을) 씁니다.

- This report focuses on topics **related to** sustainable energy.
  이 보고서는 지속 가능한 에너지와 관련된 주제에 초점을 맞추고 있습니다.

- **In relation to** our discussion earlier, I have some additional information to share.
  앞서 논의한 내용과 관련하여 공유할 추가 정보가 있습니다.

- The company is conducting an investigation **in connection with** the recent security breach.
  회사는 최근 발생한 보안 유출과 관련하여 조사를 진행하고 있습니다.

[질문 사항] 브랜드 관리 방식

How does the franchise manage and protect its brand image, including marketing and advertising strategies?
마케팅 및 광고 전략 등 프랜차이즈가 자사 브랜드 이미지를 어떻게 관리, 보호하는지요?

[긍정 답변] 긍정적인 브랜드 관리 현황

The franchise actively manages its brand image through marketing and advertising strategies, including **maintaining a strong online presence,** social media engagement, and brand consistency across all **touchpoints.**
프랜차이즈는 모든 접점(touchpoints)에서 강력한 온라인 입지를 구축하고 (maintaining a strong online presence), 소셜 미디어 참여나 브랜드의 일관성 유지 등 여러 마케팅 및 광고 전략을 통해 브랜드 이미지를 적극 관리하고 있습니다.

용어 tips   Touchpoint: 한국어로도 터치포인트 또는 접점이라고 말하며, 기업브랜드와 고객 또는 잠재 고객 사이의 상호작용 또는 접촉 지점을 의미합니다. 광고, 소셜 미디어, 웹사이트, 고객 서비스, 매장 경험 등 고객이 브랜드와 접촉하는 모든 상황을 포함합니다.

- The customer's journey involves multiple **touchpoints,** such as visiting the website, contacting customer service, and making a purchase.
  고객 여정에는 웹사이트 방문, 고객 서비스 문의, 구매 등 여러 접점이 포함됩니다.

Online presence: 온라인 프레젠스 또는 온라인 존재감이라 말하며, 개인, 회사 또는 브랜드의 인터넷상에서의 존재와 가시성을 나타냅니다. 웹사이트, 소셜 미디어, 검색 엔진 등 다양한 온라인 플랫폼과 채널을 통한 표현과 활동을 포함합니다.

- Building a strong <u>online presence</u> is essential for businesses to stay competitive.
  강력한 온라인 입지를 구축하는 것은 기업이 경쟁력을 유지하는 데 필수적입니다.

[부정 답변] 브랜드 관리의 개선 여부

However, we acknowledge that there are **still opportunities for enhancing our brand image and reputation**, specifically in terms of expanding our customer reach.
그러나 저희는 특히 고객 접촉(도달) 범위 확대 측면에서 <u>**브랜드 이미지와 명성을 개선할 수 있는 영역이 여전히 있다는 것**</u>을 인식하고 있습니다.

실무 tips | 부족한 부분에 대해 표현할 때는 문제점을 직설적으로 언급하기보다는 아직 개선할 만한 area(부분) 또는 room(여지, 부분)이 있다고 완곡히 표현하는 것이 좋습니다.

- Overall, it looks good, but there is still <u>room</u> for improvement.
  전반적으로 좋아 보이긴 하지만 개선의 여지는 있을 것 같습니다.

- While it demonstrates a solid foundation, it <u>lacks</u> some important details.
  기반은 확고한데 몇 가지 중요한 세부 정보가 부족합니다.

5. 고객 기반 및 유지 (Customer base and retention)

프랜차이즈의 고객 기반 및 충성도를 파악하는 것은 재무 성과와 안정성을 예측하는 데도 도움이 됩니다. 고객 수뿐 아니라, 해당 고객 기반의 성장 가능성을 파악하여 향후 매출 증가 가능성을 예측해 볼 수 있습니다.

[질문 사항] 고객 기반에 대한 세부 정보

Can you provide details about the franchise's **customer base,** including demographics, customer retention rates, and loyalty programs?
인구통계 관련 정보, 고객 유지율, 로열티 프로그램 등 <u>고객 기반층</u>에 대한 세부 정보를 주실 수 있습니까?

실무 tips

장기적인 안정성을 보장하기 위해서는 고객 수, 고객 기반의 성장 가능성, 고객 충성도 등 주요 지표를 파악하는 것이 중요합니다.

[긍정 답변] 다양한 고객군 확보 현황

The franchise has a **<u>diverse</u>** customer base, with a strong focus on customer retention through personalized services, loyalty programs, and excellent customer service.
이 프랜차이즈는 개인화된 서비스, 충성도 프로그램 및 우수한 고객 서비스를 통한 고객 유지에 중점을 두고 **다양한** 고객층을 확보하고 있습니다.

표현 tips

diverse, various: 다양한
diversity: 다양성

- We believe that **diversity** fosters creativity and leads to better decision-making.
  우리는 다양성이 창의성을 키우고 더 나은 의사결정으로 이어진다고 믿습니다.

[긍정 답변] 구체적 고객군의 세부 사항

Our customer base is primarily women between the ages of 25-45 **with disposable income.**

저희의 고객층은 주로 <u>가처분 소득이 있는</u> 25 - 45세 사이의 여성입니다.

표현 tips

with: ~이 있는, ~을 갖춘, ~을 가진, ~와 함께

- Stay ahead of trends and competition <u>with</u> data-driven marketing insights from our skilled professionals.
  숙련된 전문가의 데이터 기반 마케팅 인사이트를 통해 최신 트렌드와 경쟁에서 앞서 나가세요.

- The project requires someone <u>with</u> strong leadership skills.
  이 프로젝트에는 강력한 리더십 기술을 가진 사람이 필요합니다.

- She is a professor <u>with</u> a PhD in Chemistry.
  그녀는 화학 박사 학위를 보유한 교수입니다.

- We have a dedicated team of experts <u>with</u> years of experience.
  우리는 다년간의 경험을 지닌 전담 전문가 팀을 보유하고 있습니다.

용어 tips

Disposable income(가처분 소득, 여유자금): 세금 및 필수 생활비(렌트, 빌 등)를 제외한 후, 개인 또는 가구가 소비하거나 저축할 수 있는 금액을 의미합니다. 상품과 서비스 구매, 엔터테인먼트, 저축, 투자 등 자유롭게 활용할 수 있는 수입을 포함합니다.

[질문 사항] 고객 확보 전략 현황

What are the franchise's **customer acquisition strategies,** including marketing campaigns, promotions, and referral programs?

마케팅 캠페인, 프로모션, 리퍼럴 프로그램 등과 같은 프랜차이즈의 **고객 확보 전략**은 어떻게 됩니까?

Referral program: 추천 프로그램, 리퍼럴, 리퍼럴 프로그램. 기업이나 조직이 기존 고객이나 개인들을 통해 새로운 고객에게 자사 제품이나 서비스를 소개, 추천함으로써 고객 수를 확장, 유도하는 체계적인 시스템 또는 전략을 의미합니다. 추천하는 고객에게는 인센티브, 보상 또는 혜택을 제공함으로써 고객 유치 및 입소문(word-of-mouth) 마케팅을 통한 비즈니스 성장을 촉진하는 것이 주된 목적이라고 할 수 있습니다.

[긍정 답변] 고객 확보 전략 보유 현황

Our franchise has several customer acquisition strategies in place to **attract new customers** and **retain existing ones.** These include targeted marketing campaigns, promotions, and referral programs.

저희 프랜차이즈에는 **신규 고객을 유치하고(attract new customers) 기존 고객을 유지하기(retain existing ones)** 위한 여러 고객 확보 전략이 있습니다. 여기에는 타깃 마케팅 캠페인, 프로모션 및 추천 프로그램이 포함됩니다.

용어 tips 기존 고객이 지인을 추천하여 데리고 오는 것을 리퍼럴(referral)이라고 하고, 이때 보상(incentive)을 지급하는 것을 인센티바이즈(incentivize)한다고 합니다.

[긍정 답변] 마케팅 캠페인 현황 보고

Our marketing campaigns are designed to reach our target audience through various channels, such as social media, email marketing, and advertising. We also offer promotions and discounts to encourage customers to try our products or services and **incentivize** them to make **repeat purchases.**

당사의 마케팅 캠페인은 소셜 미디어, 이메일 마케팅 및 광고 등 다양한 채널을 통해 대상 고객에게 전달되도록 기획되었습니다. 또한 고객이 저희 제품이나 서비스를 사용해 보고 **반복 구매(repeat purchases)할 수 있도록** 여러 프로모션 및 할인(promotions and discounts)을 실시하며 판촉하고 있습니다.

표현 tips **incentivize**: 보상을 지급하다, 보상, 인센티브, 인센

- The airline introduced a loyalty program to **incentivize** frequent flyers and encourage customer retention.
  항공사는 자주 오는 고객에게 인센티브를 제공하고 계속적으로 고객을 유지하기 위해 로열티 프로그램을 도입했습니다.

- The company offered stock options to **incentivize** top executives and align their interests with shareholders.
  회사는 최고 경영진에게 인센티브를 제공하고 주주의 혜택도 얻을 수 있도록 스톡 옵션을 제공했습니다.

[질문 사항] 고객 경험(CX) 유지 방안

How does the franchise ensure a positive **customer experience** and maintain customer satisfaction levels?
긍정적인 <u>고객 경험(CX)</u>을 보장하고 고객 만족도를 유지하기 위한 방안은 무엇입니까?

실무 tips 고객 충성도가 낮아지거나, 고객층의 규모가 감소하는 등의 위험 요소를 사전에 방지하고 적절한 대처 방안을 강구하여 프랜차이즈의 안정성을 높일 수 있습니다.

용어 tips Customer Experience(CX, 고객 경험): 고객이 기업 또는 브랜드와 상호작용하는 과정에서 느끼는 전반적인 경험을 포괄하여 의미합니다. 제품이나 서비스를 구매하거나 이용하는 동안 고객이 겪는 모든 상호작용과 인식을 포함하며, 제품 또는 서비스의 품질, 상담 서비스, 배송 프로세스, 웹사이트 사용성, 고객 서비스 품질 등 여러 가지 요소의 영향을 받을 수 있습니다.

- We are dedicated to improving **customer experience** by carefully analyzing customer feedback and focusing on resolving issues.
  저희는 고객 피드백을 면밀히 분석하고 문제 해결에 집중함으로써 고객 경험을 개선하기 위해 최선을 다하고 있습니다.

[긍정 답변] 현행 보상 정책 소개

We offer a loyalty program to **incentivize** repeat visits and referrals, and regularly collect customer feedback to ensure high satisfaction levels.
저희는 **보상을 통해** 재방문 및 추천을 장려하고 높은 만족도를 보장하기 위해 정기적으로 고객 피드백을 수집하는 로열티 프로그램을 제공합니다.

6. 확장 및 성장 전략 (Expansion and growth strategy)

확장 및 성장 전략은 기업이 장기적으로 성장하고 수익을 창출하는 데 도움이 되며, 투자자는 기업의 확장 및 성장 전략이 현실적이고 실행 가능한지 확인해야 합니다. 또한, 이러한 확장 및 성장 전략을 성공시키는 데 필요한 자원이 충분한지도 확인해야 합니다. 기업의 확장 및 성장 전략을 검토함으로써 기업의 장기적인 성장 잠재력 또한 평가할 수 있습니다.

[질문 사항] 확장 계획

What are the franchise's **expansion plans** and growth targets for the future?
프랜차이즈의 향후 **확장 계획** 및 성장 타깃은 어떻게 됩니까?

[긍정 답변] 현황 답변

Our franchise's expansion plans include opening 10 new locations within the next 2 years in **high-growth markets** across the country. We have identified these markets through extensive market research and analysis of **customer demand and competition.**
저희 프랜차이즈의 확장 계획은 향후 2년 이내에 전국의 **고성장 시장**에서 10개의 새로운 지점을 여는 것입니다. 광범위한 시장 조사와 **고객 수요 및 경쟁** 분석을 통해 이미 이러한 시장을 파악해 두었습니다.

[긍정 답변] 매출 증대 계획

Our **growth targets** are to increase revenue by 20% annually over the next 5 years.
우리의 **성장 목표**는 향후 5년 동안 매년 20%씩 매출을 늘리는 것입니다.

[긍정 답변] 전략 내용 공유 의지 피력

We have a detailed plan in place that outlines our **growth strategy and tactics**, which we would be happy to share with you.
성장 전략과 전술에 대한 세부 계획을 가지고 있으며 공유해 드릴 수 있습니다.

표현 tips

상세한: detailed, comprehensive, thorough

- Our **detailed** market analysis revealed key trends, helping us make comprehensive decisions about our product launch.
우리의 상세한 시장 분석을 통해 주요 동향을 파악하게 됨으로써 제품 출시에 대한 의사 결정 전반에 도움이 되었습니다.

[긍정 답변] 현행 계획 및 향후 계획 동시 추진

Our franchise has **ambitious plans** for expansion and growth in the future. We are currently focused on expanding our presence in existing markets **while** also exploring new market opportunities.
저희 프랜차이즈는 미래의 확장과 성장을 위한 **야심찬 계획**을 가지고 있습니다. 저희는 현재 기존 시장에서의 입지를 확장하는 **동시에** 새로운 시장 기회를 모색하는 데 집중하고 있습니다.

[긍정 답변] 확장 계획

The franchise has a well-defined **expansion plan** and growth targets, supported by market research.
프랜차이즈는 시장 조사 결과를 바탕으로 잘 정의된 **확장 계획** 및 성장 목표를 갖추었습니다.

[부정 답변] 확장 계획의 제한 상황

We are currently facing challenges in expansion due to limited funding and a **saturated market.**

저희는 현재 자금 제약과 **시장 포화**로 인해 확장에 어려움을 겪고 있습니다.

표현 tips   saturated: 포화 상태의, 포화된

- The smartphone market has become **saturated** with numerous brands and models.
  스마트폰 시장은 수많은 브랜드와 모델로 포화 상태입니다.

market saturation: 시장 포화

- **Market saturation** can lead to price wars, affecting profitability for businesses.
  시장 포화는 치열한 가격 경쟁으로 이어져 기업의 수익성에 영향을 미칠 수 있습니다.

[질문 사항] 시장 진입 계획

What is the franchise's approach to **market entry**, including site selection, leasing, and **store build-out?**

입지 선정, 임대, **매장 구축** 등 **시장 진입** 방식은 어떻게 됩니까?

[긍정 답변] 입지선정으로 진입

Our approach to market entry is based on market research and data analysis to identify **profitable locations** with high foot traffic.

시장 진입에 대한 저희의 **접근 방식**은 시장 조사 및 데이터 분석을 기반으로 유동인구 (foot traffic)가 많고 **수익성 있는 입지**를 선정하는 것입니다.

foot traffic: foot traffic은 리테일 업계에서 특히 자주 사용되며, 매장, 건물, 특정 장소 등에 실제 방문하는 사람의 수를 의미하는 것으로, footfall 이라고도 합니다. 단순히 지나가는 사람(passerby)이 아니라, 해당 리테일 시설을 방문하는 유동인구를 나타낼 때 사용됩니다. 쇼핑몰, 백화점, 특정 상점 등의 방문객 수와 패턴을 알아보기 위해 foot traffic을 분석할 수 있습니다.

- To boost **foot traffic** during the holiday season, we're planning special promotions and events.
  연휴 기간 동안 유동인구를 늘리기 위해 특별 프로모션과 이벤트를 계획하고 있습니다.

- The store's **footfall** significantly increased after implementing a loyalty rewards program.
  로열티 보상 프로그램을 시행한 후 매장의 고객 수가 크게 증가했습니다.

[긍정 답변] 부지 선정 요소 고려

The franchise's market entry strategy **includes** a thorough site selection process that takes into consideration factors such as foot traffic, demographics, and competition.
시장 진입 전략으로는 유동인구, 인구통계, 경쟁 등의 요소를 고려한 철저한 부지 선정 과정이 **포함됩니다.**

takes into consideration(~를 고려하다, ~를 염두에 두다, 감안하다)과 비슷한 표현들:

1. take into account: 고려하다, 감안하다

- We need to **take all the factors into account** before making a decision.
  결정을 내리기 전에 모든 요소를 고려해야 합니다.

2. **take account of:** 고려하다, 감안하다

- The government needs to **take account of** the needs of the people when making decisions about public policy.
정부는 공공 정책에 대한 결정시 국민의 니즈를 고려해야 합니다.

3. **consider:** 고려하다, 생각하다

- We need to **consider** all of the options before making a decision about whether to expand our business.
사업 확장 여부를 결정하기 전에 모든 옵션을 고려해야 합니다.

4. **bear in mind:** 염두에 두다

- We need to **bear in mind** the budget when making decisions about how to allocate resources.
자원 할당 방법을 결정할 때 예산을 염두에 두어야 합니다.

5. **A includes B:** A는 B를 포함하다, A에는 B가 있다

- We need to update the contract **to include the new terms and conditions** negotiated with the client.
클라이언트와 협상한 새로운 약관을 포함시키도록 계약서를 업데이트해야 합니다.

[긍정 답변] 시장 진입 방식

The franchise's market entry approach, including site selection, leasing, and store build-out, is **well-thought-out** and **aligned with** its growth strategy.
부지 선택, 임대, 점포 확장을 포함한 프랜차이즈의 시장 진입 접근 방식은 **면밀히 고려되었으며** 성장 전략과 **일치합니다.**

표현 tips

aligned with: ~와 어울리다, 잘 맞는

- The new partnership opportunity perfectly **aligns with** our expansion plans.
새로운 파트너십 기회는 우리의 확장 계획에 완벽하게 부합합니다.

[질문 사항] 고객 유지 마케팅 전략 질문

What is the franchise's marketing strategy to **attract new customers and retain existing ones**?

신규 고객 유치 및 기존 고객 유지를 위한 마케팅 전략은 무엇입니까?

표현 tips **attract:** 유혹하다, 끌어들이다(고객이나 직원 등을 끌어들이고 유지시키는 것을 의미할 때도 사용할 수 있음)

- Creative branding helps us **attract** a younger demographic.
  창의적인 브랜딩은 젊은 층을 끌어들이는 데 도움이 됩니다.

retain: 유지하다

- A positive company culture is key to **retaining** skilled employees.
  긍정적인 기업 문화는 숙련된 직원을 유지하는 데 핵심입니다.

7. 기술 및 혁신 (Technology and innovation)

기술이나 혁신에 대한 투자 부분은 각 산업의 중요도나 도입 속도 등이 천차만별입니다. 반드시 모든 업종이 최신 기술(cutting-edge technology)을 도입해야 하는 것은 아니지만, 해당 사항이 있을 경우(if applicable) 아래와 같은 기본적인 사항들을 질문할 수 있습니다.

[질문 사항] 기술 도입 및 혁신 여부

What is the franchise's approach to **technology adoption** and innovation, including point of sale systems, online booking, and customer relationship management?

POS(Point of Sale), 온라인 예약, 고객관리 등 **기술 도입** 및 혁신에 대한 회사의 접근 방식은 어떻게 됩니까?

표현 tips   어떠한 기술이나 전략 등을 도입할 때는 adopt(도입하다), implement (도입하다, 설치하다, 실행하다), apply(적용하다)를 사용할 수 있습니다.
Implementation plan: 실행 계획

용어 tips   POS(Point of Sale, 포스 시스템): 판매 시점 정보 관리 시스템으로, 판매 시 발생하는 데이터를 수집, 저장, 분석하여 판매 현황을 파악하고, 재고 관리, 고객 관리, 마케팅 활동 등을 지원하는 시스템입니다. 리테일 기업의 규모와 특성에 따라 다양한 형태로 제공되며, 기업의 운영 효율성을 높이고, 고객 만족도를 향상시키는 데 중요한 역할을 합니다.

[긍정 답변] 운용 효율성 개선

The franchise **has a strong focus on** technology adoption and innovation to improve its customer experience and operational efficiency. This includes the use of modern point of sale systems to streamline sales processes and online booking platforms to increase convenience for customers.

프랜차이즈는 고객 경험과 운영 효율성을 개선하기 위해 기술 채택 및 혁신에 **중점을 두고** 있습니다. 여기에는 최신 POS(Point of Sale, 포스) 시스템을 사용해 판매 프로세스를 간소화하고 온라인 예약 플랫폼을 사용해 고객의 편의를 높이는 것이 포함됩니다.

표현 tips

have a strong focus on~: ~에 큰 중점을 두고 있는, ~를 중요하게 여기는

- Our company culture **has a strong focus on** fostering innovation and collaboration.
  우리 회사 문화는 혁신과 협업 촉진을 중요하게 생각하고 있습니다.

- Our marketing strategy **has a strong focus on** digital channels to reach wider audiences.
  우리의 마케팅 전략은 더 많은 고객에게 도달하기 위한 디지털 채널에 중점을 둡니다.

기타 유사 표현으로는 다음의 내용을 참고할 수 있습니다

place a high emphasis on~ (~에 큰 중점을 두다)

- Our company **places a high emphasis on** employee well-being, offering wellness programs and flexible work arrangements.
  우리 회사는 직원 복지에 중점을 두고 웰빙 프로그램과 유연한 근무 방식을 제공합니다.

prioritize(~에 우선순위를 두다, 우선시하다)

- We **prioritize** customer feedback to continuously improve our products and services.
  우리는 제품과 서비스를 지속적으로 개선하기 위해 고객 피드백을 중요시합니다.

pay special attention to(~에 큰 중점을 두다)

- The project team **pays special attention to** user experience design for our new app.
  프로젝트 팀은 새로운 앱의 사용자 경험 디자인에 특별한 관심을 두고 있습니다.

center around(~에 큰 중점을 두다)

- Our marketing strategy **centers around** building strong brand loyalty through engaging content.
  우리의 마케팅 전략은 매력적인 콘텐츠를 통해 강력한 브랜드 충성도를 구축하는 데 중점을 둡니다.

put a major focus on(~에 큰 중점을 두다)

- Our expansion plan **puts a major focus on** tapping into emerging markets for growth.
  우리의 확장 계획은 성장을 위해 신흥 시장을 활용하는 데 중점을 두고 있습니다.

[긍정 답변] 고객 관계 관리 등 도입

The franchise actively **adopts** technology and innovation in its operations, including customer relationship management to **enhance** efficiency and customer experience.
프랜차이즈는 효율성과 고객 경험을 **향상시키기** 위해 고객 관계 관리를 포함한 기술과 혁신을 적극적으로 **도입합니다.**

용어 tips   customer relationship management(CRM, 고객 관계 관리): 고객과 기업 간의 관계를 관리하는 프로세스. 고객의 구매 내역, 방문 기록, 연락처 정보 등을 수집하고 분석하여 고객의 요구를 파악하고, 고객의 만족도를 높이기 위한 마케팅 활동을 수행하여 고객의 구매를 유도하고, 고객의 재구매를 촉진하여 매출을 증대시키는 데 도움을 줍니다.

[질문 사항] 기술 업그레이드 현황 및 계획

Are there any **ongoing** or **planned** technology upgrades (or investments)?
진행 중이거나 **계획 중인** 기술적 업그레이드 및 투자 사항이 있습니까?

[긍정 답변] 기술 업그레이드 실행

There are **ongoing or planned technology upgrades,** such as implementing
a loyalty program app or integrating an online booking system.
로열티 프로그램 앱 구현 또는 온라인 예약 시스템 통합과 같은 **기술 업그레이드가 진행
중이거나 계획**되어 있습니다.

[부정 답변] 재무적 제약 상황

We are planning to invest in technology upgrades such as a new point of
sale system and online booking platform, but due to **financial constraints,**
the timeline is uncertain.
새로운 POS 시스템 및 온라인 예약 플랫폼 등 기술 업그레이드에 투자할 계획이지만 **재
무적 제약**으로 인해 일정이 불확실(uncertain)합니다.

표현 tips

재무적 어려움(difficulty, challenge)보다 표현을 완화하였습니다.
불확실함(uncertain)을 표현할 때, doubtful(불안한, 미심쩍은), up in the
air(아직 미정이다, 정해진 것이 없는) 등의 표현을 사용할 수 있습니다.

- It's still **up in the air** whether we'll be able to secure the
  necessary funding and complete the development on
  time.
  필요한 자금을 확보하고 제시간에 개발을 완료할 수 있을지 아직
  미지수입니다.

[질문 사항] 산업 트렌드 반영 여부

How does the franchise **keep up with industry trends** and technological advancements?

산업 트렌드와 기술 발전에 대해 어떻게 **따라가고** 있는지요?

표현 tips   keep up with industry trends = stay updated with industry trends: 업계 동향을 잘 따라가는

[긍정 답변] 최신 업계 동향 및 기술

The franchise **stays updated** with industry trends and technological advancements through regular research, monitoring of competitors, and collaboration with technology partners.

프랜차이즈는 정기적인 연구, 경쟁자 모니터링 및 기술 파트너와의 협력을 통해 업계 동향 및 기술 발전에 대한 **최신 정보를 유지**합니다.

[긍정 답변] 신기술 연구 및 동향 보고

We stay updated with industry trends through attending industry conferences and networking events, and conducting research on **emerging technologies.**

저희는 업계 컨퍼런스 및 네트워킹 이벤트에 참석하고 **신기술**에 대해 연구함으로써 항상 업계의 최신 동향을 파악하고 있습니다.

표현 tips   conduct research: 리서치를 수행하다
    - Our marketing team will **conduct research** to identify emerging trends in the industry.
      우리 마케팅 팀은 업계의 새로운 트렌드를 파악하기 위해 조사를 수행할 것입니다.

conduct는 리서치, 분석, 인터뷰, 테스트, 실사, 사업성 분석 등 다양한 업무를 '수행하다'라는 의미로 사용 가능합니다.

- We will **conduct a market analysis** to identify growth opportunities.
우리는 성장 기회를 식별하기 위해 시장 분석을 수행할 것입니다.

- The HR department will **conduct interviews** to hire new team members.
HR 부서는 새로운 팀원을 고용하기 위해 인터뷰를 실시합니다.

- We need to **conduct a feasibility study** before launching the new project.
새 프로젝트를 시작하기 전에 타당성 조사를 수행해야 합니다.

- Our team is excited to **conduct product testing** for quality assurance.
우리 팀은 품질 보증을 위해 제품 테스트를 수행하게 되어 기대가 됩니다.

8. 앞으로의 전망 (Future outlook and projections)

[질문 사항] 단기적 성장 전망

What are the franchise's **growth prospects** and **financial projections** for the next 3-5 years?

향후 3~5년간의 프랜차이즈 성장 전망 및 재무적 예측은 어떻게 보십니까?

[긍정 답변] 매출 및 순이익마진 향상

We expect to see strong revenue growth of at least 15% annually, **driven by** both new store openings and sales growth. We also anticipate achieving a net profit margin of 10% or higher **within the next three years,** through a combination of cost control measures and strategic pricing.

신규 매장 오픈과 매출 성장에 힘입어 연간 최소 15% 이상 매출이 급성장할 것으로 예상됩니다. 또한 비용 통제 조치와 전략적 가격 책정을 통해 향후 3년 이내에 순이익 마진이 10% 또는 그 이상 오를 것으로 예상합니다.

표현 tips '~ -driven'은 '~에 의한, ~을 기반으로 하는'의 뜻으로, 주요한 목표, 전략, 정책, 행동 및 방침 등에 의해 구동되는 것을 의미합니다.

- Our decision-making process is **data-driven,** based on real-time analytics.
  우리의 의사 결정 프로세스는 실시간 분석을 기반으로 하는 데이터 기반입니다.

- Our technology solutions are **AI-driven,** enhancing efficiency across operations.
  당사의 기술 솔루션은 AI 기반으로 운영 전반의 효율성을 향상시킵니다.

- The company's growth strategy is **innovation-driven** to stay ahead in the market.
회사의 성장 전략은 시장에서 앞서 나가기 위해 혁신 주도적인 전략을 취하고 있습니다.

- The internship program is designed to support young, **career-driven** professionals.
인턴십 프로그램은 커리어 성장에 관심이 많은 낮은 연령대의 전문가를 지원하도록 설계되었습니다.

[긍정 답변] 시장 확장 및 새 수익원 추가 가능

In terms of growth prospects, the franchise is planning to expand into several new markets **in the coming years,** particularly in Asia and Europe. The franchise is also exploring new business models and revenue streams, such as launching a subscription service and developing a line of exclusive products.
성장 전망 **측면에서** 프랜차이즈는 **향후 몇 년 동안** 특히 아시아와 유럽에서 여러 새로운 시장으로 확장할 계획입니다. 프랜차이즈는 또한 구독 서비스(subscription service) 출시 및 독점 제품 라인 개발 등 새로운 비즈니스 모델 및 수익원을 모색하고 있습니다.

[긍정 답변] 고객 기반 확충 계획

We **have** a strong growth strategy **in place,** which includes expanding into new markets, increasing our customer base, and introducing new services.
저희는 새로운 시장으로의 확장, 고객 기반 확대, 새로운 서비스 도입을 비롯해 강력한 성장 전략을 가지고 있습니다.

표현 tips **have ~ in place:** ~를 가지고 있다, 마련하다

– With the latest technology upgrades, our website now <u>has</u> a seamless user experience <u>in place</u> for our customers.
최신 기술 업그레이드를 통해 이제 당사 웹사이트는 고객을 위한 원활한 사용자 경험을 제공합니다.

[부정 답변] 시장 포화 및 자금 제약 난항

Our growth prospects are uncertain due to **market saturation** and limited funding. Our **financial projections are conservative** and based on historical performance, as well as current market trends.
시장 포화와 자금의 제약으로 인해 성장 전망이 불확실합니다. 우리의 <u>재무 예측은 보수적으로 이뤄졌으며</u> 현재 시장 동향뿐 아니라 과거 실적을 기반으로 합니다.

용어 tips 투자 목표와 위험 성향에 따라, 안정적인 수익을 추구하는 경우 conservative investing이 적합하고, 투자 목표가 높은 수익을 추구하는 경우 aggressive investing을 선택할 수 있습니다. 즉, conservative investing은 투자 손실을 최소화할 수 있지만, 높은 수익을 얻기 어렵습니다. aggressive investing은 높은 수익을 얻을 수 있지만, 투자 손실의 위험이 높을 수 있습니다.

conservative investing: 보수적인 투자

– In today's uncertain market, many investors are leaning towards **conservative investing** strategies to prioritize capital preservation.
오늘날과 같이 불확실한 시장에서는, 많은 투자자들이 자금의 보존을 우선시하여 보수적인 투자 전략으로 기울고 있습니다.

aggressive investing: 공격적인 투자

- The venture capitalist's **aggressive investing** approach paid off as their portfolio included early-stage tech companies that became industry giants.
벤처 캐피탈리스트(vc)의 공격적인 투자 방식은 그들의 포트폴리오에 업계 거물이 된 초기 단계의 기술 회사가 포함되어 있어 성과를 거둘 수 있었습니다.

[질문 사항] 재무 예측 요인 및 가정

What factors or **assumptions** are used in the franchise's financial projections, including market trends, operational efficiencies, and industry benchmarks?
시장 동향, 운영의 효율성, 업계 벤치마크 등 재무 예측에 사용된 요인 및 **가정**들로는 어떤 것들이 있습니까?

실무 tips   어떠한 예측이나 모델이 있는 경우, 이에 적용된 **가정**(assumption)을 물어보는 질문입니다.

[긍정 답변] 예측 기반 요소 제시

The franchise's financial projections are **based on** a combination of market trends, operational efficiencies, and industry benchmarks. This includes **projected** revenue growth rates based on historical performance and market analysis and **anticipated changes** in operating expenses and margins.
프랜차이즈의 재무 예측은 시장 동향, 운영 효율성 및 업계 벤치마크의 조합을 **기반으로 합니다.** 여기에는 과거의(historical) 실적 및 시장 분석을 기반으로 한 **예상** 매출 성장률과 운영 비용 및 마진의 **변화 예측**이 포함됩니다.

[긍정 답변] 잠재적 리스크 고려

We have also **taken into account** any potential risks or challenges, such as competition or regulatory changes, that could **impact** the franchise's financial performance.

또한 프랜차이즈의 재무 실적에 **영향을 미칠** 수 있는 경쟁 또는 규제 변경과 같은 잠재적(potential) 위험이나 문제를 **고려했습니다.**

[긍정 답변] 제너럴한 답변 방식

Our financial projections **are based on** a combination of factors, including market trends, operational efficiencies, and industry benchmarks. We have **conducted extensive** market research to identify growth opportunities and have made **strategic investments** in technology and marketing to stay competitive.

저희의 재무 예측은 시장 동향, 운영의 효율성 및 업계 벤치마크를 포함한 여러 요소를 **기반으로 합니다.** 저희는 성장 기회를 식별하기 위해 **광범위한 시장 조사를 수행했으며** 경쟁력을 높이기 위해 기술 및 마케팅에 **전략적 투자**를 했습니다.

표현 tips   stay competitive: 경쟁력을 유지하다, 경쟁에서 앞서가다 (= remain competitive, stay ahead of the curve)

- Our marketing team employs cutting-edge strategies to stay ahead of the curve and reach our target audience effectively.
  저희 마케팅 팀은 최첨단 전략을 도입하여 경쟁에서 앞서 나가고 타깃 고객에게 효과적으로 도달합니다.

[긍정 답변] 고객 유지 및 타깃 마케팅

Our assumptions are based on maintaining current customer retention rates and increasing revenue **through** targeted marketing campaigns.

저희의 가정은 현재 고객 유지율을 유지하고 타깃 마케팅 캠페인**을 통해** 수익을 증가시키는 것을 기반으로 합니다.

[질문 사항] 미래 재무 전망의 위험 요소

What risks or **uncertainties** may **impact** the franchise's future performance and financial outlook?

미래 성과 및 재무 전망(outlook)에 영향을 줄 만한 위험 요소나 불확실성은 무엇인지요?

표현 tips

impact: 영향을 끼치다, 영향(= influence, consequence, result, outcome, effect)

- The **effect** of the new marketing campaign was a substantial increase in brand awareness and sales.
  새로운 마케팅 캠페인의 효과로 브랜드 인지도와 매출이 크게 증가했습니다.

[긍정 답변] 향후 위험 요소

Risks that may impact our future performance include changes in consumer behavior, increased competition, and **unforeseen economic events.**

저희의 미래 성과에 영향을 미칠 수 있는 위험으로는 소비자 행동의 변화, 경쟁 심화, **예측하지 못한 경제 사건들**이 포함됩니다.

표현 tips

unforeseen: 예측하지 못한(= unexpected, unpredicted)

- **Unforeseen** circumstances have prompted us to revise our quarterly projections for better risk management.
  예상치 못한 상황으로 인해, 보다 나은 위험 관리를 위해 분기별 예측을 수정하게 되었습니다.

[긍정 답변] 위험 관리 전략 구축

While there are **risks and uncertainties** that could impact our future performance, we have implemented risk management strategies and **contingency plans** to mitigate potential risks. These include **diversifying our revenue streams**, staying up-to-date with regulatory changes, and maintaining a strong financial position.

저희의 미래 성과에 영향을 미칠 수 있는 **위험과 불확실성**이 있지만 이 같은 잠재적 위험을 완화하기 위해 위험 관리 전략과 **비상 계획**을 구축했습니다. 여기에는 **수익원 다각화**, 규제 변화에 대한 최신 정보 유지, 탄탄한 재무 상태 유지가 포함됩니다.

표현 tips

mitigate risks: 위험을 완화하다 (= manage risks, minimize risks, reduce risks, address risks), 위험이 발생할 가능성을 줄이고, 발생하더라도 그 영향력을 최소화하는 것

stay up-to-date: 계속 최신 정보 상태를 유지하다 (= stay updated, stay informed, stay current, stay in the loop)

- Subscribe to our newsletter to **stay up-to-date** with exclusive insights and updates.
  독점 인사이트와 최신 정보를 받아보려면, 뉴스레터를 구독하십시오.

- Regular team meetings ensure everyone **stays informed** about project developments.
  정기적인 팀 회의를 통해 모든 사람이 프로젝트 개발에 대한 최신 정보를 얻을 수 있습니다.

- Join our online community to **stay in the loop** with real-time discussions and updates.
  저희 온라인 커뮤니티에 가입하고, 실시간 토론 및 업데이트를 통해 최신 정보를 얻어 가세요.

[긍정 답변] 소비력 증대로 긍정 전망

Our future performance is **well positioned** to benefit from the growing demand for beauty services and increasing **consumer spending power.**
저희의 미래 성과는 뷰티 서비스에 대한 수요가 늘고 **소비자 구매력**이 증가할수록 혜택을 받을 수 있어 **긍정적**이라고 할 수 있습니다.

표현 tips

well-positioned: (비즈니스에서 성공할 수 있는)유리한 위치에 있다 (= strategically placed, strongly positioned, in a favorable position)

- With our diverse product range and strategic partnerships, we are **well-positioned** to capture new market opportunities.
  다양한 제품군과 전략적 파트너십을 통해 우리는 새로운 시장 기회를 포착할 수 있는 좋은 위치에 있습니다.

well-managed(잘 관리된)

- The project's success is attributed to its **well-managed** timeline and clear communication.
  프로젝트의 성공은 잘 관리된 일정과 명확한 의사소통 덕분입니다.

9. 프랜차이즈 계약 및 법적 사항 (Franchise agreement and legal matters)

인수 대상 기업의 계약 및 법적 사항을 검토하고, 향후 잠재적인 위험 요소가 있는지를 확인할 수 있는 질문들입니다.

[질문 사항] 계약 사항

Can you provide **a copy of** the franchise agreement and **disclose** any amendments or modifications?

프렌차이즈 계약 **사본** 제공 및 수정변경 사항에 대한 **공개**를 부탁드립니다.

용어 tips

copy: 사본. soft copy는 전자 파일, hard copy는 인쇄물 출력물을 의미합니다.

- Please send me the **soft copy** of the report via email for easy access.
  보고서의 소프트 카피를 이메일로 보내주시면 편리하게 확인할 수 있습니다.

- Could you please provide me with a **hard copy** of the contract?
  계약서의 인쇄물을 제공해 주실 수 있을까요?

[긍정 답변] 요청 시 계약 사본 등 제공

Yes, we can provide the franchise agreement and disclose any amendments or modifications **upon request.**

네, 프랜차이즈 계약 사본을 제공해 드리고, 요청 시 변경 또는 수정 사항도 공개해 드릴 수 있습니다.

용어 tips

franchise agreement: 프랜차이즈 계약. 프랜차이즈 제공자인

franchisor 및 이와 계약하는 franchisee 각각의 권리(rights), 의무 (obligations), 책임(responsibilities) 등에 대한 정보가 담겨 있습니다.

[질문 사항] 잠재적인 법적 분쟁 및 책임 소재

Are there **any pending or potential legal disputes** or liabilities related to the franchise?

프랜차이즈와 관련되어 **진행 중이거나 잠재적인 법적 분쟁** 및 책임 소지가 있는지요?

표현 tips

pending: 밀려 있는, 아직 진행 중인 (= unresolved, unsettled, outstanding, upcoming)

- We must resolve all **pending** tasks before the deadline.
  우리는 마감일 전에 보류 중인 모든 작업을 해결해야 합니다.

[긍정 답변] 법적 문제 없음

There are no **pending** or potential legal disputes or liabilities that may **pose a risk** to the franchise's operations or financial performance.

프랜차이즈 운영이나 재무 성과에 **위험을 초래할 수 있는 계류 중이거나** 또는 잠재적인 법적 분쟁이나 책임은 없습니다.

표현 tips

pose a risk: 리스크를 초래하다, 리스크를 수반하다(= present a risk, present a threat, entail a risk, entail a danger, carry a vulnerability)

- Rapid expansion without proper due diligence can **pose a risk** to the company's financial stability.
  적절한 실사가 없는 급속한 확장은 회사의 재무 안정성에 위험을 초래할 수 있습니다.

- Lack of regulatory compliance could **present a significant threat** to the project's success.
  규정을 준수하지 않으면 프로젝트의 성공에 중대한 위협이 될 수 있습니다.

- Supply chain disruptions can **carry a vulnerability** that impacts production timelines.
  공급망 중단은 생산 일정에 영향을 미치는 취약성을 수반할 수 있습니다.

[부정 답변] 법적 분쟁 상황

We are currently involved in a legal dispute with a former franchisee, which could potentially **result in** significant liabilities for our business. We are **working closely** with our legal team to resolve this issue as quickly and efficiently **as possible.**

저희는 현재 이전 가맹점과 법적 분쟁에 관여되어 있으며 **이로 인해** 잠재적으로 본 사업에 상당한 책임 부담이 발생할 수 있습니다. 이 문제를 **최대한** 빠르고 효율적으로 해결하기 위해 법무팀과 **긴밀히 협력하고** 있습니다.

표현 tips working closely: 긴밀하게 협력하다 (= collaborate closely, work side by side)

- Our design and engineering teams **collaborate closely** to create seamless user experiences.
  디자인 및 엔지니어링 팀은 원활한 사용자 경험을 만들기 위해 긴밀하게 협력합니다.

- The cross-functional team **worked side by side** to meet the tight deadline.
  다양한 부서원들로 구성된 팀은 촉박한 기한을 맞추기 위해 긴밀하게 일했습니다.

- The IT department **works closely** with security experts to ensure data protection.
  IT 부서는 데이터 보호를 보장하기 위해 보안 전문가와 긴밀히 협력합니다.

[질문 사항] 계약 조건 및 조항(T&C)

What are the **terms and conditions** of the franchise agreement, including royalty fees, marketing expenses, and renewal options?
로열티 비용, 마케팅 비용, 갱신 옵션 등 프랜차이즈 **계약 조건(T&C)**은 어떻게 돼 있습니까?

[긍정 답변] 표준 약관 및 수수료 구조

Our franchise agreement includes **standard** terms and conditions related to royalty fees, marketing expenses, and renewal options. However, we have recently **revised our fee structure** and are in the process of updating our franchise agreement **accordingly.**
프랜차이즈 계약에는 로열티 수수료, 마케팅 비용 및 갱신 옵션과 관련된 표준 약관이 포함됩니다. 그러나 최근 **수수료 구조를 변경했으며 이에 따라** 프랜차이즈 계약을 업데이트하고 있습니다.

[긍정 답변] 업계 표준 준수

The franchise agreement **is standard and follows industry norms** (=reasonable and in line with industry standards), with no significant amendments or modifications that may impact the deal.
프랜차이즈 계약은 표준 계약이며 거래에 영향을 미칠 수 있는 중대한 수정 또는 변경 없이 **업계 표준을 따릅니다.**

in line with~ = align with

- The new pricing strategy is **in line with** current market trends and customer expectations.
  새로운 가격 전략은 현재 시장 동향 및 고객 기대치와 일치합니다.

norm: 옳다고 느껴지는 행동 또는 예상, 기준

- We must evaluate our pricing strategy to see if it aligns with market <u>norms</u> and customer expectations.
  우리는 가격 전략을 평가하고, 그것이 시장 표준 및 고객 기대에 부합하는지 확인해야 합니다.

10. 리스크 관리 및 보장 (Risk management and insurance)

[질문 사항] 리스크 관리 관행

What are the franchise's **risk management practices,** including insurance coverage, safety protocols, and disaster recovery plans?
보험 커버리지, 안전 프로토콜, 재해 복구 계획 등 프렌차이즈의 <u>리스크 관리 관행</u>은 어떻게 됩니까?

[긍정 답변] 위험 관리 체계 가동 중

The franchise has robust risk management practices **in place,** including comprehensive insurance coverage, safety protocols, and disaster recovery plans, to **mitigate risks.**
프랜차이즈는 <u>위험을 완화하기</u> 위해 포괄적인 보험 보장, 안전 프로토콜 및 재해 복구 계획을 포함하여 철저한 위험 관리 체계를 <u>갖추고</u> 있습니다.

표현 tips | 이러한 체계들을 통틀어 risk management strategies 또는 risk management plans(리스크 관리 전략/계획)라 부를 수 있습니다.

- Our company has implemented comprehensive **risk management strategies** to identify and mitigate potential risks across all operational areas.
회사는 모든 운영 영역에서 잠재적인 위험을 파악하고 완화하기 위해 포괄적인 위험 관리 전략을 구현했습니다.

용어 tips | **risk management:** 리스크 관리. 위험을 식별, 평가, 그리고 통제하는 과정. 조직의 자산, 평판, 그리고 이익을 보호하기 위해 불확실성을 관리하고 부정적인 사건의 가능성을 최소화하기 위한 체계적인 접근 방식입니다.

[질문 사항] 법률 또는 규제 준수 여부

Are there any past or potential risks related to the franchise's operations, such as **legal or regulatory compliance issues?**

법률 또는 규제 준수 문제와 관련해, 과거에 혹은 잠재적으로 프랜차이즈 운영과 관련된 위험이 있었는지요?

[긍정 답변] 제반 규약 준수 중

There are no significant past or potential risks related to the franchise's operations, and it **complies with** all legal and regulatory requirements.

가맹점 운영과 관련하여 과거 또는 잠재적으로 아무런 중대 위험이 없으며 모든 법률 및 규제 요구 사항을 <u>준수하고 있습니다.</u>

표현 tips

comply with: (법률, 규정, 계약, 정책 등을) 준수하다.
compliance: 컴플라이언스, 법규 준수, 준법 감시

- Data protection measures have been implemented to **comply with** strict privacy regulations.
  엄격한 개인 정보 보호 규정을 준수하기 위해 데이터 보호 조치가 도입되었습니다.

- Our products are designed to **comply with** the latest industry regulations, ensuring customer safety.
  당사의 제품은 최신 산업 규정을 준수하도록 설계되어 고객의 안전을 보장합니다.

[질문 사항] 리스크 관리 조치

What measures does the franchise have **in place** to mitigate and manage risks in its operations?

위험을 완화하고 관리하기 위해 어떠한 <u>조치를 갖추고 있습니까?</u>

[긍정 답변] 정기 검토 및 업데이트

The franchise regularly reviews and updates its risk management practices to **adapt to** changing business environments and industry regulations.
프랜차이즈는 변화하는 비즈니스 환경과 산업 규정에 적응하기 위해 위험 관리 체계를 정기적으로 검토하고 업데이트합니다.

표현 tips

adapt to~: ~에 적응하다, 맞추다(= adjust to, accommodate)

- We need to **adapt to** the changing market conditions in order to stay competitive.
  경쟁력을 유지하려면 변화하는 시장 상황에 적응해야 합니다.

- The sales team quickly **adjusted to** the new sales strategies and exceeded their targets.
  영업팀은 새로운 영업 전략에 빠르게 적응했고 목표를 초과 달성했습니다.

[긍정 답변] 보험 커버리지

We have comprehensive insurance coverage and safety protocols in place to mitigate risks such as **fire and theft.**
우리는 **화재 및 도난**과 같은 위험을 완화하기 위해 포괄적인 보험 커버리지 및 안전 프로토콜을 갖추고 있습니다.

[긍정 답변] 잠재적 위험 대비

We have not faced any legal or regulatory compliance issues in the past, but we are aware of potential risks and have **measures** in place to prevent them.
저희는 과거에 법적 또는 규정 준수 문제에 직면한 적이 없지만 잠재적인 위험을 인식하고 있으며 이를 방지하기 위한 **조치**를 취하고 있습니다.

Topic 002. Due diligence 미팅 예시 - 재무실사팀과 클라이언트의 첫 킥오프(kick-off) 미팅

실사팀이 처음으로 클라이언트와 만나는 가상 시나리오입니다. 팀원 등 실무진과 클라이언트의 킥오프 미팅은 생략되는 경우가 많기에, 그보다 윗 직급에서 쓰일 수 있는 실질적인 표현을 중심으로 다음의 시나리오와 같이 재구성해 보았습니다.

실사팀 소개

실사팀: Good morning, everyone. Thank you for joining us today. We're excited to **kick off the buy-side due diligence process** for Beauty Moon on behalf of BlueBlack Partners(client). I am Minji and I will be leading the team **throughout this engagement.**

여러분, 안녕하세요. 오늘 함께해 주셔서 감사합니다. 블루블랙 파트너스(BlueBlack Partners, 클라이언트)를 대신하여 뷰티 문(Beauty Moon) 프랜차이즈에 대한 바이사이드(인수) **측 실사 프로세스를 시작하게 되어** 기쁩니다. 저는 민지이고 **이번 프로젝트 동안** 팀을 이끌 것입니다.

자세한 설명을 생략하고 바로 소개를 하는 것이 일반적일 수 있지만, 구체성을 위해 프로젝트를 자세히 소개했습니다. "We are excited to ~"의 문장은 생략해도 좋습니다.

표현 tips **kick off: 시작하다(= get the ball rolling, get started)**

- Let's **kick off** the meeting with a brief overview of our quarterly achievements.
  분기별 성과에 대한 간략한 개요로 회의를 시작하겠습니다.

- We're excited to **kick off** the new fiscal year with innovative product releases.
  혁신적인 제품 출시와 함께 새 회계연도를 시작하게 되어 기쁩니다.

첫 미팅(kick-off)의 도입부에 간단히 미팅의 목적을 소개하고, 프로젝트의 실무를 맡은 본인의 이름과 역할을 간단히 소개하고 있습니다. 참여를 뜻하는 engagement는 여기서, 본 계약의 업무(프로젝트, 딜)를 의미합니다.

프로젝트 단계별 미팅들:

kick-off meeting: 프로젝트 개시에 하는 시작 미팅(목표, 역할, 기대치 등을 논의)

Interim meeting: 임시 중간 미팅. 스케줄에 없던 비정기 미팅을 의미하기도 하며, 프로젝트 진행 중에 중간 경과에 대해 논의하기 위한 회의.

Status update meeting: 상태 업데이트 미팅. 프로젝트 진행 상황을 업데이트 하기 위한 회의로, 각 팀원 또는 관계자가 자신의 진행 상황을 보고하고, 문제가 발생한 경우 토론함.

Progress meeting: 프로그레스/현황 회의. 작업의 진행 상황을 점검하고, 필요한 경우 조치를 취하기 위한 회의.

Planning meeting: 프로젝트 계획을 세우기 위한 회의로, 목표, 범위, 일정, 예산, 리소스, 책임 등을 논의하는 자리.

Charette: 특정 프로젝트나 과제의 해결이나 계획 등을 위해 전문가들이 모여 아이디어를 공유하고 토론하는 집중적인 아이디어 회의 또는 집중 검토회의.

Review meeting: 검토 미팅. 결과물(deliverables)에 대한 완성도, 퀄리티 논의, 피드백 등이 이루어짐.

Stakeholder meeting: 이해 관계자 미팅. 프로젝트와 관련된 이해 관계자들이 업데이트 사항, 우려 또는 이슈 사항 해결 등을 위해 진행하는 회의.

Wrap up: 프로젝트 마지막에 진행되는 마무리 미팅. 실패 등을 교훈 삼아 배우게 된 점들에 대해 답사하는 Lessons learned meeting이 어젠다에 추가될 수 있음.

One-on-ones: 일대일 회의. 1:1로 만나는 회의로, 직무 수행, 업무 환경, 개인적인 문제 등 다양한 논의 가능.

Workshop: 특정 주제에 대해 심도 있는 학습과 토론을 위한 회의. 팀워크, 문제 해결, 의사 결정, 기술 훈련 등 다양한 목적으로 개최 가능.

Weekly team meeting: 주간 팀 회의. 팀 구성원들이 정기적으로 모여 진행 상황을 점검하고, 문제나 이슈를 논의.

Daily huddle 또는 daily check-in: 데일리 회의. 팀 구성원들이 매일 짧게 모여 진행 상황을 점검하고, 협업할 사항을 논의하는 회의.

Company meeting 또는 All-hands meeting: 전사회의, 전체 구성원 회의. 모든 구성원이 모여 회사의 성과, 전략, 주요 이슈 등에 대해 논의.

클라이언트의 인사

클라이언트: Thank you for **taking on** this important assignment. We are looking forward to your insights and expertise in evaluating the franchise (company) as a **potential investment opportunity** for BlueBlack partners. 이 중요한 임무를 **맡아 주셔서** 감사합니다. 블루블랙 파트너스의 **잠재적인 투자 기회**로 프랜차이즈(회사)를 평가하는 데 있어 귀하의 통찰력과 전문성을 기대합니다.

본문에서는 최대한 포멀하고 공식적인 스타일로 구성해 보았습니다. 상황에 따라서는 격식을 빼고 간단하게만 인사를 진행하는 것도 좋습니다.

표현 tips   **take on:** 착수하다, 일을 시작하다 (= undertake, engage in)

- As a consultant, I frequently **engage in** challenging assignments that require innovative solutions.
  컨설턴트로서, 저는 혁신적인 솔루션이 필요한 어려운 과제에 자주 참여합니다.

예비 평가 현황 보고

실사팀: Thank you. We appreciate the opportunity to work with you and provide our due diligence services. Our team has already **started the preliminary assessment** of the franchise, and we're ready to **dig deeper into** their financials, operations, market position, and other critical areas to help BlueBlack Partners make an informed investment decision.
감사합니다. 귀하(귀사)와 협력하고 실사 서비스를 제공할 수 있는 기회를 주셔서 감사합니다. 저희 팀은 이미 프랜차이즈에 대한 **예비 평가를 시작**했으며 이들의 재무, 운영, 시장 위치 및 기타 중요한 영역을 더 깊이 살펴보고 블루블랙 파트너스가 정보에 입각한 투자 결정을 내릴 수 있도록 도움을 드리고자 합니다.

표현 tips

preliminary: 예비의

- We've conducted a **preliminary** analysis of the market trends, but more in-depth research is needed.
  우리는 시장 동향에 대한 예비 분석을 수행했지만 더 심층적인 연구가 필요합니다.

- The **preliminary** assessment indicates that the merger could result in synergies across our operations.
  예비 평가는 합병이 우리 운영 전반에 걸쳐 시너지 효과를 가져올 수 있음을 보여주고 있습니다.

assessment: 평가
informed investment decision: 정보에 입각한 투자 결정
dig deeper: 깊이 파고들다, 자세히 파고들다

- Let's **dig deeper** into the data analytics to uncover valuable insights about customer behavior.
  고객 행동에 대한 가치 있는 인사이트를 발견하기 위해 데이터 분석을 더 깊이 살펴봅시다.

용어 tips

preliminary assessment: 프로젝트 초반에 진행되는 예비 평가 및 분석 작업, 사전 평가. 일반적으로 필수 정보를 수집하고, 잠재적인 위험 또는 문제를 식별하고, 프로젝트의 초기 의사 결정 및 계획을 위해 수행합니다.

실사 계획 소개

Our due diligence process will involve a **thorough review** of the franchise's financial statements, operational performance, market analysis, legal and regulatory compliance, risk management, customer base, **and more.** We will also be conducting interviews with the franchise's management team and other **stakeholders, as well as** reviewing relevant documents and conducting site visits, as needed. Our timeline for completing the due diligence is **approximately** 3 weeks but we will keep you updated on our progress **along the way.**

당사의 실사 프로세스에는 프랜차이즈의 재무제표, 운영 실적, 시장 분석, 법률 및 규정 준수, 위험 관리, 고객 기반 등에 대한 **철저한 검토**가 포함됩니다. 또한 가맹점 운영팀 및 기타 이해관계자와의 인터뷰를 진행하고 관련 문서 검토 및 **필요에 따라**(as needed) 현장 방문을 실시할 예정입니다. 실사를 완료하기 위한 일정은 약 3주이지만 <u>그 과정에서</u> 진행 상황을 계속 업데이트해 드리겠습니다.

표현 tips

as needed: 필요에 따라(= when necessary, if required, on demand, when needed, as necessary)

- Our customer support team is available **on demand** to provide immediate assistance and resolve any issues.
  당사의 고객 지원 팀은 요청 시 즉각적인 지원을 제공하고 문제를 해결할 수 있습니다.

- **As necessary,** we will collaborate with external partners to leverage their expertise and resources.
필요에 따라, 외부 파트너와 협력하여 그들의 전문 지식과 리소스를 활용할 것입니다.

thorough review: 전체에 대한 리뷰, 철저한 검토
keep you updated: 계속해서 업데이트해 주다, 업데이트를 계속 제공하다
along the way: 진행하면서, 도중에
stakeholder(이해관계자): stockholder(주주)보다 넓은 개념으로, 관계자 누구든 가리킬 수 있습니다.
approximately: 대략적으로(= roughly, about, around, nearly, close to)

기대 사항 피력

클라이언트: Excellent. We appreciate your **commitment** to transparency and **timely updates.** We have high expectations for the outcome of this due diligence and the potential investment opportunity. Is there anything else we should **be aware of** or any specific areas you would like us to focus on?
훌륭합니다. 투명성과 **시기적절한 업데이트**를 위해 **애써 주셔서** 감사합니다. 이번 실사 결과와 잠재적 투자 기회에 대해 기대가 큽니다. 저희가 **알아야 할** 다른 사항이나 집중할 만한 특정 영역이 있습니까?

실사팀: We will make sure to cover all the key areas of due diligence **based on our standard procedures,** as well as any specific areas of concern or focus that you may have. We will also be open to feedback and suggestions from Blueblack Partners during the process to ensure that our due diligence **aligns with** your investment objectives.
표준 절차에 따라, 귀사에서 염려하시거나 집중하고 계실 특정 영역은 물론 실사의 모든 핵심 영역을 다룰 것입니다. 또한 본 실사가 귀사의 투자 목표에도 **부합하도록** 진행을 해 나가면서 블루블랙 파트너스의 피드백과 제안에도 귀를 기울일 것입니다.

표현 tips | **be open to:** ~에 열려 있는, ~받아들일 준비가 되어 있는(= receptive to, welcoming of)

- We value constructive criticism and **are receptive to** feedback that helps us improve.
저희는 건설적인 비판을 소중히 여기며 개선에 도움이 되는 피드백을 수용할 준비가 되어 있습니다.

- We have an open-door policy and **are welcoming of** feedback from all stakeholders.
저희는 개방적인 정책(open-door policy)을 가지고 있으며 모든 이해관계자의 피드백을 환영합니다.

마무리

클라이언트: We look forward to your findings and the final due diligence report. Let's work together to ensure a **successful outcome** for this investment.
조사 결과와 최종 실사 보고서가 기대됩니다. 이 투자의 **성공적인 결과**를 보장하기 위해 함께 노력합시다.

표현 tips **let's work together:** 함께 잘해 봅시다, 함께 일합시다(= let's collaborate, let's team up, let's join forces)

Let's team up:

- We **should team up** with the finance department to streamline budgeting and expense tracking processes.
우리는 재무 부서와 협력하여 예산 책정 및 비용 추적 프로세스를 간소화해야 합니다.

Let's join forces:

- To address sustainability goals, **let's join forces** with environmental organizations to make a positive impact on our community.
지속 가능성 목표를 달성하기 위해, 환경 단체와 협력하여 지역 사회에 긍정적인 영향을 미치도록 합시다.

Topic 003. Due diligence 미팅 예시 - 재무실사팀과 프랜차이즈 관계자들의 첫 킥오프(kick-off) 미팅

실사팀이 프랜차이즈를 방문하여 담당자와 관계자들을 처음 만났습니다. 실사 프로젝트가 진행되는 동안, 실사팀 실무진은 프랜차이즈 관계자 담당자를 인터뷰하고 필요한 자료를 요청하게 됩니다.

실사팀 소개

실사팀: Thank you for taking the time to meet with us today. My name is Minji and I am a part of the this project team conducting this due diligence **on behalf of** BlueBlack Partners. We are excited to work with you and learn more about your company. As part of our financial due diligence process, I would like to ask you some questions about your financials.

오늘 시간을 내어주셔서 감사합니다. 제 이름은 민지이고 저는 블루블랙 파트너스**를 대신해** 실사를 수행하는 본 프로젝트 팀의 일원입니다. 귀사와 함께 일하며 귀사에 대해 좀 더 알아갈 수 있어 기쁩니다. 재무 실사를 진행하면서, 재무 현황에 대해 몇 가지 질문을 드릴 예정입니다.

실무 tips

실사팀은 프랜차이즈 인수를 검토하는 주체가 아니라 클라이언트를 '대신해서(on behalf of ~)', '~를 도와서(in support of~)' 이번 프로젝트를 진행하고 있습니다.

As part of ~이하 문장은 목적을 나타내는 문장입니다. 본 미팅에서는 재무실사팀이 프랜차이즈 본사를 방문하여 실사에 필요한 질문과 자료 제공을 요청하는 자리입니다.

첫 인사

프랜차이즈: Thank you for being here. I'm happy to provide you with any information you need about our franchise.

와 주셔서 감사합니다. 저희 프랜차이즈에 대해 필요한 모든 정보를 제공하게 되어 기쁩니다.

실무 tips M&A를 위한 실사 대상 기업이 인터뷰에 호의적으로 답하고 있습니다. 경우에 따라 호의적이지 않을 수도 있지만, 그런 경우에도 예의상 또는 절차상 위와 같이 호의적으로 대답할 수 있습니다.

재무 정보 요청

실사팀: Great. To kick off the due diligence process, we would like to gather some **initial information** from you. Let's start with some high-level financial details. Can you provide us with **the latest** revenue and profit figures for your franchise?

좋습니다. 실사 프로세스를 시작하기 위해 귀하로부터 몇 가지 **기본(일차적) 정보**를 수집하고자 합니다. 하이레벨 수준의 재무 세부 정보부터 시작해 볼까요. 귀사(프랜차이즈)에 대한 **최신** 매출 및 수익 수치를 제공해 주실 수 있나요?

실무 tips 구체적인(specific) 디테일에 앞서, 큰 그림을 보는 하이레벨(high-level) 단에서의 내용을 묻는 질문 입니다.

표현 tips 숫자를 의미할 때 number와 figure 모두 사용 가능합니다. "다만, 굳이 따지자면," 비즈니스 컨텍스트에서, 정확한 수치나 숫자를 의미할 때는 figure가 자연스럽고, number는 좀 더 범용적으로 사용될 수 있습니다.

- According to the latest **figures**, the projected revenue for this quarter has increased by 10%.
  최신 수치에 따르면 이번 분기의 예상 매출은 10% 증가했습니다.

- We need to gather accurate **numbers** on the projected costs and expenses of the project.
  프로젝트의 예상 비용과 경비에 대한 정확한 수치를 구해야 합니다.

매출 관련 답변

프랜차이즈: Certainly. Our franchise's latest revenue for the fiscal year ending 2022 was $5.3 billion, with a net profit of $1.2 billion.

저희 프랜차이즈의 2022 회계 연도 최종 매출은 53억 달러, **순이익**은 12억 달러였습니다.

실무 tips

회계 연도(fiscal year), 단위(KRW, USD, EUR) 등을 구체적으로 표현하도록 합니다.

표현 tips

ending: ~로 끝나는, ~에 끝나는

- The event program is filled with insightful sessions, with each day **ending** with a networking opportunity.
  이벤트 프로그램은 인사이트 가득한 세션들로 채워져 있으며 매일 네트워킹 이벤트로 마무리됩니다.

- The negotiation process was intense but productive, **ending** with a mutually beneficial agreement for both parties.
  협상 과정은 치열했지만 생산적이었고 양 당사자에게 상호 이익이 되는 합의로 끝났습니다.

재무제표 검토

실사팀: Thank you. That gives us a good starting point. Now, let's dive into the details of your financial statements, including the balance sheet, income statement, and cash flow statement. We will also need to review any relevant financial ratios, such as the current ratio and debt-to-equity ratio, to assess the financial health of your franchise.

감사합니다. 시작이 좋네요. 이제 재무상태표, 손익계산서, 현금흐름표 등 재무제표의 세부 사항에 대해 살펴보겠습니다. 또한 프랜차이즈의 재무 건전성을 평가하기 위해 유동 비율 및 부채 비율과 같은 관련 재무 비율을 검토해야 합니다.

용어 tips

current ratio: 유동비율은 기업이 단기 채무(주로 1년 이내)를 상환할 수 있는지를 나타내는 유동성 비율로, 유동자산을 유동부채로 나눈 값을 의미합니다.

- Lenders need a solid current ratio before extending our credit line.
  대출 기관은 신용 한도를 연장하기 전에 견고한 유동 비율을 필요로 합니다.

debt-to-equity ratio: 부채 비율

표현 tips

That gives us a good starting point 와 같은 의미로 사용 가능한 표현들:

- That provides a solid foundation to build upon.
- This gives us a favorable starting place.
- This establishes a strong starting position for us.

자료 제공의 협조

프랜차이즈: Of course. We will provide you with all the necessary financial statements and ratios for your review. Please let us know if there are any specific areas or metrics **you would like us to focus on.**
물론이죠. 검토를 위해 필요한 모든 재무제표와 비율 관련 지표들을 제공하고 알려드릴 것입니다. **저희가 집중적으로 봐야 하는** 특정 영역이나 메트릭(지표)이 있으면 알려주십시오.

표현 tips

for your review: 리뷰할 수 있도록, 검토할 수 있도록

- Attached is the proposal document for your review before our meeting tomorrow.
  내일 회의 전에 검토하실 수 있게 제안 문서를 첨부했습니다.

- The contract terms have been revised and are now ready <u>for your review.</u>
  계약 조건이 수정되었으며, 검토하실 수 있게 준비가 되었습니다.

프랜차이즈 운영 정보 요청

실사팀: Thank you. **In addition to** financials, we will also need information on your franchise's operations, including the number of locations, employee count, customer base, and key operational processes. This will help us assess the scalability and sustainability of your business model.

감사합니다. 재무 사항 <u>외에도 추가적으로</u> 지점 수, 직원 수, 고객 기반 및 주요 운영 프로세스를 포함하여 프랜차이즈 운영에 대한 정보도 필요합니다. 이를 통해 비즈니스 모델의 확장성과 지속 가능성을 평가할 수 있을 것 같습니다.

표현 tips

scalability: 확장성

sustainability: 지속 가능성

we will also need~: ~이 필요합니다, ~을 제공해 주세요(please provide~)의 의미로 사용 가능합니다.

요청 정보의 포괄적 제공

프랜차이즈: Understood. We will provide you with comprehensive **information on** our operations, including the number of locations, employee count, customer demographics, and key operational processes.

알겠습니다. 지점 수, 직원 수, 고객 인구통계 및 주요 운영 프로세스를 포함하여 운영에 대한 포괄적인 <u>정보를</u> 제공해 드리겠습니다.

표현 tips

the number of~: ~의 수, ~의 숫자

- <u>The number</u> of customer inquiries has increased significantly since the product launch.
  제품 출시 이후 고객 문의 수가 크게 늘었습니다.

a number of~: 많은, 매우 많은

- **A number of** employees attended the training session to enhance their skills.
많은 수의 직원들이 기술 향상을 위해 교육 세션에 참석했습니다.

understood: 이해했습니다, 알겠습니다(= Got it, I see, Okay, All right: 같은 뜻이지만 뉘앙스에 따라, 약간 더 캐주얼한 느낌을 줄 수 있습니다. 특별히 Got it의 경우가 가장 캐주얼합니다.)

법률 및 규정 준수 검토

실사팀: Great. As part of our due diligence process, we will also **conduct a thorough review** of your franchise's legal and regulatory compliance, including **licenses, permits, contracts, and any ongoing litigation or disputes.** This will help us assess the legal risks associated with your business.
좋습니다. 실사 프로세스의 일환으로 **라이선스, 허가, 계약 및 진행 중인 소송이나 분쟁**을 포함하여 프랜차이즈의 법률 및 규정 준수에 대한 **정밀 검토(thorough review)도 진행**할 예정입니다.

실무 tips 해당 검토는 회사의 비즈니스와 관련된 법적 위험을 평가하는 데 도움이 됩니다. 이는 실사의 목적을 달성하는 데 중요한 역할을 하므로, 꼼꼼하게 따져보아야 합니다.

자료 제공 적극 협조

프랜차이즈: Absolutely. We will provide you with all the necessary legal and regulatory documents **for your review.**
물론입니다. **검토를 위해** 필요한 모든 법률 및 규제 문서를 제공하겠습니다.

실사팀: Thank you. We appreciate your support, and we will…
고맙습니다. 지원에 감사드리며, 저희는…

표현 tips

숫자 읽는 방법

4자리씩(만의 자리) 끊어 읽는 한국어와 달리, 영어는 3자리씩(천의 자리) 끊어 읽게 되는데요. 이렇게 끊어 읽는 각 콤마(,)는 해당 위치에 따라 단위수를 붙여 읽습니다.

큰 숫자: ○○○,○○○,○○○,○○○,○○○
콤마 단위: Trillion(T) Billion(B) Million(M) Thousand(K)
(조 십억 백만 천)

세 자리씩 끊어서 읽고, 콤마 자리에 위와 같이 콤마 단위를 넣어 주면 쉽게 읽으실 수 있습니다. 아래 숫자를 읽어보세요.

<u>1,000,320,500,000:</u> One trillion, three hundred twenty million, five hundred thousand

<u>123,456,789,321:</u> One hundred (and) twenty-three billion, four hundred (and) fifty-six million, seven hundred (and) eighty-nine thousand, three hundred (and) twenty-one

<u>654,987:</u> Six hundred (and) fifty-four thousand, nine hundred (and) eighty-seven

Topic 004. Due diligence 미팅 예시 - 재무실사팀과 프랜차이즈 관계자들의 본격적인 질의응답

본격적인 상황에 들어가기 앞서, 다음은 특정 정보에 대해 공개하기가 어렵다는 말을 할 때 쓸 수 있는 일반적인 표현을 알아보도록 하겠습니다.

I'm happy to answer any questions you have. However, I want to clarify that there are <u>certain</u> numbers and information that I cannot **disclose** due to our confidentiality policy.

가지고 계신 질문에 기꺼이 답해 드릴 수 있습니다. 하지만 기밀 사항에 대한 규정(Confidentiality policy) 때문에 **공개(disclose)** 할 수 없는 **특정(certain)** 수치나 정보들이 있다는 점을 명확히 하고 싶습니다.

As I mentioned earlier, our company policy **prohibits** the disclosure of detailed financials, including revenue breakdowns. I understand the importance of due diligence, but I'm unable to share that information **at this time.**

앞서 언급한 바와 같이, 회사 정책상 매출 상세 내역을 포함한 세부 재무 정보 공개를 **금지하고** 있습니다. 실사의 중요성을 이해하지만 **현재로선** 그 정보를 공유할 수 없습니다.

I apologize, but I'm unable to **comply with** your request. Our company policy is **clear** on this matter.

죄송하지만 해당 요청에는 **따를 수** 없습니다. 회사 정책상 이 문제에 대해서는 **명확합니다.**

이전에 진행된 Kick-off 미팅 이후, 요청했던 자료들을 검토한 실사팀이 프랜차이즈 관계자들에게 구체적인 질문들을 던지는 가상 시나리오입니다.

매출 감소 원인 질의

실사팀: Based on the financial statements you provided, it appears that your franchise's revenue has **declined by 10%** over the past year. Can you provide some **insights into the reasons** for this decrease?

제공하신 재무제표에 따르면 지난 1년간 프랜차이즈 매출이 **10% 감소한** 것으로 보입니다. 이러한 감소의 **원인에 대한 인사이트**를 말씀해 주시겠어요?

실무 tips 앞서 제공받은 자료들을 분석하여 구체적인 질문을 하는 경우입니다.

지점의 한시적 폐쇄로 인한 수익 감소

프랜차이즈: Yes, that's correct. The decrease in revenue is mainly due to the temporary closure of one of our flagship locations for renovation, which resulted in a decline in customer footfall and service revenue **during that period.**

네, 맞습니다. 수익이 감소한 이유는 주로 리노베이션을 위해 주력 지점 중 하나를 일시적으로 폐쇄하면서 **해당 기간 동안** 방문 고객 수와 서비스 수익이 줄었기 때문입니다.

용어 tips footfall, foot traffic: 방문 트래픽, 유동인구

- This area has so much **foot traffic** that shops around here are doing thriving business.
  이곳은 유동인구가 많아서 가게들이 장사가 잘 됩니다.

temporary closure: 일시적 폐쇄 vs permanent closure: 영구 폐쇄

부채 여부 질의

실사팀: Thank you for the explanation. Can you also provide details on the total outstanding debt of your franchise and the interest rates **associated with it?**

설명 감사합니다. 프랜차이즈의 미결제 부채 총액 및 **관련** 이자율에 대한 세부 정보도 제공해 주시겠어요?

표현 tips

outstanding: 미지급의
associated with~: ~와 관련된, ~에 대한(= related to, linked to, connected to)

- The sales team's performance is directly **related to** the effectiveness of their training program.
  영업팀의 성과는 교육 프로그램의 효율성과 직접적인 관련이 있습니다.

- The decline in customer satisfaction is **linked to** a lack of quality control measures.
  고객 만족도 감소는 품질 관리(quality control) 방법이 부족한 것과 관련이 있습니다.

부채 현황 공유

프랜차이즈: Currently, our franchise has a **total** outstanding debt of $2.5 million, with an average interest rate of 5.5% on the loans **obtained** for business expansion and equipment financing.

현재 저희 가맹점은 **총** 2백5십만 달러의 부채가 있으며, 사업 확장 및 **장비 자금 조달**을 위해 얻은 대출금의 평균 이자율은 5.5%입니다.

표현 tips

대출에 대한 세부 사항으로 amount($2.5M)와 interest rate(5.5%)를 제공하고 있습니다. Million(백만)은 M(또는 mn), Billion(십억)은 B(또는 bn)으로 표기할 수도 있습니다. 2.5M과 같이 소수점이 있는 경우는 'two point five'와 같이 point라고 읽습니다.

리노베이션 이후 향후 예상 수익 질의

실사팀: Thank you for the clarification. Can you provide more details on the renovation costs and **the expected impact on future revenue** once the location reopens?

설명 감사합니다. 리노베이션 비용과 아울러 해당 지점이 다시 재개점할 경우 **향후 수익에 미칠 영향**에 대해 좀 더 자세히 설명해 주시겠습니까?

표현 tips

once ~: ~하면, 일단 ~ 하면

can you provide more details on ~: ~에 대한 디테일을 더 제공해 주시겠어요?

세부 사항 질의

- Could you elaborate on ~? (elaborate: 정교하게 하다)
- Could you give me further information about ~?
- Can you expand on ~?

예상 수익 성장 공유

프랜차이즈: Sure. The renovation costs for the flagship location **amounted to $500,000,** and we expect to recoup the revenue loss during the closure **within the next six months** after the location reopens, with **anticipated revenue growth** of 15% in the following year.

물론이죠. 본점의 리노베이션 비용으로 **50만 달러가 소요되었고,** 매장이 재개장한 후 **향후 6개월 이내**에 폐쇄 기간 동안 입었던 수익 손실(revenue loss)을 만회하여 다음 해에는 15%의 **예상 수익 성장**을 달성할 것으로 예상됩니다.

표현 tips

500,000: 50만은 five hundred thousand으로 읽습니다. 1,000은 K로 줄여 쓰는 경우도 있어, 500K라고 쓸 수도 있습니다. 이때는, five hundred K(kay)라고 읽으면 됩니다.

이렇게 문장이 긴 경우는 앞에서부터 차례로 해석해서 이어가면 이해하기가 수월합니다.

1) The renovation costs for the flagship location: 본점의 리노베이션 비용은

2) amounted to $500,000: 50만 달러에 달했으며,

3) and we expect to recoup the revenue loss during the closure: 폐쇄 기간 동안의 수익 손실(revenue loss)을 회수하는 데

4) within the next six months after the location reopens: 매장이 재개장한 후 향후 6개월 정도가 소요될 것

5) with anticipated revenue growth of 15% in the following year: 다음 해에 15%의 예상 수익 성장을 달성할 것으로 예상

고객 유지비용 정보 요청

실사팀: That's helpful to know. **Moving on to** operational processes, can you provide information on the **average cost per customer acquisition** and customer retention rate for your franchise?
도움이 되는 정보네요. 운영 프로세스로 **넘어가서**, 프랜차이즈의 **고객 확보(건)당 평균 비용** 및 고객 유지율에 대한 정보를 제공할 수 있습니까?

용어 tips

cost per customer acquisition(고객 확보(건)당 비용): 비즈니스에서 한 명의 고객을 획득하기 위해 소요되는 비용을 의미하므로, 마케팅이나 광고 캠페인의 효과를 측정해 볼 수 있는 지표.

average cost per~: ~하는 데 드는 평균 비용

- We need to optimize our campaigns to reduce the **cost per customer acquisition** and improve profitability.
고객 확보(건)당 비용을 줄이고 수익성을 개선하려면 캠페인을 최적화해야 합니다.

고객 유지 비용 내역

프랜차이즈: The average revenue per customer is $100, and the **contribution margin** for our core services is 60%, while for premium services, it is 75%.
고객당 평균 수익은 1백 달러이고, 핵심 서비스의 <u>공헌 이익(기여 마진)</u>은 60%, 프리미엄 서비스 경우엔 75%입니다.

용어 tips

Contribution margin(공헌 이익, 기여 마진)은 기업의 손익을 분석할 때, 매출액에서 변동비를 뺀 금액으로, 매출액 1단위가 발생했을 때 증가하는 수익을 측정하는 지표입니다. 손익분기점(BEP)을 계산하는 근간이 됩니다.

고객 성장률과 전략 질의

실사팀: Can you also provide **insights into** the historical and projected customer growth rate for your franchise and any strategies **in place** to drive customer acquisition?
프랜차이즈의 과거 및 예상 고객 성장률에 **대한 인사이트**와 고객 확보를 위해 **갖고 계신** 전략을 제공할 수 있습니까?

표현 tips

drive는 '~를 이끌어 내다', '~로 리딩하다'라는 의미로 쓰일 수 있습니다.

- We need a strong <u>drive</u> to boost sales in the upcoming quarter.
  강력한 추진력으로 다가오는 분기의 매출을 증진해야 합니다.

- We aim to <u>drive</u> growth by expanding into new markets.
  우리는 새로운 시장으로 확장하는 성장을 목표로 하고 있습니다.

data-driven decision making: 데이터에 기반하여 내리는 의사결정

고객 성장률 현황과 향후 전망

프랜차이즈: Over the past three years, our franchise has **achieved** an average annual customer growth rate of 8%. We have implemented targeted marketing campaigns, referral programs, and loyalty programs to drive customer acquisition. Additionally, we have plans to expand our online presence and leverage digital marketing channels to **further accelerate** customer growth.

지난 3년 동안 저희 프랜차이즈는 연평균 8%의 고객 성장률을 달성했습니다. 저희는 고객 확보를 촉진하기 위해 타깃 마케팅 캠페인, 리퍼럴(추천) 프로그램 및 로열티 프로그램을 실시했습니다. 또한 온라인 입지를 확장하고 디지털 마케팅 채널을 활용하여 고객 성장을 **더욱 가속화할** 계획입니다.

표현 tips

achieve: (목적,타깃 등을) 달성하다

average annual customer growth rate: 연평균 고객 성장률

expand our online presence: 온라인 입지를 확장하다

leverage: ~를 이용하여 ~를 달성하다

- The company is looking to **leverage** its brand name to attract new customers.
  회사는 브랜드 이름을 활용하여 새로운 고객을 유치하려고 합니다.

- We can **leverage** our existing customer base to sell more products.
  우리는 기존 고객 기반을 활용하여 더 많은 제품을 판매할 수 있습니다.

마케팅 전략 질의

실사팀: Thank you for sharing that information. Can you also provide details on any **key marketing initiatives** or strategies that have been implemented to **drive** customer acquisition and retention?

정보를 공유해 주셔서 감사합니다. 고객 확보 및 유지를 촉진하기 위해 실시하신 **주요 마케팅 이니셔티브** 또는 전략에 대한 세부 정보도 제공해 주실 수 있나요?

initiative: '주도권, 결단력, 계획, 적극성, 문제 해결을 위한 계획'의 의미로, 한국어로도 영어 그대로 이니셔티브라고 자주 사용합니다.

- The company launched a new sustainability **initiative** to reduce its carbon footprint.
  회사는 탄소 발자국(개인이나 단체가 직간접적으로 발생시키는 온실가스의 총량)을 줄이기 위해 새로운 지속 가능 이니셔티브를 시작했습니다.

- We need someone who can show **initiative** and take charge of this project.
  주도권을 갖고 이 프로젝트를 책임질 수 있는 사람이 필요합니다.

SNS 광고 및 인플루언서들과 파트너십 체결

프랜차이즈: Yes, we have implemented various marketing initiatives, including social media advertising, loyalty programs, and referral programs to drive customer acquisition and retention. We have also **partnered with** local influencers to promote our brand and services.

소셜 미디어 광고, 로열티 프로그램, 리퍼럴(추천) 프로그램을 포함한 다양한 마케팅 이니셔티브를 구현하여 고객 확보 및 유지를 촉진했습니다. 또한 저희 브랜드와 서비스를 홍보하기 위해 현지 인플루언서들과도 **파트너십을 맺었습니다.**

partner with ~ to ~: (~ 와 파트너를 맺고) ~를 함께 하다, 함께 일하다
(같은 의미로 partner 대신에 collaborate, team up, work together, join forces 등으로 바꾸어 사용할 수 있습니다.)

경쟁 환경 및 차별화 여부 질의

실사팀: That's interesting. Moving on to the **competitive landscape,** can you provide insights into your franchise's market share and any unique value propositions or competitive advantages that **differentiate your business from competitors?**

경쟁 환경으로 넘어가서, 프랜차이즈의 시장 점유율과 **타 경쟁업체와 차별화된 귀사의** 고유한 가치 제안 또는 경쟁 우위에 대한 인사이트도 제공해 주실 수 있을까요?

용어 tips

Competitive landscape: 경쟁 환경. 시장 현황, 경쟁자, 소비자 선호, 업계 현황, 경쟁 구도에 영향을 줄 수 있는 다른 사항들을 포함하며, 비즈니스를 영위하는 전반적인 경쟁 환경을 의미합니다.

- The rapid technological advancements have significantly transformed the **competitive landscape** in our industry.
  급속한 기술 발전으로 우리 업계의 경쟁 환경이 크게 변화했습니다.

Value proposition: 가치 제안. 제품, 서비스 또는 비즈니스가 제공하는 독특한 혜택과 가치의 조합을 의미합니다. 고객이 경쟁자들보다 자사의 제품 및 서비스를 선택해야 하는 이유(더 나은 이유)와 가치를 명확하게 설명하며, 이는 고객의 니즈, 고충점 또는 욕구를 해결하는 가치와 장점을 명확하게 전달합니다.

- Our company's **value proposition** lies in providing high-quality products at affordable prices, giving customers the best value for their money.
  저희 회사의 가치 제안(한국어로도 영어 그대로 '밸류 프로포지션'이라 말하는 경우가 많음)은 저렴한 가격에 고품질 제품을 제공하여 고객에게 비용 대비 최고의 가성비를 제공하는 데 있습니다.

시장 점유율 현황

프랜차이즈: Our franchise currently **holds a market share of** 12% in the international cosmetics industry. Our unique value proposition includes **a wide range of** premium services, highly trained staff, **state-of-the-art** technology, and a loyal customer base. We also have **exclusive partnerships** with leading beauty product companies, which gives us a competitive edge.

저희 프랜차이즈는 현재 화장품 업계에서 12%**의 시장 점유율을 차지하고 있습니다.** 저희의 고유한 가치 제안에는 다양한 프리미엄 서비스, 고도로 훈련된 직원, **최신 기술** 및 충성도 높은 고객층이 포함됩니다. 또한 선도적인 뷰티 제품 회사와 **독점 파트너십**을 맺고 있다는 점에서도 경쟁 우위를 확보하고 있습니다.

표현 tips

hold: 유지하다, 차지하다(= account for, take up: ~을 차지하다)

- Overseas sales **accounted for** 50% of the total revenue.
  해외 판매가 전체 매출의 50%를 차지했다.

a wide range of: 다양한 범위의, 다양한 종류의
competitive edge: 경쟁 우위, 전략적 강점
state-of-the-art: 최신의(cutting-edge)

경쟁사들의 위험 요소 질의

실사팀: Thank you for providing those numbers. Can you also provide details on the key competitors in the cosmetics industry, their market share, **and any potential threats they pose to your franchise?**

정보를 제공해 주셔서 감사합니다. 화장품 업계의 주요 경쟁사, 그들의 시장 점유율, **프랜차이즈에 대한 잠재적 위협**에 대한 세부 정보도 주실 수 있을까요?

경쟁사에 대한 경쟁 우위 선점 전략 구축

프랜차이즈: Our key competitors include Chic Cosmetics **with a market share of 15%** and Allure Aesthetics with a market share of 10%. They pose a potential threat **in terms of** competitive pricing and aggressive marketing strategies. However, we have differentiated ourselves through our premium services, loyal customer base, and exclusive partnerships with **renowned** beauty product companies.

주요 경쟁사는 **시장 점유율 15%인** Chic Cosmetics와 시장 점유율 10%의 Allure Aesthetics입니다. 그들은 경쟁력 있는 가격과 공격적 마케팅 전략 **측면에서** 잠재적인 위협이 되고 있습니다. 그러나 저희는 프리미엄 서비스, 충성도 높은 고객층, **유명** 뷰티 제품 회사와의 독점 파트너십을 통해 차별화했습니다.

표현 tips

pose a threat: 위협을 제기하다, 위협을 드러내다
differentiated ourselves through ~: ~를 통해 차별화했다
(= distinguished ourselves by~, set ourselves apart through~, stood out through~)

- In a competitive market, we've **differentiated ourselves through** our personalized customer experiences.
  경쟁이 치열한 시장에서 우리는 맞춤형 고객 경험을 통해 차별화했습니다.

- We have **distinguished ourselves by** offering tailor made solutions to our clients.
  고객에게 맞춤형 솔루션을 제공함으로써 차별화를 꾀했습니다.

- Our cutting-edge technology has **set us apart through** enhanced efficiency.
  당사의 최첨단 기술을 통해 효율성을 증진하여 차별화를 이루었습니다.

- Our exceptional customer service has made us **stand out through** consistent positive feedback.
  당사의 뛰어난 고객 서비스를 통해 일관된 긍정적인 피드백을 받아 차별화를 꾀했습니다.

소송 및 분쟁 가능성 질의

실사팀: Thank you for sharing that information. Lastly, can you provide details on any pending litigation or **disputes** that may have legal or financial implications for your franchise?

정보를 공유해 주셔서 감사합니다. 마지막으로, 프랜차이즈에 법적 또는 재무적 영향을 미칠 수 있는 계류 중 소송이나 <u>분쟁</u>에 대한 세부 정보를 제공해 주실 수 있습니까?

법률 및 재무적 안정성 확인

프랜차이즈: Currently, there are no pending litigation or disputes that may have legal or financial implications for our franchise.

현재 본 프랜차이즈에는 법적 또는 재무적인 영향을 미칠 수 있는 계류 중 소송이나 분쟁은 없습니다.

용어 tips

Implication: 시사점, 영향, 연관성. 어떤 상황, 결정 또는 행동으로부터 추론할 수 있는 의미나 중요성을 의미합니다. Implication은 시사점을 나타낼 때 보고서에서 자주 쓰이는 단어로, 이때 시사점으로는 특정 비즈니스 전략, 결정 또는 시장 동향에 따른 잠재적인 영향, 결과 또는 결과물이 포함됩니다.

- The decision to implement the new software system has <u>significant implications</u> for our operational efficiency and cost savings.
  새로운 소프트웨어 시스템을 구현하기로 한 결정은 운영 효율성과 비용 절감에 중요한 영향을 미칩니다.

실사 예정 및 추가 질의 여부 안내

실사팀: Thank you for the update. Based on the information **provided**, we will continue our due diligence process and analyze the financial, operational, legal, and market aspects of your franchise **in detail.** We may have additional questions as we progress, and we appreciate your cooperation in providing the necessary information.

업데이트 감사합니다. **제공된** 정보를 바탕으로 실사 프로세스를 계속 진행하고 프랜차이즈의 재무, 운영, 법률 및 시장 측면을 **상세히** 분석할 예정입니다. 작업이 진행되는 동안 추가 질문을 드릴 수 있으며, 필요한 정보를 제공하고 협조해 주신 데 대해 감사드립니다.

표현 tips   **based on the ~ provided:** 제공받은 ~를 기초로, 기반으로

as we progress: 진행함에 따라

in detail: 세부적으로, 자세히 (= thoroughly, carefully, extensively, in depth)

- Before making a decision on the investment opportunity, our team conducted an **in-depth analysis** of the market trends, competitive landscape, and financial projections.
  투자 기회에 대한 결정을 내리기 전 저희 팀은 시장 동향, 경쟁 구도 및 재무 예측에 대한 심층 분석을 수행했습니다.

간략 답변

프랜차이즈: No problem.
별 말씀을요.

Topic 005. 추후 논의 예시 – 정보 요청자와 정보 제공자 사이 갈등 상황

회사가 매각될 수 있는 상황에서, 경우에 따라서는 실사 대상 회사가 자료 제공에 비협조적으로 나올 가능성도 있습니다. 이럴 때는 어떻게 상대할 수 있을까요? 비즈니스 영어가 일상 영어와 다른 점 중 하나가, 이렇게 어려운 상황에서 최대한 감정을 절제하면서 완곡한 표현을 사용해 갈등 또는 문제가 발생하는 것을 최소화하는 것인데요. 불편한 상황에서는 어떤 식으로 공손함을 유지하며 분쟁을 다룰 수 있을지 예시를 통해 살펴보겠습니다.

인사

실사팀: Hello, Sarah. It's John calling from the FAS team. I hope you're doing well.
안녕하세요, 사라님. FAS 팀의 존입니다. 잘 지내고 계시죠?

표현 tips

지난번 실사 때 인터뷰한 이후, 실사팀이 프랜차이즈 담당자에게 다시 전화를 건 상황입니다. 이미 만난 적이 있기 때문에 직책 등 포멀한 설명을 생략하고 간단히 이름으로 자신을 소개하고 있습니다. 궁금하지 않더라도, How are you? 나 I hope you're doing well(잘 지내시죠?)과 같은 말로 시작하는 것이 좋습니다.

calling from~: ~에서 전화드립니다

상대방 인사

프랜차이즈: Hi, John. I'm doing well, thank you. How can I help you?
잘 지냅니다. 어떻게 도와드리면 될까요?

표현 tips 왜 전화했는지 용건을 물어볼 때는, 어떻게 도와드릴까요?(How can I help you? 또는 How can I help?)로 표현할 수 있습니다. 매우 친한 사이라면 What's up? (무슨 일이야?)과 같은 캐주얼한 표현을 쓸 수 있지만, Why did you call? (왜 전화하셨어요?)과 같이 직설적으로 묻는 것은 무례하게 들릴 수 있으니 주의합니다.

수익 수치상 불일치 확인

실사팀: We have been reviewing the financial information you provided, and we noticed **some inconsistencies** in the revenue figures **for the past year.** Can you please provide some **clarification** on those numbers?

제공하신 재무 정보를 검토한 결과 **지난 1년 동안**의 매출 수치에 **일부 불일치**가 있음을 발견했습니다. 해당 수치에 대해 설명을 좀 해 주실 수 있나요?

표현 tips **we have been reviewing the financial information you provided:** 제공해 주신 재무 정보들을 보다 보니

we noticed~: ~을 발견했다(= found, identified)

inconsistency: 불일치, 모순

inconsistent: 일관성 없는, 일치하지 않는

consistent: 일관된

추가 자료 제공 거부

프랜차이즈: I'm sorry, but I'm **unable to provide** any further information on that. We have reviewed our financials **thoroughly** and believe that the numbers we provided are accurate.

죄송합니다만, 그에 대한 추가 정보는 **제공해 드릴 수 없습니다.** 저희도 숫자를 **철저히** 검토했으며 제공된 수치가 정확하다고 생각합니다.

거절의 의사를 표현할 때는 앞에 I'm afraid 또는 I'm sorry but (죄송하지만)을 붙여서 공손함을 유지하도록 합니다.

further information: 추가적인 정보

any further information: 그 어떤 추가 정보도

불일치 관련 추가 자료 제출 요청

실사팀: I'm sure you understand the **importance** of accurate financials for our due diligence process. We **need to ensure** that all the numbers provided are correct and reliable. Can you please provide more details or any **supporting documents** to help us reconcile the discrepancies?

실사 과정에 있어 재무 정보의 정확성이 얼마나 **중요한지** 이해하실 거라 생각합니다. 저희 입장에서는 제공된 숫자가 모두 정확하고 신뢰할 수 있는지 **확인해야 합니다.** 불일치 문제 를 바로잡는 데 도움이 될 만한 더 자세한 내용이나 **지원 문서**를 제공해 주실 수 있습니까?

표현 tips

I'm sure you understand the importance of~: ~의 중요성을 인지하고 계실 것이라 생각합니다.

- Given our competitive landscape, <u>I'm sure you understand the importance of</u> staying ahead with innovative solutions.

  우리의 경쟁 환경을 감안할 때, 혁신적인 솔루션으로 앞서가는 것의 중요성을 이해하고 계실 것이라고 확신합니다.

we need to ensure: ~를 확인해야 합니다

reliable: 신뢰할 수 있는

rerconcile: 조정하다

discrepancies: 모순, 차이, 불일치

추가 정보 제공 불가

프랜차이즈: **I'm afraid** I won't be able to provide any additional information. Those numbers are **proprietary** and confidential to our franchise, and we are not able to disclose them.

죄송하지만 추가 정보를 제공해 드릴 수 없을 것 같습니다. 해당 수치 정보는 당사(프랜차이즈)의 **독점** 기밀 사항이므로 공개할 수 없습니다.

표현 tips

confidential: 기밀 사항인
proprietary: 소유의, 독점의
not able to disclose~: ~를 공개할 수 없다

추가 정보 미제공 시 부가적 문제 발생

실사팀: Sarah, **as part of** our due diligence process, it is crucial for us to have accurate financial information. Without **proper documentation** and clarification, it **raises concerns** and **impacts** our decision-making process.

실사 과정의 **일환으로** 정확한 재무 정보를 확보하는 것이 중요합니다. **적절한 문서화** 및 설명이 없으면 **문제가 발생하고** 의사 결정 프로세스에도 **영향을 미칠 수 있습니다.**

실무 tips

꼭 필요한 확인 절차이므로 다시 한번 필요성을 어필하고 있습니다.(as part of our due diligence process: 재무실사 과정의 일환으로, it is crucial for us to~: ~하는 것은 우리에게 매우 중요하다.) 실행되지 않을 경우의 결과를 언급하면서 반드시 필요하다고 말하고 있습니다.

자료 공개 불가 입장 재확인

프랜차이즈: I understand your concerns, but I'm unable to share **any further information** at this time.

귀사의 우려를 이해하지만 현재로서는 **더 이상의 정보**를 드릴 수 없습니다.

실무 tips	걱정되는 점을 모두 이해하고 있지만(I understand your concerns), 자료 제공이 불가함을 재차 공손하게 말하고 있습니다.

표현 tips	**any**: '~ 는 그 어떤 것도' 라는 의미로, 부정의 의미와 함께 쓰이면 부정의 의미를 더욱 강조합니다.
	I don't have any capacity to take on any more work (다른 일을 더 할 만한 여력이 전혀 없습니다.) → I don't have the capacity to take on any more work (다른 일을 할 만한 여력이 없습니다.)라는 뜻으로 같은 의미이지만, any를 쓴 경우에는 전혀 여력이 없음을 강조하는 의미입니다. 특히, 부탁이나 요청을 공손히 거절해야 할 때, 여력이 없음을 강조하기 위해 쓸 수 있습니다.

실사팀의 입장 설명 및 재요청

실사팀: We need to have accurate financial information to **proceed with** the due diligence process. **Without it,** we may need to reconsider our decision regarding the potential buyout.
실사 과정을 **진행하려면** 정확한 재무 정보가 필요합니다. **그것 없이는** 잠재적 매수에 관한 결정을 재고해야 할 수도 있습니다.

실무 tips	계속 자료 제공을 거절할 경우 어떻게 되는지를(Without it: 그것 없이는) 설명하고 있습니다.

표현 tips	**reconsider our decision**: 결정을 재고하다, 다시 생각해 보다 **regarding~**: ~에 관하여

용어 tips	**Buyout**: 바이아웃. M&A에서의 기업 매수 방법의 하나로, 인수자가 인수 대상 회사의 주식을 50% 이상 매입하여 경영권을 변경할 때 발생하며, 비용이 많이 들더라도 인수 대상 회사의 경영권을 장악하고 싶어하는

인수자에게 유용한 방법. 기업의 지배지분을 취득하는 것으로, 인수 (Acquisition)의 의미입니다.

- 레버리지 바이아웃(Leveraged Buyout, LBO) 구조: 차입 매수. 인수 대상 기업의 자산을 담보로 대출을 받아 바이아웃을 수행. LBO는 막대한 자기자본을 투입하지 않아도 기업을 인수할 수 있다는 장점이 있지만, 위험도도 높음.

- 경영권 인수(Management BuyOut, MBO): 기업 매각 시 해당 사업부나 회사 내 근무하고 있는 기존 경영진이 기업을 인수하여 소유권을 취득하는 것. 경영진이 기업의 장기적인 성장과 발전에 더 많은 관심을 가질 수 있다는 장점이 있음.

추가 자료 제공 불가

프랜차이즈: I have already shared **all the information I can.** I'm sorry, but I won't be able to provide any further details.

이미 **가능한 모든 정보**를 공유했습니다. 죄송하지만 더 자세한 내용은 알려드릴 수 없습니다.

표현 tips

I'll collect **all the information I can** about the company before making a decision.

회사에 대해 가능한 모든 정보를 수집한 후에 결정을 내릴 것이다.

I will collect **all the information possible** about the company before making a decision.

회사에 대해 가능한 모든 정보를 수집한 후에 결정을 내릴 것이다.

I need to gather **as much information as possible** about the incident before I can make a decision.

그 사건에 대해 가능한 모든 정보를 수집한 후에 결정을 내릴 것이다.

I will collect **every bit of information possible** about the company before making an investment.
회사에 대해 가능한 모든 정보를 수집한 후에 투자를 할 것이다.

불완전한 정보로 인한 평가 작업의 난점
실사팀: This **puts us in a difficult position.** We cannot proceed with incomplete or inconsistent financial information. We will need to reassess our next steps **based on the available information.**
이러시면 저희 입장에서 **난처해집니다.** 불완전하거나 일관성 없는 재무 정보로 진행할 수는 없습니다. **가능한 정보를 기반으로** 다음 단계를 다시 평가해야겠네요.

자료 제공 불가 입장 유지
프랜차이즈: I understand, but I cannot share any further details.
이해합니다만, 더 자세한 내용은 말씀드릴 수 없습니다.

표현 tips | '이해는 하지만(I understand, but…)'을 덧붙여 완곡하고 공손하게 표현하였습니다. 이처럼 비즈니스 상황에서 공손함을 더하기 위해 사용할 수 있는 표현으로는 다음 예시를 더 참고하시기 바랍니다.

I hear you, but…: 무슨 말씀인지 알겠지만,
I understand your concerns, but…: 우려하시는 바는 이해하지만,
I agree with you, but…: 말씀에 동의하지만,
I respect your opinion, but…: 말씀에 동의하지만,
I get where you are coming from, but…: 무슨 말씀인지 알겠지만,

이후 내부 논의 검토

실사팀: Alright, Sarah. Thank you for your time. We will review the available information and discuss internally before making any decisions.

시간 내 주셔서 감사합니다. 결정을 내리기 전에 사용 가능한 정보를 검토하고 내부적으로 논의해 보겠습니다.

실무 tips | 원하는 결과를 도출해 내지 못했지만 감정을 배제하고 공손함을 유지합니다. Thank you for your time 외에 대화를 무난하게 끝맺음할 수 있는 표현들은 다음과 같습니다.

I appreciate your time: 시간 내 주셔서 감사합니다.
I'll keep you updated: 업데이트 드리겠습니다(조만간 연락드리겠습니다.)
Let's touch base soon: 조만간 연락드리겠습니다.

끝인사

프랜차이즈: You're welcome, John. Goodbye.

알겠습니다, 존. 감사합니다.

Topic 006. Due diligence 미팅 예시 – 재무실사팀과 클라이언트의 중간 Zoom 미팅

다음은 화상 회의 준비 시 오디오나 영상 세팅에서 문제가 발생한 경우에 자주 쓰이는 표현입니다.

1. 오디오, 비디오 문제

- Your camera is **off**. Would you mind turning it on?
  당신 쪽 카메라가 꺼져 있는 것 같아요. 좀 켜 주시겠어요?

- You are **breaking up.**
  당신 화면이 깨져 보이네요.

- Your voice is **breaking up.**
  목소리가 끊겨 들려요.

- You are **frozen.** The screen is **frozen.**
  화면이 멈췄어요.

- Could you please **turn up (turn down)** the volume?
  볼륨 좀 올려(내려) 주시겠어요?

2. 통신 문제

- My connection is **unstable and slow.**
  인터넷이 오늘 불안정하고 느리네요.

- It's **not loading.**
  로딩이 안 되고 있어요.

실사팀과 클라이언트의 중간 점검을 위한 간단한 화상 미팅 가상 시나리오입니다. 본 미팅에 앞서, 실사팀은 클라이언트에게 중간 보고서(interim report)와 현재까지 작성된 초안(draft)을 송부하였습니다. 함께 초안에 대해 피드백을 나누는 대화를 보겠습니다.

용어 tips
Interim report: 중간 보고서. 프로젝트의 목표 및 진행 상황, 예상 완료 일정, 예상 문제점 및 해결책에 대한 내용을 포함합니다.

Interim meeting: 프로젝트나 업무의 진행 상황을 점검하고, 문제점을 파악하고 해결책을 논의하는 회의로, 이를 통해 프로젝트나 업무의 성공 가능성을 높일 수 있습니다. 또한, Interim meeting은 프로젝트 기간 중간에 필요 시 가지며 프로젝트나 업무에 참여하는 구성원들 간의 소통과 협력을 강화하는 효과도 있습니다.

줌 미팅 시작 인사
실사팀: Good morning Jamie, thank you for joining us today to discuss the **draft** we sent you. We appreciate your feedback and are here to address any questions or concerns **you may have.**
안녕하십니까, 제이미 님, 오늘 저희가 보내드린 초안에 대해 함께 논의해 주셔서 감사합니다. 귀하의 피드백에 감사드리며 __궁금해하실 만한 점이나__ 우려 사항을 해결하고자 합니다.

보고서에 대한 간략 평가
클라이언트: Good morning, thank you for the draft report **you sent over.** Let's dive into it. **Overall,** it looks comprehensive and **well-organized.** However, I have a few specific feedback points that I'd like to **discuss further.**
좋은 아침입니다. 보고서 초안을 __보내 주셔서__ 감사합니다. 바로 시작해 보시죠. **전반적으로** 잘 종합돼 있고 **체계적으로** 정리된 것 같습니다. 다만, 몇 가지 특정 피드백 포인트에 대해서는 **좀 더 논의를** 드리고 싶습니다.

표현 tips (미팅이나 발표를) '시작해 봅시다'의 기타 대체 표현들

Let's dive into it.
Let's get started.
Let's get down to business.
Let's begin.
Let's get the ball rolling.

본론 돌입

실사팀: Sure, I appreciate your feedback. Please go ahead.
네, 피드백 감사합니다. 진행하시기 바랍니다.

표현 tips (회의, 미팅 등에서) '계속 진행하다'를 의미하는 기타 유사 표현들

Please go ahead.
Let's proceed.

- **Let's proceed** to the next item on the agenda. 다음 안건으로 넘어갑시다.

- **Let's proceed** with the presentation. 프레젠테이션을 계속 진행합시다.

Let's continue.
Let's move on.

제시된 수치에 대한 가정과 방법론 질의

클라이언트: Firstly, I noticed that the projected financials for **Year 3** seem to be significantly higher **than what we anticipated.** Can you provide more details on the **assumptions and methodology used** to **arrive** at those numbers?

첫째, **3년 차의** 예상 수치가 저희가 **예상한 것보다** 상당히 높은 것으로 나타났습니다. 해당 수치에 **도달하는 데 사용된 가정과 방법론**에 대해 더 자세히 설명해 주시겠습니까?

표현 tips

arrive at: ~에 도달하다, ~에 이르는(= reach, calculate, derive)

- The company **reached** those numbers by increasing its sales and reducing its costs.
  회사는 매출을 늘리고 비용을 줄여서 해당 수치를 달성했습니다.

- The accountant **calculated** the total sales for the quarter.
  회계사는 분기 총매출을 계산했습니다.

- The product manager **derived** a new product roadmap based on customer feedback.
  제품 매니저는 고객 피드백을 기반으로 새로운 제품 로드맵을 도출했습니다.

예측된 수치에 반영된 요소 설명

실사팀: Absolutely. We used **a combination** of historical data, market research, and industry benchmarks to **forecast the financials.** We can provide a **breakdown** of the assumptions and calculations in the report's **appendix** to give you more transparency on **how we arrived at those projections.**

물론이죠. 과거 데이터, 시장 조사 및 업계 벤치마크를 **모두 반영하여 해당 수치를 예측** 했습니다. **이러한 예측에 도달한 방법**을 투명히 공개하기 위해 보고서의 **부록**에서 관련 가정 및 계산에 대한 **분석 내용**을 제공해 드릴 수 있습니다.

breakdown과 analysis 모두 세부 내용을 자세히 설명하거나 조사 분석하는 것을 의미하지만, analysis는 좀더 공식적인 의미의 분석이고, breakdown은 다소 비공식적이고 비격식적인 느낌이 있습니다. rundown 은 summary처럼 간략하게 요약하는 것을 의미하며, 특정 주제에 대한 빠른 개요를 제공하거나 회의, 발표 등의 요약문을 제공할 때 사용됩니다.

conduct an analysis: 분석을 하다, 분석 작업을 수행하다

- The analyst **conducted an analysis** of the company's finances.
  애널리스트는 회사의 재무를 분석했습니다.

rundown: 간단히 정리한 요약

- The manager gave a **rundown** of the day's events.
  매니저는 하루 동안의 사건을 요약하여 제공했습니다.

breakdown: 세분화, 자세한 내용

- The sales team presented a **breakdown** of the sales figures for the quarter.
  영업팀은 분기별 매출 실적을 세분화하여 발표했습니다.

매출 수치의 감소 이유 질의

클라이언트: That would be helpful. Secondly, I noticed that the revenue figures for Q2 seem **lower than** what we had anticipated. Can you provide more details on **the reasons for the decline** and any potential impact on the financial projections?

그렇게 해주시면 도움이 되겠습니다. 둘째, 2분기 매출 수치가 저희가 예상한 것보다 **낮은 것으로** 나타났습니다. **감소 이유**와 재무 예측에 대한 잠재적인 영향에 대해 좀 더 자세히 설명해 주시겠습니까?

환경적 악재 요인와 영향 및 결과

실사팀: Yes, the decline in revenue for Q2 is **primarily** due to **lower-than-expected sales** in the international segment, particularly in Europe, **as a result of** economic slowdown and **unfavorable** currency fluctuations. This may have an impact on the financial projections, and we will **revisit** them to incorporate the updated revenue figures.

네, 2분기 매출 감소는 주로 경기 침체와 환율 변동의 **악재로 인해** 국제 부문, 특히 유럽에서의 **판매가 예상보다 저조했기** 때문입니다. 이는 재무 예측에 영향을 미칠 수 있으며 업데이트된 매출 수치를 통합하기 위해 **다시 검토**할 것입니다.

표현 tips   **as a result of**: ~의 결과로, ~때문에 (= due to, because of, on account of, in consequence of)

consequence: 결과

in consequence of: ~의 결과로

     - What were <u>the consequences of</u> his actions?
       그의 행동의 결과는 무엇입니까?

리노베이션 비용의 세부 내역 요청

클라이언트: Also, I noticed that the estimated costs for the renovation of the flagship location are higher than what we had **initially** estimated. Can you provide more details on the **breakdown** of those costs and the **justification** for the increase?

또한 플래그십 매장의 리노베이션 예상 비용이 **당초** 예상했던 것보다 높다는 것을 알았습니다. 이 비용의 **세부 내역**과 해당 증가분의 **타당성**에 대해 좀 더 상세히 설명해 주실 수 있습니까?

표현 tips   **initially**: 초반에, 처음에(= at first, in the beginning, originally, preliminarily), **previously**: 이전에

관련 자료 제공 약속

실사팀: Certainly. We worked closely with the franchise owner and obtained **multiple quotes** from **reputable contractors** to estimate the renovation costs. However, we can further **validate** and provide a detailed breakdown of the costs in the report to ensure transparency and accuracy.

물론이죠. 저희는 프랜차이즈 소유주와 긴밀히 협력해 **평판이 좋은 계약자**로부터 **여러 견적**을 받아 리노베이션 비용을 정했습니다. 그러나 투명성과 정확성을 보장하기 위해 보고서를 통해 자세한 비용 내역을 **검증**하고 제공해 드릴 수 있습니다.

매출 원가 상승 요인 및 대책 질의

클라이언트: I see. Thank you for the clarification. And also, I noticed that the cost of goods sold(COGS) has increased **compared to** the previous quarter. Can you provide insights into the **drivers** of this increase and any potential strategies to **mitigate** it?

알겠습니다. 명확히 정리해 주셔서 감사합니다. 추가로, 매출 원가(COGS)가 전 분기**에 비해** 상승한 것을 확인했습니다. 이러한 증가의 **원인**과 이를 **완화하기** 위한 잠재적 전략에 대한 인사이트를 제공해 주실 수 있습니까?

용어 tips

COGS(Cost of goods sold): 매출 원가. 원자재, 노동비 등 제품 생산이나 서비스 제공을 위해 사용한 비용을 의미하므로, 기업의 이익을 계산하는 데 중요한 요소입니다.

- The company's **COGS** increased by 10% in the last quarter.
  회사의 매출 원가가 지난 분기 동안 10% 증가했습니다.

- The company was able to reduce its **COGS** by outsourcing manufacturing.
  회사는 제조를 아웃소싱함으로써 매출 원가를 줄일 수 있었습니다.

원재료비 등 주 원인 설명

실사팀: Yes, the increase in COGS is primarily **due to** higher **raw material costs** and increased **freight charges.** We have identified potential strategies to mitigate this, including **re-negotiating supplier contracts** and exploring **alternative** sourcing options. We will further analyze the impact and effectiveness of these strategies **in our final report.**

네, 원가 상승의 주원인은 <u>원재료비</u>(raw material costs)와 <u>운임(freight charges)</u> 상승에 있습니다. **공급업체 계약 재협상** 및 **대체** 소싱 옵션 탐색 등 이를 완화(mitigate)할 잠재적 전략도 파악했습니다. **최종 보고서를 통해** 이러한 전략의 영향과 효과에 대해서도 추가로 분석할 것입니다.

현금흐름표상 문제 질의

클라이언트: Thank you for addressing my concerns. I also have some questions **regarding** the cash flow statement. Can you provide more details on the **changes in working capital** and any potential impact on liquidity?

염려한 부분에 답변해 주셔서 감사합니다. 현금흐름표 관련 질문도 있는데요. <u>운전자본 (working capital)의 변화</u>와 유동성(liquidity)에 대한 잠재적 영향에 대해서도 더 자세히 설명해 주시겠습니까?

용어 tips   Working capital: 운전자본. 기업이 정상적인 영업활동을 수행하는 데 필요한 자금을 의미합니다. 운전자본은 유동자산에서 유동부채를 뺀 금액으로, 여기서 유동자산은 현금, 재고자산, 단기채권, 매출채권과 같은 자산을 말하며, 유동부채는 단기차입금, 매입채무, 선수금과 같은 부채를 말합니다. 기업의 재무 건전성을 평가하는 데 중요한 요소로, 운전자본이 부족하면 기업은 정상적인 영업활동을 수행하는 데 어려움을 겪을 수 있습니다.

  - The company's **working capital** was boosted by a recent $10 million cash infusion.
    회사의 운전자본은 최근 1천만 달러의 현금 유입으로 증가했습니다.

- The company's **working capital** is strong, which gives it
  a good financial foundation.
  회사의 운전자본이 탄탄해서 재무 기반이 견고합니다.

Liquidity: 유동성. 자산을 현금으로 전환할 수 있는 능력을 나타내므로,
기업의 재무 건전성을 평가하는 데 중요한 요소입니다. 유동성이 높은
기업은 자산을 현금으로 쉽게 전환할 수 있어 부채를 상환하거나 투자를 할
수 있는 반면, 유동성이 낮은 기업은 자산을 현금으로 전환하는 데 어려움을
겪을 수 있어 부채를 상환하거나 투자를 하기가 어렵습니다.

- The company's **liquidity** improved after it sold some of
  its assets.
  회사는 자산을 일부 매각한 후 유동성이 개선되었습니다.

- The government is taking steps to increase the **liquidity**
  of the financial markets.
  정부는 금융 시장의 유동성을 높이기 위한 조치를 취하고
  있습니다.

재고자산 등의 변동 영향

실사팀: Certainly. The changes in working capital, particularly in inventory
and accounts receivable, have resulted in **a temporary decrease** in
liquidity. However, it is important to note that these changes are seasonal
and expected to **normalize** in the next quarter. We have also assessed the
liquidity position **in light of** the projected cash flows and debt obligations
and believe that the company's liquidity **remains stable.**
물론이죠. 운전자본, 특히 재고자산과 매출채권의 변동으로 유동성이 **일시적으로 감소**
했습니다. 그러나 이러한 변화는 시기적인 것이며 다음 분기에 **정상화될** 것으로 예상된
다는 점에 유의해야 합니다. 예상 현금흐름과 부채도 **고려해** 유동성 상태를 평가했으며
회사의 유동성은 **안정적으로 유지되고** 있다고 판단하고 있습니다.

Inventory: 재고자산(또는 Inventory asset). 기업이 판매를 위해 보유하고 있는 자산을 의미하며, 제품, 원재료, 부품, 반제품 등이 포함됩니다. 재고자산은 기업의 매출을 창출하는 데 중요한 자산입니다. 재고자산은 기업의 재무 건전성을 평가하는 데 중요한 요소로, 재고자산이 너무 많으면 기업은 비용을 증가시킬 수 있는 반면 재고자산이 너무 적으면 기업은 매출 기회를 놓칠 수 있습니다.

- The company's <u>inventory</u> levels are too high, which is increasing costs.
  회사의 재고 수준이 너무 높아 비용이 증가하고 있습니다.

Accounts Receivable(AR): 매출채권. 기업이 고객에게 판매한 제품이나 서비스를 제공했지만 아직 대금을 받지 못한 금액을 의미합니다. 예를 들어, 기업이 고객에게 제품을 판매하고 14일의 결제 기한을 설정했다면, 기업은 고객이 14일 이내에 대금을 지불할 때까지 매출채권을 보유하게 됩니다. 만약 고객이 14일 이내에 대금을 지불하지 않는다면, 기업은 매출채권을 회수하기 위해 고객에게 독촉장을 보내거나 법적 조치를 취할 수 있습니다. 만약 고객이 여전히 대금을 지불하지 않는다면, 기업은 매출채권을 손실로 처리해야 할 수 있습니다. 따라서 매출채권은 기업의 재무 건전성을 평가하는 데 중요한 요소입니다.

- The company's <u>accounts receivable</u> are too high, which is putting a strain on its cash flow.
  회사의 매출채권이 너무 높아 현금 흐름에 부담을 주고 있습니다.

  put a strain on: 부담을 주는, 과한 요구를 가하는.

- The company is writing off some of its **accounts receivable** as uncollectible.
  회사는 일부 매출채권을 회수할 수 없다고 판단하여 손실로 처리하고 있습니다.

  write off: 손실 처리하다, 자산이 더 이상 가치가 없다고 간주되어 재무상태표(balance sheet)에서 제거하는 경우

잠재적 규제 위험 정보 요청

클라이언트: That's **reassuring to** hear. Moving on, I noticed that the report does not include details on the impact of recent **regulatory changes** on the company's operations. Can you provide insights into any potential regulatory risks or opportunities **that may affect the company's financials?**

그 말씀을 들으니 <u>안심이 됩니다.</u> 계속해서, <u>최근 규제가 바뀌면서</u> 이것이 회사 운영에 어떤 영향을 미치게 될지 이에 대한 세부 정보가 보고서에 나와 있지 않습니다. <u>회사의 재무 상태에 영향을 미칠 수 있는</u> 잠재적인 규제 위험이나 기회에 대한 인사이트를 제공할 수 있습니까?

추후 보고서 업데이트 약속

실사팀: Thank you for **bringing that to our attention**. We apologize for **the oversight**. We will review the recent regulatory changes and assess their **potential impact** on the company's operations and financials. We will update the report **accordingly** to provide a comprehensive analysis of regulatory risks and opportunities.

<u>알려주셔서 감사합니다.</u> <u>누락된 점</u>에 대해 사과드립니다. 저희는 최근 규제 변경 사항을 검토하고 회사의 운영 및 재무에 대한 <u>잠재적인 영향</u>을 평가할 것입니다. <u>그에 따라</u> 보고서를 업데이트하여 규제 위험과 기회에 대한 종합적인 분석을 제공하겠습니다.

표현 tips | Thank you for bringing that to our attention: 그 문제를 짚어 주셔서 (알려 주셔서) 감사합니다. 의역해서 '좋은 지적입니다' 정도로 이해해 볼 수 있습니다.

다음 분기 전망 질의

클라이언트: Alright. Lastly, I have some questions **regarding** the projections for the next quarter. Can you provide more details on the **assumptions** and factors considered in **developing the projections**?

좋습니다. 마지막으로, 다음 분기 전망과 <u>관련하여</u> 몇 가지 질문이 있습니다. 추정하실 때 고려한 <u>가정</u>과 요인에 대해 더 자세히 설명해 주시겠습니까?

최종 보고서 제출 예정

실사팀: Certainly. The projections are based on **a combination of** historical performance, industry trends, management's guidance, and external market factors. We have incorporated various assumptions, including revenue growth rates, cost trends, and **macroeconomic indicators**, to develop the projections. We will provide **detailed explanations** of the assumptions and factors **considered in** the final report.

물론이죠. 추정은 과거 실적, 업계 동향, 경영진의 지침 및 외부 시장 요인**을 종합하여** 진행했습니다. 이를 위해 수익 성장률, 비용 추세 및 **거시 경제 지표(macroeconomic indicators)** 등 다양한 가정을 통합했습니다. 이에 **고려한** 가정과 요인에 대해서도 최종 보고서를 통해 자세히 설명드릴 예정입니다.

용어 tips

Macroeconomic indicators: 거시경제 지표. 국내총생산(GDP), 물가 상승률(inflation rate), 실업률(unemployment rate), 금리(interest rates), 환율(exchange rates) 등 전반적인 경제 상태를 측정하는 통계 지표입니다. 경제학자들이 미래의 경제 동향을 예측하는 데 도움이 되며, 기업들이 투자, 고용, 가격 책정에 대한 결정을 내리는 데에도 사용될 수 있습니다.

- Investors are paying close attention to **macroeconomic indicators** in order to make informed investment decisions.
  투자자들은 정보에 입각한 투자 결정을 내리기 위해 거시경제 지표에 주의 깊게 주목하고 있습니다.

질의 마무리

클라이언트: Thank you for the clarification. Overall, I appreciate the **thoroughness** of the report and the **insights provided**. I believe the revisions and updates discussed today will further enhance its **accuracy** and **completeness**.

명확히 정리해 주셔서 감사합니다. 전반적으로 보고서를 통해 **상세한** 내용과 **인사이트**를 제공해 주셔서 감사드립니다. 오늘 논의된 수정 및 업데이트를 통해 **정확성**과 **완성도**가 더욱 향상될 것이라고 믿습니다.

보고 마무리

실사팀: Thank you for your feedback. We **value** your input and will incorporate the **revisions** and updates discussed today into the final report. If you have any **further questions** or comments, please feel free to share them with us.

피드백 감사합니다. 저희는 귀하의 의견을 **깊이 참고하고** 오늘 논의된 **수정(revisions) 사항** 및 업데이트를 최종 보고서에 통합 반영할 예정입니다. **추가 질문**이나 의견이 있으시면 언제든지 저희와 공유해 주십시오.

표현 tips

incorporate A into B: B에 A를 통합반영하다.

이 외에, 피드백을 반영할 때 쓸 수 있는 다른 표현들

- We will **make the necessary changes** accordingly.
  해당 내용에 맞게 필요한 수정 사항을 반영하겠습니다.

- We will **address the revisions and updates** accordingly.
  해당 내용에 맞게 수정 사항과 업데이트를 반영하겠습니다.

- We will make sure to **address the updates** when finalizing the report.
  최종 보고서를 완성할 때 업데이트를 반영하도록 하겠습니다.

감사 인사

클라이언트: **Will do.** Thank you again for your efforts in preparing this report and for **addressing** my questions and feedback.

그렇게 하겠습니다. 이 보고서를 준비하고 질문과 피드백에 **답변**해 주신 데 대해 다시 한 번 감사드립니다.

향후 업데이트 약속

실사팀: You're welcome. We look forward to **finalizing** the report and presenting it to you in its **updated form**.

별말씀을요. 보고서를 <u>마무리하여 업데이트된 형식</u>으로 제공해 드릴 수 있도록 하겠습니다.

끝인사

클라이언트: Great. Looking forward to it. Thank you, and have a great day!

좋습니다. 기대하고 있겠습니다. 감사합니다. 좋은 하루 보내세요!

표현 tips

끝맺음에 쓸 수 있는 표현들:

- Thanks for your time.
  시간 내주셔서 감사합니다.

- Thank you for your time and input.
  귀중한 시간과 의견을 주셔서 감사합니다.

- Appreciate your help. Have a good one.
  도움을 주셔서 감사합니다. 좋은 하루 보내세요.

- Take care and talk soon.
  잘 부탁드립니다. 다음에 뵙겠습니다.

- Thanks and have a great day.
  감사합니다. 좋은 하루 보내세요.

- Looking forward to our next meeting.
  다음 회의를 기대합니다.

끝인사

실사팀: Thank you. You too! Have a great day!
감사합니다. 좋은 하루 보내세요!

Topic 007. Due diligence 미팅 예시 - 최종보고 이후 재무실사팀과 클라이언트의 화상 Zoom 미팅

실사 완료 후 최종 논의 개시

실사팀 컨설턴트 1: Good morning, everyone. Thank you for joining us today. We have completed our due diligence on the international cosmetics franchise, and we are **ready to discuss** the buyout structure and alternatives.

안녕하세요, 여러분. 함께해 주셔서 감사합니다. 저희는 해외 화장품 프랜차이즈에 대한 실사를 완료했으며 바이아웃 구조 및 대안에 대해 **논의할 준비가 되었습니다**.

용어 tips   Buyout structure: 바이아웃(위의 설명 참고, 기업을 인수하여 소유권을 취득하는 것)을 수행하는 데 사용되는 자금 조달 방법을 의미합니다.

회의 시작

클라이언트 매니저 1: Great. Please go ahead.

좋습니다. 진행하시기 바랍니다(계속 말씀해 주세요).

표현 tips   더 열의를 보이고 싶다면 We're eager to hear your findings. (어서 결과를 듣고 싶습니다)와 같은 표현도 추가할 수 있습니다.

eager to~: ~를 하고 싶다. ~에 열의를 보이다

최종 분석 결과 보고

실사팀 컨설턴트 2: Based on our analysis, we have identified two **potential options** for the buyout structure. The first option is an **equity acquisition**, where BlueBlack Partners would acquire 100% of the equity of the franchise. The total equity value of the franchise is **estimated to be** $50 million.
분석을 바탕으로 바이아웃 구조에 대한 두 가지 <u>잠재적 옵션</u>을 확인했습니다. 첫 번째 옵션은 블루블랙 파트너스가 프랜차이즈 지분의 100%를 인수하는 <u>지분 인수</u>입니다. 프랜차이즈의 <u>**총 지분 가치**</u>는 5천만 달러로 <u>**추정됩니다.**</u>

표현 tips

be estimated to be~ (~일 것으로 추정된다)와 비슷한 표현들:

be projected to be: ~로 예상되다, 예측되다. 가장 가능성이 높은 결과를 계산하거나 추정하는 것

- The company's revenue is **projected to be** $1 billion in 2023.
  회사의 매출은 2023년에 10억 달러로 예상됩니다.

be expected to be: ~로 기대되다, 예상되다. 어떤 일이 일어나거나 사실일 것이라고 생각하는 것

- The cost of the new product development is **expected to be** $100 million.
  신제품 개발 비용은 1억 달러로 예상됩니다.

be anticipated to be: ~로 예상되다, 예측되다. 어떤 일이 일어나거나 사실일 것이라고 기대하는 것

- A strong demand for the new product is **anticipated**.
  신제품에 대한 수요가 대폭 늘어날 것으로 예상됩니다.

be thought to be: ~로 생각되다, 여겨지다. 어떤 것을 어떤 것으로 믿거나 여기는 것

- The company is **thought to be** undervalued.
  회사는 저평가된 것으로 보입니다.

자산 가치 관련 상세 정보 요청

클라이언트 매니저 2: Can you provide more details on the **breakdown** of the equity value?

자산 가치 **내역**에 대해 좀 더 자세히 알려주실 수 있나요?

breakdown(세부 상세 내역)과 비슷한 의미의 단어:

- Can you provide me with a **breakdown** of the company's expenses?
  회사의 비용 상세 내역을 제공해 주실 수 있습니까?

analysis: 분석

- Can you provide me with an **analysis** of the company's financial performance?
  회사의 재무 퍼포먼스에 대한 분석을 제공해 주실 수 있습니까?

calculation: 계산

- We need to make sure that our **calculations** are accurate.
  계산이 정확한지 확인해야 합니다.

specification: 세부 사항

- We need to make sure that the product meets the **specifications.**
  제품 사양이 제대로 충족되었는지 확인해야 합니다.

가치 평가 시 고려 요소들

실사팀 컨설턴트 1: Certainly. The equity value is based on the **estimated net assets** of the franchise, which includes its **tangible assets** such as property, equipment, and inventory, as well as **intangible assets** such as trademarks and customer relationships. It also **takes into consideration** the franchise's historical financial performance and projected future earnings.

물론이죠. 자산 가치는 자산, 장비 및 재고와 같은 **유형 자산**뿐만 아니라 상표 및 고객 관계와 같은 **무형 자산**을 포함하여 프랜차이즈의 **예상 순자산**을 기반으로 합니다. 또한 프랜차이즈의 과거 재무 성과와 예상되는 미래 수입을 **고려합니다**.

Tangible assets: 유형 자산(눈에 보이는 자산). 실체가 있는 자산으로, 토지, 건물, 기계, 재고 등을 포함.

Intangible assets: 무형 자산(보이는 형태가 없는 자산). 실체가 없는 자산으로, 특허권, 상표권, 영업권, 기술 등이 있음.

Net asset: 순자산. 순자산은 자산에서 부채를 뺀 금액으로, 기업의 재무 건전성을 평가하는 데 쓰이며, 일반적으로 순자산이 많을수록 기업의 재무상태가 건전하다고 볼 수 있습니다.

자금 조달 옵션 질의

클라이언트 Manager 3: What would be the **financing options** for the equity acquisition?

지분 인수를 위한 **자금 조달 옵션**은 무엇이 있을까요?

용어 tips

파이낸싱(financing): 자금 조달(대출 등 프로젝트에 소요되는 자금을 조달하는 방법을 의미함.

The project is being **financed** by a combination of debt and equity.
이 프로젝트는 부채와 자본의 조합으로 자금을 조달하고 있습니다.

The government is providing **funding** to research new technologies.
정부는 신기술 연구에 자금을 지원하고 있습니다.

The individual is applying for **funding** to start a new business.
개인이 새로운 사업을 시작하기 위해 자금을 신청하고 있습니다.

제안 가능한 파이낸싱 옵션

실사팀 컨설턴트 2: We have identified several financing options for BlueBlack Partners to consider. One option is to fund the equity acquisition **through** a combination of cash and debt financing. Based on our analysis, the franchise has **existing debt** of $20 million, and BlueBlack Partners may need to **raise additional debt** of $30 million to finance the equity acquisition. **Alternatively**, BlueBlack Partners could use its **available cash reserves** or explore other debt financing options from external lenders.

블루블랙 파트너스가 고려해야 할 몇 가지 파이낸싱 옵션을 확인했습니다. 한 가지 옵션은 현금과 부채 조달(대출)을 함께 이용해 지분 인수 자금을 조달하는 것입니다. 분석에 따르면 프랜차이즈에는 2천만 달러의 **기존 부채(existing debt)**가 있으며 블루블랙 파트너스는 주식 인수 자금을 조달하기 위해 3천만 달러의 **추가 부채를 조달해야** 할 수 있습니다. **또는 대안으로,** 블루블랙 파트너스는 **사용 가능한 현금 준비금(보유 현금)**을 사용하거나 외부 대출 기관의 다른 부채 조달 옵션을 구할 수 있습니다.

debt financing: 부채 조달. 부채를 사용하여 자금을 조달하는 것(예: 기업이 은행에서 대출을 받는 것).

cash reserves: 현금 준비금, 보유 현금, 현금 보유고. 기업이 보유하고 있는 현금과 현금성 자산을 의미. 기업이 운영에 필요한 자금을 조달하거나, 예상치 못한 비용을 충당하거나, 투자를 위해 사용될 수 있으며, 기업의 재무 건전성을 파악하는 지표로 사용되기도 함

매수 구조의 두 번째 옵션 질의

클라이언트 매니저 1: Thank you for the details. What is the second option for the buyout structure?
자세히 알려주셔서 감사합니다. 매수 구조의 두 번째 옵션은 무엇입니까?

합작 투자(JV) 구조 제시

실사팀 컨설턴트 1: The second option is a joint venture (JV) structure, where BlueBlack Partners would **partner with** another investor to acquire the franchise. **Under this option**, BlueBlack Partners would acquire a 70% equity stake in the JV, and the other investor would acquire the **remaining** 30% equity stake. The total equity value of the franchise would still be $50 million, and the **equity ownership** of BlueBlack Partners and the other investor in the JV would be $35 million and $15 million, **respectively**.
두 번째 옵션은 블루블랙 파트너스가 다른 투자자와 **협력하여** 프랜차이즈를 인수하는 JV(Joint Venture) 구조입니다. **이 옵션에 따라** 블루블랙 파트너스는 JV의 **지분 70%** 를 인수하고 다른 투자자는 나머지 지분 30%를 인수합니다. 프랜차이즈의 총 지분 가치는 여전히 5천만 달러이며 JV의 블루블랙 파트너스와 다른 투자자의 **지분 소유권**은 **각각(respectively)** 3천 5백만 달러와 1천 5백만 달러가 될 것입니다.

용어 tips   JV(Joint Venture): 합작 투자. 두 개 이상의 회사가 공동으로 사업을 시작하는 것. 여러 관계 회사가 자본 등을 공동출자하여 회사를 설립하고 새로운 사업을 시작하거나, 새로운 시장에 진출하거나, 기술을 도입하기 위해 사용됨.

JV 구조의 장단점 질의

클라이언트 매니저 2: What are the **advantages and disadvantages** of the JV structure?
JV 구조의 장점과 단점은 어떻게 될까요?

기타 장단점을 의미하는 표현들

- We weighed up the **pros and cons.**
  우리는 장단점을 따져 봤습니다.

- The **benefits and drawbacks** of outsourcing are worth considering before making a decision.
  아웃소싱의 장점과 단점은 결정을 내리기 전에 고려해 볼 가치가 있습니다.

- We need to carefully consider our **strengths and weaknesses** before we make any major decisions.
  중요한 결정을 내리기 전에 우리의 강점과 약점을 신중하게 고려해야 합니다.

재무적 부담 감소

실사팀 컨설턴트 2: The JV structure provides the advantage of **sharing the risk and investment** with another investor, which can reduce the **financial burden** on BlueBlack Partners. It also allows for **expertise** and resources of both parties **to be combined** in managing the franchise. However, the JV structure also involves sharing control and decision-making with the other investor, which may require careful negotiation and agreement on **key matters.**

JV 구조는 다른 투자자와 **위험 및 투자를 공유**할 수 있다는 이점을 갖고 있어 블루블랙 파트너스의 **재무적 부담**을 줄일 수 있습니다. 또한 프랜차이즈 관리에 있어 양 당사자의 **전문 지식**과 리소스를 **융합할 수** 있습니다. 그러나 JV 구조는 다른 투자자와 통제권 및 의사 결정(decision-making) 또한 공유하는 것을 포함하므로 **주요 문제(key matters)에 대해** 신중한 협상과 합의가 필요할 수 있습니다.

그 외 매수 구조 대안 질의

클라이언트 Manager 3: Thank you for the insights. Are there **any other alternatives** for the buyout structure?
인사이트(의견) 감사합니다. 매수 구조에 대한 <u>또 다른 대안</u>이 있습니까?

최적의 옵션 두 가지 외 다른 대안 모색 가능

실사팀 컨설턴트 1: Based on our analysis, these are the **two most viable options** for the buyout structure. However, we can explore other alternatives **based on** BlueBlack Partners's specific objectives and requirements.
저희가 분석한 바에 따르면, 바이아웃 구조에서 <u>실행 가능성이 가장 높은 옵션이 두 가지 있습니다.</u> 그러나 블루블랙 파트너스의 구체적인 목표와 요구 사항<u>에 따라</u> 다른 대안을 모색해 볼 수 있습니다.

용어 tips

viable의 대체 표현 예시:

- After careful analysis, it has been determined that the proposed merger is financially **feasible** and strategically beneficial for both companies.
  면밀한 분석 결과, 이 합병 제안 건은 재정적으로 실현 가능하면서도 두 회사 모두에게 전략적으로 유익한 것으로 판단되었습니다.

- The **feasibility study** indicates that the project has a high chance of success.
  타당성 조사 결과 프로젝트의 성공 가능성이 높은 것으로 나타났습니다.

  * **feasibility study:** 타당성 조사, 타당성 평가.
    프로젝트를 추진하기 전에, 프로젝트의 실현 가능성을 평가하는 것으로, 프로젝트의 기술적, 경제적, 법적, 사회적, 환경적 측면을 조사합니다. 프로젝트의 성공 가능성을 평가하고, 프로젝트를 추진할지 여부를 결정합니다.

- Achieving a 20% growth rate in sales is an **achievable** target for the next fiscal year.
매출성장률 20% 달성은 내년 회계연도에 달성 가능한 목표입니다.

- With proper planning and execution, it is **possible** to penetrate new markets and expand our customer base.
적절한 계획과 실행을 통해 새로운 시장에 진출하고 고객층을 확장할 수 있습니다.

- Implementing an automated management system is a **practical** solution to streamline operations and reduce costs.
자동화 관리 시스템을 구현하는 것은 운영을 합리화하고 비용을 절감하는 데 실용적인 솔루션입니다.

최종 논의 마무리

클라이언트 매니저 1: Thank you for the **thorough** analysis and recommendations. We will review the options and discuss internally **before making a decision**.
철저한 분석과 추천 감사합니다. **결정을 내리기 전에** 옵션을 검토하고 내부적으로 논의해 보겠습니다.

추가 정보 필요 여부 확인

실사팀 컨설턴트 2: You're welcome. Please let us know if you need any further information or analysis **to support** your decision-making process.
의사 결정 과정에 **도움이 될** 추가 정보나 분석이 필요하시면 알려주세요.

주식 인수 외 파이낸싱 옵션도 고려 중

클라이언트 매니저 2: Thank you. We appreciate your **expertise in this matter**. Based on the **information presented**, we are **leaning towards** the equity acquisition option. However, we would like to **further evaluate** the financing options and assess the potential risks and **returns** associated with the debt financing.

감사합니다. **이 사안에 전문적인 의견을 주셔서** 감사합니다. **제시된 정보**를 바탕으로 볼 때, 주식 인수 옵션 쪽으로 **좀 더 기울어지는데요.** 그렇지만, 파이낸싱 옵션을 **추가로(further) 평가하고** 부채 파이낸싱과 관련된 잠재적 위험 및 **수익**을 평가해 보고 싶습니다.

표현 tips

leaning towards(~로 더 기울다)와 비슷한 의미의 표현:

- After reviewing the financial projections, we are <u>inclined to</u> pursue the equity acquisition option.
  재무 전망을 검토하면, 우리는 지분 인수 옵션을 추진하는 쪽으로 기울곤 합니다.

- Based on the market analysis, we are **inclined towards** the equity acquisition option as it aligns with our long-term growth strategy.
  시장 분석에 따르면, 장기 성장 전략과 일치한다는 점에서 지분 인수 옵션을 선호합니다.

- Considering the potential synergies and growth opportunities, we are <u>favoring</u> the equity acquisition option.
  잠재적인 시너지 효과와 성장 기회를 고려할 때, 지분 인수 옵션을 선호합니다.

민감도 분석 내용 등 제출 약속

실사팀 컨설턴트 2: Understood. We can provide you with detailed financial projections and **sensitivity analysis** to assess the impact of different financing scenarios on the franchise's cash flows, **profitability**, and **overall** financial health.

이해했습니다. 프랜차이즈의 현금 흐름, **수익성** 및 **전반적인** 재무 건전성에 대한 다양한 재무 시나리오 영향을 평가하기 위해 상세 재무 예측 및 **민감도 분석 내용**을 제공해 드리겠습니다.

용어 tips **Sensitivity analysis:** 민감도 분석. 투자 결정의 결과가 특정 변수의 변화에 따라 어떻게 변하는지 분석하는 방법으로, 투자 결정에 대한 위험을 평가하고 최적의 투자 결정을 내릴 수 있습니다. 예를 들어, 금리의 변화가 투자 수익에 어떻게 영향을 주는지 분석하기 위해 금리를 변화시키면서 투자 수익을 보는 방법이 있습니다. 이처럼, 일반적으로 민감도 분석은 특정 변수를 변화시키면서 투자 결정의 결과가 어떻게 변하는지 볼 수 있습니다.

법률 및 규제 관련 정보 추가 요청

클라이언트 매니저 3: That would be helpful. We also want to **carefully evaluate** the legal and **regulatory aspects** of the acquisition. Can you provide any insights on potential legal issues or challenges **we may encounter**?

그게 도움이 되겠군요. 또한 인수에 관한 법률 및 **규제 측면**을 **신중하게 평가**하고자 합니다. **부딪힐 수 있는** 잠재적인 법적 문제나 어려움에 대한 인사이트도 제공이 가능하실까요?

실사팀 컨설턴트 1: Certainly. (후략)
물론입니다.

Unit 002: 협의를 위한 컨퍼런스 콜 (부동산 PF loan 관련 컨퍼런스콜)

최근 금리가 오르고 금융 시장이 얼어붙자, 개발 예정 현장의 자금 조달에 비상이 걸렸습니다. 당장 착공을 해야하는데 자금 조달에 어려움을 겪고 있는 시행사(클라이언트)를 대신하여, 컨설턴트들은 해외의 캐피털사에서 급히 PF Loan(PF대출)을 구해 보기 위해 컨퍼런스 콜을 진행하려고 합니다.

용어 tips

* **PF: Project Financing.** 프로젝트 파이낸싱. 특정 프로젝트를 위해 자금을 조달하고 프로젝트의 수익으로 자금을 상환하는 방식의 금융 기법. 대규모의 자금이 필요한 프로젝트에서 자금 조달을 위해 사용됩니다. 원래는 프로젝트의 수익을 담보로 자금을 조달하는 방식이기 때문에 프로젝트의 성공 여부에 따라 자금 상환 여부가 결정되지만, 한국 부동산 시장에서의 PF는 프로젝트의 수익성과 상관없이 시공사의 신용공여를 통해 자금을 조달하는 방식으로 수행된다는 특수성을 지니고 있습니다. 따라서 한국 부동산 시장에서의 PF는 시공사의 신용공여가 필수적이므로 본래의 Project Financing 의미와 다르게 진행됩니다.

PM	메일로만 자료가 오가는 것은 진행이 너무 느리니 직접 전화해 봅시다. 이번주 중으로 통화해 보시죠.
컨설턴트	넵!!

개발 예정인 클라이언트의 자산을 소개하고 대출 가능 금액, 금리, 대출 조건 등을 협의하기 위해 홍콩의 캐피털사에 컨퍼런스 콜을 걸어야 하는 상황 입니다. 가상의 컨퍼런스 콜 예시를 통해 필요한 표현들을 살펴보겠습니다.

용어 tips   자주 등장하는 상업용 부동산 관련 기초 용어:

commercial real estate: 상업용 부동산

residential real estate: 주거용 부동산

property: 부동산

retail: 판매시설

office: 업무시설

usage: 사용용도

facility size: 시설 면적

landlord: (건물 등) 소유주, 임대인

tenant: (건물 등의) 임차인

anchor tenants: 앵커 테넌트. 부동산의 임대 공간의 상당 부분을 차지하는 임차인으로, 일반적으로 해당 지역에서 잘 알려진 브랜드나 기업으로, 부동산 소유자에게 안정적인 수익을 제공하고, 부동산의 가치를 높이는 데 도움이 됨.

title: 부동산의 소유권

rent: 임대료

face rent: 임대 계약서에 명시된 임대료

effective rent: 유효 임대료. 부동산 소유자가 임차인에게 받는 임대료에서 임차인이 부동산 소유자에게 지불하는 유지 보수 및 기타 비용을 공제하여, 부동산에서 얻을 수 있는 실제 수익을 의미(유효 임대료 = 임대료 – 유지 보수 및 기타 비용)

rent growth rates: 임대료 상승률

vacancy rate: 공실률. 총면적 중 임차인이 없는 면적의 비율. 예를 들어, 오피스 공실률이 높을수록 오피스 시장이 침체되어 있음을 의미함(오피스 공실률 = 임차인이 없는 면적／총면적 x 100)

lease up period: 리즈업 기간. 임대 계약을 체결하고 임차인을 유치하는 기간. 예를 들어, 물류창고의 경우, 이 기간 동안 물류창고 소유자는 물류창고의 위치, 크기, 특징 등을 홍보하고 임차인을 유치하기 위해 노력하며, 리즈업 기간이 성공적으로 끝나면 물류창고는 안정적인 임대 수익을 얻을 수 있음.

occupancy rate: 임대율. 총면적에 비해 임대된 면적의 비율.
(임대율 = 임대된 면적/총면적 x 100)

transaction date: 매매 시기

rent free incentives: 무상 임대기간. 임차인이 임대 계약을 체결하는
조건으로 임대료를 일정 기간 동안 무료로 제공하는 것. 임차인에게 임대료
부담을 줄여주고, 임대인에게는 임차인을 유치하기 위한 수단으로 사용됨.

fit-out period: 인테리어 공사기간. 핏아웃 기간. 임차인이 임대 계약을
체결한 후, 부동산을 임차인의 요구 사항에 맞게 개조하고 꾸미는 기간.
Fit-out period는 일반적으로 임대 계약의 일부로 포함되며, 임차인은
이 기간 동안 임대료를 지불하지 않음. 임차인은 Fit-out period 동안
부동산의 내부 구조를 변경하고, 가구를 배치하고, 장비를 설치할 수 있음.

lease: 임대 계약

sublease: 전대. 서브리스. 임차인이 임대인에게서 임대받은 부동산을 제
3자에게 재임대하는 것. 서브리스는 임차인이 부동산을 사용하지 못하는
상황에서, 임대료를 절약하기 위해 또는 해당 부동산을 다른 사람이
사용하도록 할 수 있으나 서브리스를 체결하기 위해서는 임대인의 동의가
필요함.

leasing comparables: 임대 사례 비교. 임대 계약이 체결된 인근 또는
유사한 부동산의 특성과 임대료 등의 정보를 비교하는 것. 임대 계약을
체결하기 전에 임대료가 적절한지 여부를 결정하는 데 도움이 됨.

sales comparables: 매매 사례 비교. 최근에 판매된 부동산의 특성과
가격을 비교하는 것으로, 비교를 통해 부동산의 적절한 가격을 판단해 볼 수
있음.

closing: 부동산 매매 딜의 계약 체결

seller's market: 부동산 매도자 우위 시장

purchase price: 매입 가격

efficiency rate: 전용률. 임대 가능한 면적 대비 실제 사용 면적의 비율.

AM(Asset Management): 자산운용. 부동산의 투자, 관리, 운영을 담당.
즉, 포트폴리오 관점에서 부동산 자산을 관리하며, 자산의 매입, 운영, 관리,
매각 등의 업무를 총괄하며, 자본 투자 및 자산관리에 대한 의사 결정을 함.

PM(Property Management): 건물에 직접 상주하며 일상적인 관리 업무를 모두 담당. 임대차 관리, 임차인 서비스, 건물의 유지보수 및 관련 회계관리, 비용집행 등을 총괄함.

FM(Facility Management): 시설관리. 부동산의 건물, 시설, 장비 등의 관리를 담당. 주로 건물 시설의 관리 업무를 하며, 건물설비 관리, 유지보수, 청소 및 미화, 조경, 보안, 주차관리 등 건물의 상태를 최상으로 유지하기 위해 건물 내에서 이루어지는 관리

(PM, AM, FM 모두 부동산의 개발, 투자, 운영에 중요한 역할을 함. 한국어로도 영어 그대로 AM, PM, FM으로 말합니다.)

EPC(Engineering, Procurement, and Construction): 부동산 개발 사업에서 설계, 조달, 시공을 모두 포함하는 계약

NOI(Net Operating Income): 순영업수익. 부동산 개발 사업에서 발생하는 순수익을 의미하며, 부동산 임대료, 관리비, 보험료, 세금, 기타 비용을 제외한 순수익을 의미.

IRR(Internal Rate of Return): 내부수익률. 부동산 개발 사업의 투자 수익률을 의미하며, 부동산 개발 사업의 총 수익을 투자금으로 나눈 값

land area: 대지면적

GFA(Gross Floor Area): 연면적. 건물 바닥 면적의 총합으로, 건물의 규모를 나타내는 지표로 자주 사용됨. 매매 및 각종 계약의 기준 면적이며, 임대면적과 다를 수 있음.

GLA(Gross Leasable Area): 총임대가능면적. 임차인에게 임대할 수 있는 바닥면적의 총합을 의미하며, 건물의 바닥면적에서 벽, 기둥, 계단, 복도, 기타 공용 공간을 제외한 임차인에게 임대할 수 있는 바닥면적을 의미함.

FAR(Floor Area Ratio): 용적률. 지하층을 제외한 건축 연면적을 대지면적으로 나눈 비율. 용적률은 건축물의 높이와 층수, 건폐율 등을 고려하여 결정됨.

SCR(Site Coverage Ratio): 건폐율. 건축면적을 대지면적으로 나눈 비율. 용적률과 함께 건축물의 높이와 층수, 건폐율 등을 고려하여 결정됨.

NOC(Net Occupied Cost): 전용면적당 총임대비용. 빌딩마다 전용율이 달라 실제 사용면적에 대한 가격이 달라질 수 있으므로, 서로 다른 빌딩들의 임대료 및 관리비 수준을 비교할 수 있음.

IM(Information Memorandum): 단어 자체는 정보 제안서 또는 정보 보고서를 의미하나, 일반적으로 투자자들에게 기업 또는 부동산의 정보를 제공하기 위해 작성된 투자제안서 또는 투자 설명서를 의미함. 물건의 기초 정보가 담겨있으며, 재무상태, 사업 계획, 위험 요소 등이 포함되어 있어, 투자자들이 투자 의사 결정을 내리는 데 중요한 역할을 함.

TM(Teaser Memorandum): 세부적인 투자 제안서(IM)보다 짧고 간략하게 압축되어 작성되는 TM은 물건을 소개하는 리플릿 정도의 약식 투자제안서를 의미하며, Teaser(티저)라고도 함. 투자자가 기업이나 프로젝트에 대한 전반적인 정보를 파악할 수 있도록 도와주고 투자 여부를 결정하는 데 도움이 되는 마케팅 도구.

CBD: Central Business District. 종로구, 중구 일대, 종각 광화문에서 서울역으로 이어지는 업무 지구.

GBD: Gangnam Business District. 강남대로와 테헤란로를 중심으로 강남구 전역을 아우르는 권역.

YBD: Yeouido Business District. 여의도를 중심으로 (영등포역, 공덕역 일대까지 포함하기도) 하는 권역.

BBD: Bundang Business District. 제1~3 판교테크노밸리, 인근의 서현역, 수내역, 정자역 등 분당 내 업무 지구.

* 해외의 경우에도, 도심의 중심 업무 지역을 CBD(Central Business District)라고 표현할 수 있습니다. CBD는 일반적으로 기업, 정부기관, 금융 기관, 도매 및 소매 업체 등의 고층 빌딩이 밀집되어 있어, 대중교통이 편리하고, 다양한 편의 시설이 갖추어져 있습니다.

** 상업용 부동산의 주요 개념 관련 표현들

입지(location)

- site: 자산의 위치
- well-positioned: 좋은 곳에 자리 잡은
- prime location: 최적의 입지
- good accessibility: 접근성이 좋은

수요(demand)

- market demand: 시장 수요
- occupancy: 점유율
- tenant demand: 임차 수요
- rental demand: 임대 수요

가치(valuation)

- capitalization rate (cap rate): 부동산의 투자 수익률을 나타내는 지표로, 부동산의 순영업이익(NOI)을 부동산의 시장 가치로 나눈 값으로 계산함. 캡 레이트는 시장에서 유사한 자산 간 상대적 가치를 빠르게 비교할 때 사용되지만, 투자 판단을 위한 유일한 지표로 사용해서는 안 됨.
- undervalued: 낮게 평가된, 저평가된

현금 흐름(cash flow)

- Net operating income(NOI) * 위의 내용 참고
- Operating expenses: 기업의 영업 활동을 위해 발생하는 비용. 기업의 매출액에서 차감되어 영업이익을 산출하는 데 사용됨. * 위의 내용 참고

리스크(risk)

- Volatility: 변동성
- Uncertainty: 불확실성

Topic 001: 개발 프로젝트의 질문과 답변

상업용 부동산 "Sunshine Plaza"를 개발하는 가상의 프로젝트를 예시로 어떠한 질문들이 오갈 수 있는지 살펴보겠습니다. 해당 상황은 금융사와 자문사 사이, 또는 자문사와 시행사 사이 상황에 따라 오고갈 수 있는 문답이라 별도의 화자 표시는 생략하였습니다.

프로젝트 진행 일정 질의

What is the **expected timeline** for the construction and development of the "Sunshine Plaza" project?

"Sunshine Plaza" 프로젝트의 건설 및 개발의 **예상일정**은 어떻게 되나요?

용어 tips

완공, 준공: completion

- The construction of the new highway is expected to take three years to **complete.**
  새 고속도로 건설은 완공하는 데 3년이 걸릴 것으로 예상됩니다.

착공: commencement, groundbreaking

- After months of planning and obtaining necessary permits, the project finally reached its **commencement** phase, and construction work began in earnest.
  몇 달 동안 필요한 인허가를 계획하고 취득한 뒤 프로젝트가 마침내 착공 단계에 이르렀고, 이에 본격적으로 건설 작업이 시작됐습니다.
  in earnest: 진지하게, 본격적으로

- The **groundbreaking ceremony** for the new residential complex took place yesterday, marking the official start of the project.
  어제 주상복합 단지의 착공식을 갖고 본격적인 공사의 시작을 알렸습니다.

완공 및 준공 예정일

The expected timeline for the **construction** and **development** of the "Sunshine Plaza" project is approximately 24 months, with an **estimated completion** date in Q4 2024.

Sunshine Plaza 프로젝트의 **건설 및 개발** 예상 완공 일정은 약 24개월이며, 2024년 제4분기에 **준공 예정**입니다.

실무 tips

개발 예정인 프로젝트(자산)에 대해 설명할 때 가장 중요한 것 중 하나는 준공 시점입니다. 공사 기간에 따라 자금의 스케줄이 달라질 수 있기 때문입니다. 준공 예정 연도와 월 단위까지는 제공하는 것이 좋으며, 본 답변에서는 준공 예정 시기(estimated completion date)를 분기(Q4: 4분기, Quarter)에 맞춰 설명하고 있습니다.

분기: Quarter, Q
- Q1, First quarter, 1분기(January 1 to March 31)
- Q2, Second quarter, 2분기(April 1 to June 30)
- Q3, Third quarter, 3분기(July 1 to September 30)
- Q4, Fourth quarter, 4분기 (October 1 to December 31)

    - The company's **Q1** earnings were up 10% year-over-year.
      회사의 1분기 수익은 전년 대비 10% 증가했습니다.

반기: Half, H
- H1(first half): The first half of the year: 상반기(January 1 to June 30)
- H2(second half): The latter(second) half of the year: 하반기(July 1 to December 31)

    - The company's **half-year** results were better than expected.
      회사의 반기 실적은 예상보다 좋았습니다.

자금 조달 상세 정보 요청

Can you provide more details on the **projected** cash flow and **rental income** for the property?

부동산의 <u>예상</u> 현금 유입 및 <u>임대 수익</u>에 대해 더 자세한 내용을 알려주실 수 있나요?

자금 조달 상세 내역 공유

The projected cash flow and rental income for the property are based on our financial analysis and market research. We **considered** the projected occupancy rate, lease rates, and operating expenses. The cash flow is estimated to be $50 million per year, with rental income **accounting** for approximately 85% of the **total revenue.**

부동산의 예상 현금 흐름(projected cash flow) 및 임대 수익(rental income)은 재무 분석과 시장 조사를 기반으로 하며, 예상 임대율(occupancy rate), 임대료(lease rates) 및 운영비(operating expenses) 등을 <u>고려하여</u> 산출되었습니다. 현금 유입은 연간 5천만 달러로 추정되며, 임대 수익은 **총수익(total revenue)**의 약 85%를 차지합니다.

실무 tips   일반적으로 예상되는 현금 흐름, 현금 유입(cash flow)과 임대 수익은 대출에서 중요한 부분입니다. 일반적인 한국의 Project Financing(PF) 대출의 경우, 프로젝트의 사업성에 기반한 진정한 의미의 Project Financing가 아니라, 책임준공확약 등의 독특한 특성을 갖추고 있으므로 이에 대한 전달 시 맥락을 잘 고려해야 합니다.

흔히 '책준'이라고 부르는 '책임준공확약'을 Construction guarantee 또는 Completion guarantee라고 말할 수 있으며, 책임준공을 단어 그대로 번역하여 Responsible completion이라고 쓰는 경우도 있습니다. 또한 책임준공은 완공에 대한 보증을 (주로 시공사에서) 제공하는 것을 의미하므로 Construction guarantee라 하는 경우도 많습니다. 계약된 시점에 해당 자산을 완공할 것을 보증하는 것을 의미합니다. 즉, 부동산 PF 에서 책임준공의 형태는 국내에만 존재하는 특이 케이스로 영어 단어로 완벽하게 1:1 대응이 되지는 않으므로, 상황에 따라 영어로 이를 표현하는 단어가 달라질 수 있습니다.

consider 대신 take into account를 써도 좋습니다.

- The projected cash flow and rental income for the property are based on a detailed financial analysis and market research. We **took into account** the projected occupancy rate, lease rates, and operating expenses.
부동산의 예상 현금 흐름(projected cash flow) 및 임대 수익(rental incom)은 재무 분석과 시장 조사를 기반으로 하며, 예상 임대율(occupancy rate), 임대료(lease rates) 및 운영비(operating expenses) 등을 고려하여 산출되었습니다.

per year: 한 해에

- The company's profits increased by 10% **per year.**
회사의 이익은 한 해에 10% 증가했다.

YOY(Year-Over-Year): 전년 대비

- The company's profits increased by 10% **yoy.**
회사의 이익은 전년 대비 10% 증가했다.

per year는 특정 기간 동안의 변화를 나타내는 반면, yoy는 특정 기간 동안의 변화를 전년 대비로 나타냅니다.

임대 조건 질의

What is the anticipated occupancy rate and **lease terms for the tenants** of the commercial property?
상업용 부동산의 임차율과 **임차인의 임대 조건**은 어떻게 예상되나요?

Occupancy rate: 건물의 총면적 가운데 사용 중인 면적의 비율(건물의 사용률)로, 자산의 수익성과 투자 가치 등을 평가하는 데 사용될 수 있습니다. occupancy rate = (사용 중인 면적/건물의 총면적) * 100. 반대되는 개념으로는 vacancy rate(공실률)이 있습니다.
Vacancy rate: 건물의 총면적 가운데 사용 중이지 않은 면적의 비율(공실률). vacancy rate = (미사용 면적/건물의 총면적) * 100.

예상 임차율 보고

The anticipated occupancy rate for the commercial property is projected to be 90% within the first year of operation, with tenants signing **long-term leases** of 5 to 10 years. Lease terms will be negotiated based on **market rates and industry standards**, with annual rent escalations to ensure steady revenue growth over time.

상업용 부동산의 예상 임차율은 개업 첫 해에 90% 정도로 예상되며, 임차인들은 5년에서 10년까지의 **장기 계약(long-term leases)**을 체결할 것으로 예상됩니다. 임대 조건은 **시장 기준과 산업 표준**을 기반으로 협상되며, 연간 임대료 인상을 통해 시간이 지남에 따라 안정적인 수익 성장을 보장할 수 있습니다.

실무 tips
> 리테일, 물류센터 등 임차인이 필요한 모든 개발 사업에서는 공실 리스크를 최소화하는 것이 중요합니다. 따라서 준공 전 임차와 관련된 질문에 대비해야 합니다. 임차하는 회사의 업종에 따라 다양한 계약 형태가 나올 수 있습니다.

용어 tips
> lease terms: 임대 조건. 건물이나 토지 등을 임차하는 조건을 의미하며, 일반적으로 임대료, 임대 기간, 임대 목적, 임대 물건의 상태, 임대인의 의무, 임차인의 의무, 손해배상, 해지 조건, 중도 해지 조건, 기타 조건 등과 같은 내용을 포함합니다.

표현 tips
> over time: 시간이 지남에 따라, 시간이 지날 수록
> revenue growth over time: 시간이 지남에 따른 매출 성장

LOI 협상 현재 상황 질의

What is the **current status** of the LOI negotiations with **potential tenants**?
잠재 임차인과 진행 중인 LOI 협상의 **현재 상태**는 어떻습니까?

LOI 협상 진행 상황 공유

We have received strong interest from several potential tenants and are currently negotiating LOIs with three of them. We expect to **finalize** the agreements within the next two months.

저희는 여러 잠재 임차인(potential tenants)으로부터 많은 관심을 받았으며 현재 그 중 세 곳과 LOI를 협상하고 있습니다. 앞으로 2개월 이내에 계약을 **마무리할** 것으로 예상합니다.

용어 tips

LOI(Letter Of Intent)는 투자의향서로, 투자 대상 회사에 대한 투자 의지를 나타내는 문서입니다. 예시에서처럼 부동산에서는 부동산 임차 투자를 희망하는 투자자가 자신에게 투자 의사가 있음을 밝히는 문서입니다. 투자(임차) 희망자가 투자하고자 하는 금액, 투자 조건, 투자 기간 등을 명시하기도 합니다. LOI는 법적 구속력은 없지만, 임차에 대해 검토하겠다는 '의사'를 보여주는 정식 문서로서의 성격을 띱니다.

한편, LOC(Letter of Commitment, 투자 확약서)와도 비교해 볼 수 있는데, 투자에 대한 의사를 밝히는 LOI와 달리, LOC는 투자를 확약하는 문서이기 때문에 LOI보다 법적 효력이 강합니다.

앞의 예와 달리 참고할 만한 개념으로 양해각서인 MOU(Memorandum of Understanding)가 있습니다. 한국어로도 '엠오유'라고 많이 부릅니다. 이는 둘 이상의 당사자가 특정 목적을 달성하기 위해 협력할 의사를 밝히는 문서로, 법적 구속력은 없지만, 양 당사자의 협력을 이끌어 내는 데 중요한 역할을 할 수 있습니다.

시장 조사 여부 질의

Have you **conducted market research** to determine the appropriate lease rates for the property? If so, what are they?

부동산에 대한 적절한 임대 요율을 결정하기 위해 **시장 조사를 수행**했습니까? 했다면, 어떤 내용입니까?

시장조사 결과 공유

Yes, we have conducted **extensive** market research to **determine** appropriate lease rates for the property. Based on our analysis, we believe that **lease rates** of $40 to $50 **per square foot** are **appropriate for** the area and our property's unique features.

부동산에 대한 적절한 임대 요율을 **결정하**기 위해 **광범위한**(extensive, thorough) 시장 조사를 수행했습니다. 저희의 분석에 따르면 **평방 피트당** 4십 달러에서 5십 달러의 **임대료**가 해당 지역과 우리 부동산의 특징**에 적합하다**고 생각합니다.

실무 tips

인근의 시세 및 자산의 특징(unique features)에 기반하여 적정한 임대료를 선정해 두는 것은 가치를 판단하는 데 있어 도움이 됩니다. 주변과 크게 차이가 나지 않으면서, 이해할 수 있는 적정 가격을 제시하도록 합니다.

용어 tips

per square foot: 평방 피트당
per PY: 평당, per Pyeong이라고 표기하기도 합니다. 해외에서는 사용하지 않는 단위이므로, PY 또는 Pyeong은 Korean Pyeong이라고 표시해 두도록 합니다.
per square meter(또는 per m²): 제곱미터 당

계약 조항의 적정성 여부 질의

How long are the proposed lease terms in the LOI, and are there any unusual or unfavorable clauses that **may impact** the property's **long-term value**?

LOI에 제안된 임대 기간은 얼마나 되며 부동산의 **장기적 가치**(long-term value)에 **영향을 미칠 수 있는** 비정상적이거나 불리한 조항이 있습니까?

조항 상세 내용 공유

The **proposed lease terms** in the LOI are for 10 years, with options for **renewal.** There are no unusual or unfavorable clauses in the LOIs that would **negatively impact the property's long-term value.**

LOI에 **제안된 임대 기간(lease terms)**은 10년이며 **갱신** 옵션(options for renewal)이 있습니다. LOI에는 **부동산의 장기적 가치에 부정적인 영향을 미칠** 비정상적이거나 불리한 조항이 없습니다.

임차인 확보 관련 위험 요소 질의

Have you considered potential risks or obstacles to **securing tenants,** such as competition from other properties or economic downturns?

다른 부동산과의 경쟁이나 경기 침체와 같이 **임차인 확보(securing tenants)**에 대한 잠재적 위험이나 장애물을 고려했습니까?

표현 tips secure: 확보하다, 안전하게 하다

- The company <u>secured</u> a loan from the bank.
  회사는 은행에서 대출을 확보했습니다.

- The company <u>secured</u> a contract with the government.
  회사는 정부와 계약을 체결했습니다.

임차인 확보 관련 위험 요소 고려

Yes, we have carefully considered potential risks and obstacles to **securing tenants.** We believe that our property's **prime location** and unique features will make it **attractive** to potential tenants, even in a competitive market. We have also built **contingencies** into our financial analysis to account for **potential economic downturns.**

예, 저희는 **임차인 확보에** 대한 잠재적인 위험과 장애물을 신중하게 고려했습니다. 우리 부동산의 **입지적 강점(prime location)**과 독특한 특징이 경쟁 시장에서도 잠재

세입자에게 **매력적**인 요인으로 작용할 것이라 믿습니다. 저희는 또한 **잠재적 경기 침체**(potential economic downturns)의 경우도 대비하기 위해 재무 분석에 **비상 상황**(contingencies)을 포함시켰습니다.

재무 분석의 확실성 여부 질의

How will you ensure that the property's occupancy rate **meets or exceeds** the projected rate **outlined in** your financial analysis?
부동산의 점유율이 재무 분석에 <u>나온</u> 예상 점유율을 **충족하거나 초과하는지** 어떻게 확인하시겠습니까?

비상계획 마련 현황 보고

We have a comprehensive marketing and leasing plan **in place** to ensure that the property's occupancy rate meets or exceeds the projected rate **outlined in our financial analysis.** This includes targeted marketing campaigns, working closely with **tenant brokers,** and ongoing tenant relationship management. We also have a contingency plan in place to address any unforeseen challenges that may arise.
저희는 부동산의 입주율이 **재무 분석에 명시된** 예상 비율을 충족하거나 초과하도록 종합적인 마케팅 및 임대 계획을 **마련했습니다**. 여기에는 대상 마케팅 캠페인, **임차인 중개인**(tenant brokers)과의 긴밀한 협력 및 지속적인 임차인 관계 관리가 포함됩니다. 또한 예측불가한 문제 발생 시, 이를 해결하기 위한 비상 계획도 마련되어 있습니다.

표현 tips

meet (the) needs: 필요를 충족시키다, 필요를 채우다

- The company's new product **meets the needs** of customers.
  회사의 신제품은 고객의 요구를 충족시킵니다.

meet (the) demands: 요구를 충족시키다, 요구에 맞추다

meet (the) requirements: 요구 사항을 충족시키다, 조건을 충족시키다

- This product **meets all the requirements.**
  이 제품은 모든 요구 사항을 충족합니다.

meet (the) standards: 기준을 충족시키다, 표준을 충족시키다

- This building **meets the building standards.**
  이 건물은 건축 기준을 충족합니다.

이에 반해, meet 대신 exceed(넘어서다, 능가하다, 초과하다)를 쓰면, '어떠한 니즈, 요구 사항, 기준 등을 넘어서다' 또는 '그 이상을 하다' 라는 의미가 됩니다.
이에 대한 유사 표현으로 above and beyond 또는 go the extra mile (기대 이상으로 노력하거나 이루어 내다)이라는 표현도 있습니다.

- We strive to **exceed the needs** of our clients by offering
  personalized solutions and exceptional service.
  우리는 맞춤형 솔루션과 탁월한 서비스를 제공함으로써 고객의
  요구를 그 이상으로 충족하기 위해 노력합니다.

- To stand out in the market, we **go the extra mile**
  by providing 24/7 customer support and offering
  additional training resources.
  시장에서 두각을 나타내기 위해 우리는 연중무휴 고객 지원을
  제공하고 추가 교육 리소스를 제공함으로써 한 걸음 더
  나아갑니다.

- Our team consistently **goes above and beyond** to
  exceed customer expectations and deliver exceptional
  results.
  우리 팀은 지속적으로 고객의 기대를 뛰어넘어 탁월한 결과를
  이끌어 냅니다.

- Our commitment to excellence drives us to **go the extra
  mile** in every project.
  최고를 향한 우리의 약속(헌신)과 같이, 우리는 모든
  프로젝트에서 한층 더 노력을 기울일 것입니다.

프라임급 사무 공간 상세 정보 요청

Can you explain in more detail the **market demand** and competition for **premium office space** in the area?

지역 내 **프리미엄 사무 공간**의 **시장 수요**와 경쟁 상황을 자세히 설명해 주실 수 있나요?

시장 수요 상황 공유

The market demand for premium office space **in the area** is **supported by** strong economic growth, increasing demand from established businesses, and limited supply of modern office buildings in the central business district (CBD). **While there may be** competition from **existing properties,** the "Sunshine Plaza" project's unique features, such as its prime location and modern design, **position it favorably** in the market.

해당 지역 내 프라임급 사무 공간의 시장 수요(market demand)는 경제 성장세, 기존 기업의 수요 증가(increasing demand), CBD(회사 등 주요 비즈니스 시설들이 위치한 도심권역) 내 현대적인 사무 건물의 공급 제한(limited supply) 등으로 **뒷받침되고 있습니다**. 기존 부동산과 경쟁이 **일어날 수도 있지만**, "Sunshine Plaza" 프로젝트의 입지적 강점과 현대적 디자인 같은 독특한 특징으로 인해 시장에서 **유리한 위치를 차지**할 것입니다.

용어 tips   상업용 부동산에서의 오피스 빌딩의 종류(위치, 연면적 및 층수, 준공 연도, 빌딩 시설, 주변 환경 등 다양한 평가 기준에 따라 평가함):

- Prime/Premium office(프리미엄 오피스): 도심에 위치한 고층 빌딩에 위치한 오피스로, 최상의 입지와 편의시설을 갖추고 있습니다. 평가 기준 및 건물의 특성에 따라 달라질 수 있지만, 일반적으로 주요 권역(CBD, GBD, YBD 등)에 위치한 일정 면적 이상(예시: 30,000sqm) 빌딩 중 우수한 빌딩을 의미합니다.

- A-Class Office(A급 오피스): 프라임 오피스 다음으로 좋은 입지와 편의 시설을 갖추고 있는 오피스

- B-Class Office(B급 오피스): A급 오피스보다 입지와 편의 시설이 떨어지지만, 상대적으로 저렴한 오피스

           – C-Class Office(C급 오피스): B급 오피스보다 입지와 편의
             시설이 떨어지는 오피스

건설 과정의 위험 요소 질의

What are the **specific risks** associated with the construction process, and how are they being mitigated?
건설 과정과 관련된 <u>구체적인 위험</u>은 무엇이며 어떻게 완화(mitigate)되고 있습니까?

비상 계획 및 완화 전략 마련 보고

The risks **associated with** the construction process, including **delays** or **cost overruns,** are being mitigated through detailed project management, **regular monitoring,** and frequent communication with the construction firm. A **contingency plan** and risk mitigation strategies are in place to address any **unforeseen** challenges that **may arise during the construction phase.**
공사 지연(delays)이나 비용 초과(cost overruns) 등 건설 프로세스**와 관련된** 위험은 상세한 프로젝트 관리, **정기적인 모니터링** 및 건설 회사와의 원활한 커뮤니케이션을 통해 완화되고 있습니다. **건설 단계(construction phase)에서 발생할 수 있는 돌발(unforseen)** 사태에 대해서는 이를 해결하기 위한 <u>비상 계획</u> 및 위험 완화 전략이 마련되어 있습니다.

실무 tips   공사 지연이나 공사비 초과 문제를 방지하고 공사가 예정대로 완료될 수 있도록 하기 위해 조항(clause)에 포함되어야 할 사항들:

- clear and detailed description of the work to be performed(명확하고 상세한 시공 내용 설명)
- realistic and achievable schedule for completion of the work(현실적이고 실현 가능한 공사 완료 일정)
- dispute resolution mechanism(분쟁 해결 절차)

- defines what constitutes a "delay" and sets out the consequences of a delay(공사 '지연'에 대한 정의 및 지연의 결과를 명시)
- process for requesting changes to the scope of work and the consequences of making changes(공사 범위 변경을 요청하는 절차와 변경의 결과)
- specify the governing law and jurisdiction for any disputes(모든 분쟁에 대한 적용 법률과 관할권을 명시)

부채 비율 질의

What is the debt-to-equity ratio for the project, and how will the financing **be structured**?
프로젝트의 부채 비율은 얼마이며 자금 조달은 어떻게 **이루어집니까**?

용어 tips

Debt-to-equity ratio(DE ratio): 부채 비율은 기업의 총부채를 자기자본으로 나눈 비율로, 꾼 돈의 비율, 즉 레버리지 비율을 의미합니다. 부채 비율이 높으면 기업(또는 프로젝트)이 자본보다 많은 부채를 가지고 있다는 것을 의미하므로, 기업의 재무 건전성이 취약하다고 판단될 수 있습니다. 물론, 부채 비율이 높다고 해서 무조건 재무 건전성이 취약한 것은 아니며, 다른 재무 지표와 함께 종합적으로 고려되어야 합니다.

자금 조달 내용 공유

The financing for the project will be structured **with** a debt-to-equity ratio of 70:30, **with** 70% of the total project cost funded **through a project financing loan from a reputable bank,** and 30% in equity investments from investors. This financing structure has been **carefully chosen** to **optimize** the capital structure and **minimize** financing risks.
프로젝트 자금 조달은 부채 비율(debt-to-equity ratio) 70:30으로 즉, 총사업비(total project cost)의 70%는 **평판 좋은 은행의 프로젝트 파이낸싱 대출**로, 30%는 투자자들의 지분투자(equity investments)로 구성됩니다. 이 자금 조달 구조는 자본 구조를 **최적화하고** 자금 조달 위험을 **최소화하기** 위해 **신중하게 선택되었습니다.**

실무 tips

총부채를 총지분(자본)으로 나눈 값인 DE Ratio(debt-to-equity ratio) 를 통해, 상환 능력 등 재무적 의무 이행 능력을 판단해 볼 수 있습니다. 레버리지가 높으면(빌린 돈이 많으면) 경기 침체기에는 특히 더 위험할 수 있기 때문에 DE 비율을 비중 있게 볼 수 있습니다.

인허가 관련 문제

Are there any regulatory or **permitting challenges** that may impact the timeline or cost of the project?

프로젝트 일정이나 비용에 영향을 줄 수 있는 규제 또는 **인허가 관련 문제**가 있습니까?

위험 요소 모니터링

There are no known regulatory or permitting challenges that may impact the timeline or cost of the project. **All necessary permits and approvals have been obtained or are in progress,** and the project team is closely monitoring any potential regulatory changes or risks **that may arise during the development process.**

프로젝트 일정이나 비용에 영향을 미칠 수 있는 알려진 규제 또는 허가 문제는 없습니다. 필요한 **모든 허가 및 승인을 받았거나 진행 중이며** 프로젝트 팀은 **개발 프로세스 중에 발생할 수 있는** 잠재적인 규제 변경 또는 위험을 면밀히 모니터링하고 있습니다.

실무 tips

인허가(permit) 여부에 따라 사업비(토지), 사업 여부 등이 크게 영향을 받을 수 있으므로, 인허가 이슈는 부동산 사업에서 매우 중요합니다. 인허가 문제가 이미 해결되었는지, 인허가 관련 진행 상황은 어떠한지 등에 대한 답변이 중요합니다.

다양한 인허가 종류가 있으며, 대표적인 예는 아래와 같습니다.

Building permit: 건축 허가, 공사 허가. 건설에 필요한 가장 기본적인 유형의 허가로, 건축물의 건축, 재축, 증축, 개축, 용도변경을 하기 전에 정부(지자체)로부터 발급받는 허가. 건축물의 안전, 미관, 환경, 소방, 교통 등과 관련된 법령에 적합한지 여부를 심사함. 건축물의 건축, 재축, 증축, 개축, 용도변경을 하기 전에 반드시 받아야 하는 필수적인 절차.

Zoning permit: 용도지역 관련 인허가(토지용도규정). 용도지역 인허가는 건축물을 건축하기 전에 해당 용도지역이 건축물의 용도에 적합한지 여부를 확인하는 절차로, 건축물의 건축, 재축, 증축, 개축, 용도변경을 하기 전에 반드시 받아야 하는 필수적인 절차. 우리나라의 경우 도시의 주요 용도지역은 크게 주거지역(residential area), 상업지역(commercial area), 공업지역(industrial area), 녹지지역(green area)으로 나누어져 있습니다.

예상 비용 및 지출 내역 자료 요청

Can you provide a breakdown of the projected costs and expenses **associated with** the project, including construction, operations, and management?

건설, 운영 및 관리를 포함하여 프로젝트**와 관련된** 예상 비용 및 지출 내역을 제공할 수 있습니까?

공사비 내역 공유

The construction costs are **estimated to be** $10 million, which includes $6 million for **materials,** $3 million for l**abor,** and $1 million for **other related expenses.** The operations costs, including **ongoing** maintenance and utilities, are projected to be $50,000 **per month.** The management costs, which **cover things** like property management and leasing expenses, are estimated to be $250,000 per year.

공사비는 **자재비** 6백만 달러, **인건비** 3백만 달러, **기타 관련 비용** 1백만 달러 등 총 1천만 달러로 **추산됩니다. 지속적인** 유지 관리(ongoing maintenance) 및 유틸리티를 포함한 운영 비용은 **월** 5만 달러로 예상됩니다. 부동산 관리 및 임대 비용 등을 **포함하는** 관리 비용은 연간(per year) 25만 달러로 추정됩니다.

표현 tips

breakdown: 내역, 상세 사항들

- The **breakdown** of market trends helps us make informed investment decisions.
  시장 동향 분석은 정보에 입각한 투자 결정을 내리는 데 도움이 됩니다.

materials: (공사)자재, 원자재, 재료

- The project's timeline was affected due to delays in receiving essential construction **materials.**
  필수 건설 자재 수급이 지연되어 프로젝트 일정에 영향을 받았습니다.

labor: 인건(비), 노동

- **Labor** costs account for a significant portion of the project budget.
  인건비는 프로젝트 예산의 상당 부분을 차지합니다.

maintenance: 유지관리, 관리

management: 운영관리, 운영

- Outsourcing property **management** can streamline operations and improve overall profitability.
자산 관리를 아웃소싱하면 운영을 간소화하고 전반적인 수익성을 개선할 수 있습니다.

property management: 부동산 운영관리, 부동산 관리

leasing expenses: 임대에 드는 비용, 임대 비용

- Carefully analyzing **leasing expenses** is essential to accurately project future revenue.
임대 비용을 신중하게 분석하는 것은 향후 수익을 정확하게 예상하는 데 필수적입니다.

장기적 전망 질의

How will the developers **ensure** that the project **remains competitive and attractive** to tenants in the long term?
개발자는 프로젝트가 장기적으로 세입자에게 **경쟁력 있고 매력적인 상태를 유지할 것임을** 어떻게 **보장합니까?**

표현 tips 장기적으로, 결국에는: in the long term, in the long run, in the long view, in the end, eventually, over time

- You may not see the results right away, but **in the long run,** it will be worth it.
지금 당장 결과가 보이지는 않겠지만, 장기적으로(결국에는) 가치 있는 일이 될 것입니다.

향후 전망 공유

The developers **are committed to** ensuring that the "Sunshine Plaza" project remains competitive and attractive to tenants **in the long term.** This includes regular maintenance, upgrades, and improvements to the property, **as well as** proactive tenant management and marketing efforts to **attract and retain** high-quality tenants. A property management team will be **engaged to** oversee **day-to-day** operations and ensure the property's continued success.

개발자(developers, 시행사)들은 "Sunshine Plaza" 프로젝트가 **장기적으로** 세입자에게 경쟁력 있고(remains competitive) 매력적으로 유지될 수 있도록 **최선을 다하고 있습니다.** 여기에는 부동산에 대한 정기적인 유지 관리, 업그레이드 및 개선**뿐만 아니라** 우수한 세입자(high-quality tenants)를 **유치하고 유지하기** 위한 능동적인 세입자 관리(proactive tenant management) 및 마케팅 노력이 포함됩니다. 자산 관리 팀이 **참여하여 상시** 운영을 감독(oversee)하고 자산을 지속적이고 성공적으로 운용할 수 있도록 보장할 것입니다.

Topic 002. 금융기관과 자문사의 PF 대출 논의 컨퍼런스콜 예시

시행사(developer)인 클라이언트를 대신해 개발 예상 자산에 대한 PF론을 구하는 상황입니다. 홍콩의 캐피털사에게 해당 물건을 간단히 소개하고, 가능한 금액, 금리 조건 등을 논의하고자 합니다. 컨퍼런스콜 전에 콜에 대한 안건(Agenda) 및 기본적인 자료가 전달된 상황입니다. 통화를 진행한 후, 캐피털사에서는 가능한 조건 등을 검토해 볼 예정입니다.

나라마다 개발 사업의 금융 구조, 자금력 및 개발 사업의 절차가 다른데요. 즉, 국내에서 사용되는 용어인 '시행사'의 경우 해외에는 이와 정확히 똑같은 개념이 존재하지 않기 때문에 이를 설명할 수 있는 완벽한 하나의 영어 단어가 존재하지는 않습니다. 다만, 해외와 의사소통을 할 때, '시행사'를 알아듣기 쉽게 설명하기 위해, 거의 동일한 역할을 수행하는 디벨롭퍼(개발자, developer)라고 표현할 수 있습니다.

시행사는 부동산 개발 사업을 시행하는 회사로, 토지를 매입하여 개발하고, 건축물을 건축하고, 분양하는 업무를 수행합니다. 일반적으로 시행사는 부동산 개발 사업의 모든 과정을 총괄하고, 이해관계자 간의 협의를 이끌어 내야 하므로, 개발 사업에서 중요한 역할을 합니다.

디벨롭퍼(developer) 또한 부동산 개발 사업을 시행하는 회사를 의미하며, 토지를 매입하여 개발하고, 건축물을 건축하고, 분양하는 업무를 수행합니다. 예를 들어, 미국의 경우 디벨롭퍼는 부동산 개발 사업을 시행하기 위해서 먼저 해당 지역의 도시계획위원회에 개발계획을 제출해야 하며, 개발계획이 승인되면 토지 매입, 건축 설계, 건축 시공, 분양 등의 절차를 진행합니다.

소개

Advisory Team: Hello, this is Amy **from** Counselwise Consultants. **On the line**, we have Jane, and Tom. Also **joining us is** our Managing Director Steve Lim.

안녕하세요, 저는 Counselwise Consultants 소속 에이미입니다. 제인과 톰이 함께 **참여 중**입니다. 또한 당사의 전무이사 스티브 임도 **함께합니다.**

첫 인사

Loan Manager: Hi everyone, nice to meet you all. So, **tell me about** the dry storage project **you're working on.**

안녕하세요 여러분, 만나서 반갑습니다. 현재 진행 중이신 상온 물류센터 프로젝트에 대해 말씀해 주십시오.

표현 tips   tell me about~: ~에 대해 말해 주십시오. 크게 격식 있는 표현은 아니지만, 컨퍼런스콜을 진행하기에 앞서 프로젝트에 대한 간단한 설명을 미리 전달하였기에 자연스럽게 바로 본론으로 들어가는 상황입니다. 좀 더 포멀한 표현도 사용할 수 있습니다.

(좀 더 격식있는 표현) 프로젝트에 대한 개요를 제공해 주실 수 있나요?

- Can you give us an overview of the project?
- Could you please give me an overview of the project?
- Would you mind giving me some information about the project?
- Please provide us with an overview of the project.

상온 물류센터 개발 계획

Advisory Team: We **are working** on a dry storage development project near Yongin in Korea. The estimated cost of the project is **around** $100 million and we're seeking a loan of $80 million for **a term of 10 years**.

저희는 한국의 용인 근처에서 상온 물류센터 개발 프로젝트를 진행하고 있습니다. 이 프로젝트의 예상 비용은 약 1억 달러이며 10년 만기 8천만 달러의 대출을 구하고 있습니다.

표현 tips   loan of $80 million: 8천만 달러의 대출
around: 대략, 약(approximately)
a term of 10 years: 10년 대출 만기 기간

- We secured **a loan of** $5 million to fund the expansion project.
  우리는 확장 프로젝트 자금을 조달하기 위해 5백만 달러의 대출을 확보했습니다.

- Our company is seeking **a loan of** $10 million to initiate the new development.
  우리 회사는 새로운 개발을 시작하기 위해 1천만 달러의 대출을 구하고 있습니다.

- The approved **loan of** $3.8 million will support the project over a term of 10 years.
  승인된 3백 8십만 달러의 대출로 10년 동안 프로젝트를 지원하게 됩니다.

용어 tips

다음은 프로젝트 파이낸싱(PF) 대출에서 자주 나올 수 있는 용어들입니다. 앞서 말한 바와 같이 한국 PF의 경우, 해외의 일반적인 PF와 매우 다른 양상을 띠는 경우가 많습니다. 한국에만 존재하는 신용보강 방식, 금융 기법이 다수 존재하므로, 영어 단어 하나로 딱 떨어지게 번역되지 않는 경우도 많은데요. 일반적으로 많이 쓰이는 관련 용어들은 아래와 같습니다.

Tenure: 프로젝트의 기간, 즉 프로젝트가 완료되고 프로젝트 자산이 상환되기까지의 기간.

- The **tenure** of the loan is typically 10-20 years.
  대출 기간은 일반적으로 10-20년입니다.

Term: 대출 기간(Loan term). 대출 계약 기간. 예를 들어, 프로젝트가 10년 동안 운영될 것으로 예상되는 경우, 테뉴어(tenure)는 10년이지만, 텀(term)은 5년일 수 있습니다. 이는 프로젝트 자금 조달 계약이 5년 동안만 유효하다는 것을 의미합니다. 5년 후에는 해당 계약을 재협상하거나 새로운 프로젝트 자금 조달 계약을 체결해야 합니다. 일반적으로 테뉴어는 텀보다 길지만, 항상 그런 것은 아닙니다.

Maturity: 대출 만기. 프로젝트 자금 조달자가 프로젝트 자금을 상환받는 날짜를 말합니다. 일반적으로 프로젝트 자금 조달 계약의 만기는 프로젝트가 완료되고 프로젝트 자산이 상환되기까지의 기간입니다.

T&C: Terms and Conditions. 대출 약관. 대출에 대한 상세 내용과 조건들이 명시되어 있습니다.

Disbursement: 대출 지급. 정해진 대출약정(T&C)에 따라 단계별, 트랜치별로 금액을 지급하는 것을 의미합니다. 즉, 프로젝트 파이낸싱을 통해 조달한 자금을 프로젝트를 수행하는 과정에서 발생한 비용에 지불합니다.

- The **disbursement** of the loan will be made in tranches upon the satisfaction of certain conditions.
대출금은 특정 조건이 충족되면 트랜치로 지급됩니다.

Reimbursement: 환급, 상환 또는 변제를 의미함. (국내의 경우) 토지비 등 프로젝트 수행 과정 중 발생한 비용이나 브릿지론 금액을 본PF 자금으로 상환할 때 사용됩니다.

- The **reimbursement** of the loan will be made from the project's cash flows.
대출금 상환은 프로젝트의 현금 흐름에서 이루어집니다.

- The disbursement of funds for the project will be subject to proper documentation and timely submission of expense reports for **reimbursement.**
프로젝트 자금의 지급은 적절한 문서화와 상환을 위한 지출 내역 보고서*의 적시 제출에 따라 이루어집니다.

Repay, Repayment: 상환하다, 상환

- The **repayment** of the loan will be made in equal installments over the life of the loan.
대출 상환은 대출 기간 동안 균등 분할로 이루어집니다.

Installment: 대출금을 상환하는 방식으로, installments는 대출금을 일정 기간 동안 일정 금액으로 나누어 여러 번에 걸쳐 상환하는 것을 말합니다.

Fixed rate: 고정금리. 대출 기간 동안 금리가 변하지 않으며, 변동금리보다 이자율이 높지만, 금리가 변하지 않기 때문에 대출금을 상환하는 데 안정적입니다.

Variable rate(floating rate): 변동금리. 대출 기간 동안 금리가 변동하며, 변동금리는 이자율이 낮지만, 금리가 변동할 수 있기 때문에 대출금을 상환하는 데 불안정할 수 있습니다.

Collateral: 담보. 대출금을 상환하지 못할 경우 대출금을 상환하기 위해 담보로 제공하는 자산으로, 한국에서는 PF 대출 시 담보를 잡는 것이 일반적입니다. Collateral은 대출금을 상환하지 못할 경우 대출기관이 대출금을 회수하기 위해 사용할 수 있습니다.

- The <u>collateral</u> for the loan will be the project assets. 대출에 대한 담보는 프로젝트 자산이 될 것입니다.

Mortgage: 모기지(주택담보대출: Mortgage Loan). 주택을 구입하기 위해 대출을 받는 것을 말합니다. 모기지는 주택을 담보로 제공하고, 대출금을 일정 기간 동안 상환합니다.

Syndication 또는 Syndicated loan: 신디케이션론. 여러 금융 기관들로 구성된 자금대출 방법. 하나의 대출을 여러 투자자들이 공동으로 제공하는 것으로, 대규모 대출을 제공해야 하는 경우나, 특정 자산을 담보로 제공하는 경우 등에 사용됩니다.

EOD: Event of Default, 채무불이행. 연체, 상환 거절, 담보물의 손실, 프로젝트의 중단 또는 파산과 같이 대출자가 대출금을 상환하지 못할 경우 대출기관이 대출금을 회수할 수 있는 권리를 행사할 수 있는 사건을 말합니다. EOD가 발생하면, 담보물의 경매, 프로젝트 운영권 인수, 파산 신청 등의 조치를 취할 수 있습니다.

Bridge loan: 브릿지론. 장기 대출을 받기 전에 단기간 동안 자금을
조달하기 위해 사용되는 대출로, 여기에서는 본 PF 자금이 들어오기 전에
단기적으로 대출을 발생시키는 것을 의미합니다. 브릿지론은 장기 대출보다
금리가 높지만, 단기간 동안 자금을 조달할 수 있다는 장점이 있습니다.

- The bridge loan will be used to finance the construction
  of the project until the senior loan is available.
  브릿지 대출은 선순위 대출이 가능할 때까지 프로젝트 건설
  자금을 조달하는 데 사용됩니다.

Senior loan: 선순위 대출. 프로젝트 파이낸싱에서 가장 높은 순위의
대출로, 담보물에 대한 우선권을 가지므로, 후순위 대출보다 우선적으로
상환을 받습니다. 일반적으로 프로젝트 자산에 의해 담보되며, 가장 낮은
위험과 가장 낮은 수익을 가지고 있습니다.

- The senior loan will be used to refinance the bridge loan
  and provide long-term financing for the project.
  선순위 대출은 브릿지 대출을 재융자하고 프로젝트를 위한 장기
  자금 조달에 사용됩니다.

Mezzanine loan: 메자닌(중순위) 대출. 부동산 사업에서의 메자닌
대출은, 에쿼티 지분 투자와 선순위 대출의 중간 성격을 띠며, 담보물에
대한 우선권이 없기 때문에 위험이 높지만 금리도 높습니다.

- The mezzanine loan will be used to provide additional
  financing for the project, but it will be subordinated to
  the senior loan.
  메자닌론은 프로젝트에 추가 자금을 제공하는 데 사용되지만
  선순위 대출의 후순위가 됩니다.

Subordinated loan: 후순위 대출. 다른 대출보다 우선 순위가 낮은 대출.
선순위 대출이 상환된 후, 후순위 대출이 상환되므로 일반적으로 위험이
높기 때문에, 높은 이자율을 제공합니다.

Equity: 자본금. 부동산 개발 사업에 필요한 자금 중에서 개발 사업자가
직접 투자하는 자금을 말하며, 개발 사업자는 에쿼티를 조달하기 위해
다양한 방법을 사용합니다. 에쿼티가 많을수록 개발 사업자는 부동산

개발 사업에 대한 통제권을 가지며, 부동산 개발 사업의 수익을 직접
가져갈 수 있어서 좋지만, 부동산 투자를 할 때는 대출을 받아서 투자하는
것이 일반적입니다. 대출을 받아서 레버리지(leverage)를 만들면 자신의
자본을 소모하지 않고 더 큰 규모의 투자를 할 수 있습니다. 그러나 대출로
레버리지를 만들면 그만큼 위험도도 높습니다. 만약 부동산 가격이
하락하거나 이자 비용이 상승하면, 투자자는 손실을 입을 수 있습니다.

- The **equity** investors will provide the initial capital for the
  project and will share in the project's profits.
  지분 투자자는 프로젝트의 초기 자본을 제공하고 프로젝트의
  이익을 공유합니다.

ROI(Return on Investment): 투자수익률. 투자로부터 얻은 수익을
투자금액으로 나눈 비율로, 투자한 금액에 비해 얼마나 수익을 얻을 수
있는지를 나타냅니다. ROI가 높을수록 투자가 수익성이 있다고 판단됩니다.

- The project's **ROI** is expected to be 15%.
  프로젝트의 ROI는 15%로 예상됩니다.

ROE(Return on Equity): 자기자본이익률. 기업이 자본을 이용하여
얼마만큼의 이익을 냈는지를 나타내는 지표로, 당기순이익 값을 자본
값으로 나누어 계산합니다. ROE가 높을수록 기업이 자본을 효율적으로
이용하여 이익을 창출하는 능력이 높다고 판단됩니다.

DSCR(Debt Service Coverage Ratio): 부채 상환능력 계수로, 기간
동안 발생하는 현금 흐름으로 차입금을 상환할 수 있는 능력을 나타내며,
DSCR값이 1보다 커야 상환금(Debt service)을 순영업이익(NOI)
으로 조달할 수 있으며, 일반 산업에서는 1.3 이상이면 양호하지만 산업,
프로젝트, 경제 상황에 따라 해당 기준은 달라질 수 있습니다.

- The project's **DSCR** is expected to be 1.25.
  프로젝트의 DSCR은 1.25로 예상됩니다.

LTV(Loan to Value): 담보가치에서 대출이 차지하는 비율로, 대출금액을
담보가치로 나눈 비율을 말합니다. LTV가 높을수록 대출금액이 담보가치에
비해 많다는 것을 의미하며, LTV가 낮을수록 대출금액이 담보가치에 비해
적다는 것을 의미합니다. 대출의 위험을 평가하는 데 사용되며, LTV가
높을수록 대출의 위험이 높아질 수 있습니다.

IRR(Internal Rate of Return): 내부수익률. Internal Rate of Return, 내부수익률, 투자로부터 얻을 수 있는 수익률을 나타내는 지표로, 투자의 현재가치와 미래가치의 차이를 투자 기간으로 나누어 계산합니다. IRR 이 투자의 할인율보다 높으면 투자는 수익성이 있는 것으로 판단되며, IRR 이 투자의 할인율보다 낮으면 투자는 수익성이 없는 것으로 판단되지만, 투자의 타당성을 판단할 때는 투자의 위험 및 다른 지표와 함께 고려하는 것이 좋습니다.

- The project's **IRR** is expected to be 20%.
  프로젝트의 IRR은 20%로 예상됩니다.

Equity multiple: 투자에서 얻은 수익을 투자한 자본으로 나눈 비율로 계산됩니다. 에쿼티 멀티플(Equity multiple)이 높을수록 투자 대비 높은 수익을 얻었다고 판단됩니다.

- The **equity multiple** is expected to be 3.0.
  에쿼티의 멀티플은 3.0이 될 것으로 예상됩니다.

Tranche: 트랜치. 대출을 여러 조각으로 나눈 것으로, 대출 기관 간에 위험과 수익을 분배하기 위해 사용되며, Tranche A(선순위)의 대출 기관은 가장 낮은 위험과 가장 낮은 수익을 가지고 있는 반면, Tranche C(후순위) 의 대출 기관은 가장 높은 위험과 가장 높은 수익을 갖게 됩니다. 예를 들어 Tranche A는 선순위 트랜치로 상환 순위가 가장 높고 이자율은 가장 낮으며, Tranche B는 중순위로 Tranche A보다는 상환 순위가 낮지만 이자율은 더 높으며, Tranche C는 상환 순위가 가장 낮습니다. 일반적으로 자산에 의해 담보되지 않으며, 가장 높은 이자율을 가지고 있습니다. 즉, Tranche A, Tranche B, Tranche C의 순으로 상환됩니다.

대출 조건 질의

Loan Manager: Interesting. Can you **walk me through** the **terms and conditions** you're proposing for the loan?

흥미롭군요. 대출에 대한 제안 조건(T&C)을 **안내해 주시겠습니까?**

표현 tips   전반적으로 설명을 요구할 때는, explain(설명하다), tell(말하다) 등과 같은 제너럴한 표현이 있으며 구체적인 표현인 walk me through(설명하다)를 사용할 수도 있습니다.

이자율과 지불 일정 설명

Advisory Team: Sure, we're proposing an **interest rate** of 5% and a **disbursement schedule** that aligns with the project's **construction timeline**. We're looking for a **flexible repayment plan** with the option to **prepay the loan** without **penalty**.

물론입니다. 저희는 5%의 **이자율(interest rate)**과 프로젝트의 **건설 일정(construction timeline)**에 맞는 **지급 일정(disbursement schedule)**을 제안하고 있습니다. **위약금 (penalty)** 없이 대출금을 **선상환(prepay the loan)** 할 수 있는 **융통성 있는 상환 계획 (flexible repayment plan)**을 찾고 있습니다.

실무 tips   PF대출은 장기 대출이기 때문에, 대출금을 일찍 상환하면(prepay the loan) 금융기관이 이자 수익을 잃게 되므로, 대출금 선상환을 하면 페널티가 부과될 수 있습니다. 페널티의 종류는 다양하지만, 일반적으로 대출금의 일정 비율을 수수료로 부과하는 방식을 사용합니다. 따라서 PF 대출을 받는 경우, 대출금 선상환에 대한 페널티를 확인해야 합니다. 페널티가 부과되는 경우, 대출금을 선상환하기 전에 페널티를 계산하여 이자가 절약되는지 여부를 확인해야 합니다.

지분 현황 질의

Loan Manager: Okay, those terms sound reasonable. How much equity is your company contributing to the project?

알겠습니다. 해당 조건들(terms)이 합리적인 것 같습니다. 회사가 이 프로젝트에 태운 지분은 얼마나 됩니까?

표현 tips

reasonable: 합리적인 (sensible, acceptable, fair, valid 등과 같은 의미로 사용할 수 있습니다.)

프로젝트 비용의 지분 비율

Advisory Team: The client is willing to contribute 20% of the project cost as equity.

클라이언트는 프로젝트 비용의 지분 20%를 투자할 의향이 있습니다.

표현 tips

'에쿼티(자본금, 자기자본)를 더 투자하다, 더 많은 돈을 투자하다, 투자 자본을 늘리다' 관련 표현의 예시:

- To accelerate our growth, we're looking to **invest more equity** in strategic acquisitions.
  성장을 가속화하기 위해 전략적 인수에 더 많은 자본을 투자하려고 합니다.

- As the project progresses, we may need to **contribute more equity** to ensure its success.
  프로젝트가 진행됨에 따라, 성공을 보장하기 위해 더 많은 자본을 투입해야 할 수도 있습니다.

- We're considering **putting more equity** into our startup to fuel its expansion plans.
  저희는 확장 계획에 박차를 가하기 위해 스타트업에 더 많은 지분을 투자하는 것을 고려하고 있습니다.

- The decision to **increase equity** demonstrates our commitment to fueling the company's growth.
자기자본을 늘리기로 한 결정은 회사의 성장을 촉진하겠다는 우리의 헌신을 보여줍니다.(자본금이 추가로 투자되면 프로젝트를 완료하기 위한 자금이 추가로 확보되기 때문에 프로젝트의 성공 가능성을 높이는 데 도움이 될 수 있습니다.)

공사 기간 질의

Loan Manager: Okay, can you tell me more about the construction period?
알겠습니다. 공사 기간(construction period)에 대해 더 말씀해 주시겠습니까?

3년 소요 예정

Advisory Team: The construction period is **expected to take** 3 years, with the **first year focused on** obtaining necessary permits and the remaining 2 years **dedicated to** actual construction.
공사 기간은 3년이 <u>소요될 것으로 예상</u>되며 처음 1년은 필요한 <u>인허가 작업(obtaining necessary permits)에 집중</u>하고 나머지 2년은 실제 공사에 **투입(dedicated to)**됩니다.

입지 관련 상세 정보 요청

Loan Manager: Okay, that sounds **reasonable**. Can you tell me more about the **location** of the project?
알겠습니다. **합리적인 것 같습니다.** 프로젝트 <u>위치(입지)</u>에 대해 더 자세히 말씀해 주시겠습니까?

부지의 위치 및 장점

Advisory Team: The site for the dry storage facility is located **only 5 minutes away** from the highway IC, making it **easily accessible for transportation** of goods. Additionally, we were able to **secure a cheaper construction cost deal** with two reputable construction companies in the area, which will help us **keep our expenses under control**.

해당 물류센터 부지는 고속도로 IC에서 **5분 거리에 위치**하여 물품 **운송이 용이합니다**. 또한, 저희는 해당 지역에서 평판이 좋은 두 건설 회사와 더 **저렴한 건설 비용 계약을 체결하였는데, 이는 비용 통제에도** 도움이 될 것입니다.

실무 tips

프로젝트의 (공사) 현장을 site라고 합니다. 또한, 건설사와 저렴한 비용에 건설 비용 계약을 체결하는 것은 프로젝트 비용을 절감하고 수익성은 높이고 위험을 줄일 수 있는 등 물류창고 개발 프로젝트 파이낸싱의 성공에 중요한 요소가 될 수 있기 때문에, 이런 내용이 있다면 먼저 언급하는 것이 좋습니다.

- The developer negotiated a <u>construction cost contract</u> with a construction company at a lower cost, which helped to reduce the overall project cost.
  개발자는 건설사와 저렴한 비용으로 건설 비용 계약을 체결하여 전체 프로젝트 비용을 절감할 수 있었습니다.

공사비 딜 상세 설명 요청

Loan Manager: That's great to hear. Can you provide more details about the **construction cost deal?**

좋습니다. (말씀하신) **공사비 딜(construction cost deal)**에 대해 좀 더 자세히 알려주실 수 있습니까?

계약 체결 과정과 이점

Advisory Team: Yes, we were able to **secure a deal** with two construction companies, which will allow us to build the facility **at a lower cost** without **sacrificing quality**. This was possible due to our **long-standing relationship** with the companies and our expertise in negotiating **favorable terms**.

예, 저희는 두 건설 회사와 공사비 **계약을 체결**할 수 있었습니다. 이를 통해 **품질을 희생**하지 않고 더 낮은 비용으로 시설을 건설할 수 있게 되었습니다. 이는 회사와의 **오랜 관계**와 협상을 **유리한 조건으로 이끄는** 전문성이 있었기에 가능했습니다.

표현 tips

construction company: 시공사, 건설회사
sacrificing quality: 품질을 희생하다, 품질을 포기하다

'품질을 저하시키면서 비용을 절감하다'를 의미하는 기타 표현:

cut corners on quality:

- The company **cut corners** on the construction of the building, which led to a number of problems.
  회사는 건물 건설에 비용을 절약하기 위해 품질을 희생했고, 그 결과 여러 가지 문제가 발생했습니다.

sacrifice quality for cost:

- The company decided to **sacrifice quality for cost** by using cheaper materials in the construction of the new factory.
  회사는 새로운 공장을 건설할 때 값싼 자재를 사용하여 품질을 희생하기로 결정했습니다.

go cheap on quality: 품질을 낮추다

- Some manufacturers **go cheap on quality** to cut costs, risking customer satisfaction.
  일부 제조사는 비용 절감을 위해 품질을 낮춰 고객 만족도를 떨어뜨리고 있습니다.

trade quality for cost: 품질을 낮추는 대신 비용을 줄이다

- Some budget airlines often **trade quality for cost,** offering lower prices but fewer amenities.
일부 저가 항공사는 종종 비용 대비 품질을 희생하여 가격을 낮추고 어매니티는 적게 제공합니다.

compromise quality for cost: 품질을 낮추는 대신 비용을 줄이다

- **Compromising quality for cost** in our supply chain can lead to product recalls.
공급망에서 비용 대비 품질이 저하되면 제품 리콜이 발생할 수 있습니다.

트랙 레코드 요청

Loan Manager: That's impressive. Have you **worked on similar projects in the past?**
인상적이네요. 과거에 **유사한 프로젝트를 수행**한 적이 있습니까?

용어 tips

트랙 레코드는 부동산 개발자가 이전에 수행한 프로젝트에 대한 정보를 제공하므로 부동산 개발자가 프로젝트를 성공적으로 완료할 수 있는 능력을 평가하는 데 도움이 될 수 있습니다.

track record 유사 표현:

Track record: 이전에 수행한 프로젝트에 대한 정보
Credentials: 보유한 자격증, 전문성, 학위, 경험과 같은 정보
Portfolio: 수행한 프로젝트의 결과물

위의 용어는 서로 조금씩 뜻이 다르지만, 상황에 따라 세 가지를 혼용해 사용하는 경우도 많습니다. 한국어로 말할 때도 영어 단어를 그대로 사용하는 편입니다.

- The developer has a **proven track record** of success in the real estate industry.
개발자는 부동산 업계에서 검증된 트랙 레코드를 보유하고 있습니다.

- Our team of architects and engineers possesses **exceptional credentials,** with years of experience in designing and developing innovative real estate projects.
우리의 건축가 및 엔지니어 팀은 혁신적인 부동산 프로젝트를 설계하고 개발한 다년간의 경험을 통해 탁월한 크레덴셜(자격)을 보유하고 있습니다.

- Our **portfolio** consists of iconic landmarks and award-winning developments that have significantly contributed to the city's architectural landscape.
우리의 포트폴리오는 도시의 건축 경관에 크게 기여한 상징적인 랜드마크와 개발 부문 수상작품들로 이뤄져있습니다.

과거 우수 실적 소개

Advisory Team: Yes, we've worked on several similar projects in the past, including a dry storage facility in Busan and a cold storage facility in Seoul. Both projects were **completed on time and within budget**.
예, 저희는 과거에 부산의 상온 저장 시설과 서울의 저온 물류센터를 포함하여 여러 유사한 프로젝트에 참여했습니다. 두 프로젝트 모두 **일정 준수 및 예산 범위 내에서 완료**되었습니다.

용어 tips   Dry storage: 상온 물류창고
Cold storage: 저온 물류창고

상세 정보 요청

Loan Manager: Can you provide more information about those projects?
당시 진행하셨던 프로젝트에 대해 더 알려주실 수 있습니까?

프로젝트 상세 소개

Advisory Team: Sure. The Busan project was **completed in 2 years** and **cost around $60 million to build**. The cold storage facility in Seoul was completed in 3 years and cost around $70 million to build. We were able to secure favorable financing terms for both projects, which allowed us to achieve attractive **returns on our investment**.
물론이죠. 부산 프로젝트는 **2년 만에 완공되었고** 건설 비용은 약 **6천만 달러가 소요되었습니다**. 서울의 저온 물류센터는 3년 만에 완공됐으며 공사비는 7천만 달러(약 7백억 원) 가량 됩니다. 두 프로젝트의 자금 조달 면에서 저희는 유리한 조건을 확보할 수 있었고, 이를 통해 매력적인 **투자 수익**을 거둘 수 있었습니다.

표현 tips

securing favorable financing terms: 유리한 자금조달 조건을 확보하다
allow A to~: A가 ~할 수 있도록 하다, ~를 가능케 하다

return(= profit, earnings, gain, proceeds)

- The investment yielded a high <u>return.</u>
  그 투자로 높은 수익을 냈습니다.

- We saw a substantial <u>return</u> on our real estate investment.
  우리는 부동산 투자로 상당한 수익을 보았습니다.

- The company's annual report shows a strong <u>return</u> on investment(ROI).
  회사의 연간 보고서에 따르면 투자수익률(ROI)이 높습니다.

해당 프로젝트의 대출 조건 질의

Loan Manager: Great, that will be helpful. Can you give me an idea of the **loan terms** for those projects?

좋습니다. 도움이 될 것 같습니다. 해당 프로젝트의 <u>대출 조건</u>에 대해 알려주실 수 있습니까?

각 프로젝트 이자율과 대출 규모 설명

Advisory Team: Sure, for the Busan project, we **secured a loan of $70 million** for a term of 7 years with an **interest rate of 4%.** For the Seoul project, we secured a loan of $60 million **for a term of 8 years** with an interest rate of 4.5%.

네, 부산 프로젝트를 위해 저희는 <u>4%의 이자율</u>로 7년(a term of 7 years) 동안 **7천만 달러의 대출**을 확보했습니다. 서울 프로젝트에서는 4.5%의 이자율로 **8년 동안** 6천만 달러의 대출을 확보했습니다.

재무 성과 질의

Loan Manager: That's helpful. How did those projects **perform** financially?

도움이 됩니다. 해당 프로젝트들은 재무적으로 어떤 <u>성과를 거두었습니까?</u>

재무 성과 내용

Advisory Team: Both projects have performed well financially, with steady cash flows and profits **in line with** our projections.

안정적인 현금 흐름과 수익이 저희의 예상대로 두 프로젝트 모두 재무적으로 좋은 성과를 냈습니다.

표현 tips   **in line with**: ~와 일치하다(= consistent with, aligned with, in accordance with)

- The financial statements were prepared **in accordance with** accounting standards.
  재무제표는 회계기준에 따라 작성되었습니다.

- The company's decision is **consistent with** industry standards and best practices.
  회사의 결정은 업계 표준 및 모범 사례와 일치합니다.

- The proposed strategy is **aligned with** the company's long-term goals and vision.
  제안된 전략은 회사의 장기 목표 및 비전과 일치합니다.

유사 프로젝트 수행 여부

Loan Manager: Okay, good to know. Are there any other similar projects **that you're currently working on**?
알겠습니다. 좋습니다. **현재 작업 중인** 다른 유사한 프로젝트가 있습니까?

인천과 대구 프로젝트 진행 중

Advisory Team: Yes, **we're also working** on a dry storage facility in Incheon and a cold storage facility in Daegu.
네, 인천의 상온창고 시설과 대구의 저온창고 시설도 **작업하고 있습니다.**

해당 프로젝트의 비용 및 대출 규모 질의

Loan Manager: What are the **estimated costs** and **loan amounts** for those projects?
해당 프로젝트의 **예상 비용**과 **대출 금액**은 얼마입니까?

실무 tips

금융기관은 시행사(디벨롭퍼)가 진행 중인 타 프로젝트 및 대출에 대한 질문을 함으로써 시행사의 리스크, 재무 건전성, 상환 능력, 경쟁력 등을 파악하는 데 도움을 얻을 수 있습니다. 이는 금융기관이 대출에 대한 금액, 조건 등을 제시하는 데 영향을 줄 수 있습니다.

예상 비용과 대출액

Advisory Team: The **estimated cost** of the Incheon project is $120 million and we're seeking a **loan of $90 million** for a term of 10 years. The estimated cost of the Daegu project is $80 million and we're seeking a loan of $60 million **for a term of 8 years.**

인천 프로젝트의 **추정 비용**은 1억 2천만 달러이고 10년 만기 **9천만 달러의 대출을 구하고**(seeking) 있습니다. 대구 프로젝트의 예상 비용은 8천만 달러이며 **8년 만기** 6천만 달러의 대출을 구하고 있습니다.

잠재적 위험 요소와 대책 여부

Loan Manager: Great, that will be helpful. Are there any potential risks associated with the project, and how are you **planning to mitigate them**?

좋습니다. 도움이 될 것 같네요. 프로젝트와 관련된 잠재적 위험이 있는지, 그리고 이를 어떻게 완화할 계획인지요?

위험 요소 파악 및 대책 수립 완료

Advisory Team: We've **identified a few potential risks** associated with the project, **such as** changes in the regulatory environment or delays in **obtaining permits**. However, we have a risk management plan in place that outlines how we plan to mitigate these risks.

저희는 규제 환경의 변화 또는 **인허가 취득** 지연**과 같이** 프로젝트와 관련된 몇 가지 **잠재적인 위험을 파악했습니다.** 하지만 이러한 위험을 어떻게 완화할지 위험 관리 계획 또한 갖추고 있습니다.

담보 관련 질의

Loan Manager: Okay, that's reassuring. And **lastly**, what kind of **collateral** are you offering **for the loan**?

네, 안심이 됩니다. **마지막으로, 대출을 위해** 어떤 종류의 **담보**를 제공하실 예정입니까?

용어 tips · 담보 관련 용어:

Collateral: 담보. 대출에 대한 담보로 제공되는 자산 또는 재산.

– The lender required the real estate developer to provide a property as **collateral** for the project finance loan.
대출 기관은 부동산 개발업자에게 프로젝트 파이낸스 대출을 위한 담보로 자산을 제공하도록 요구했습니다.

Secured loan: 담보 대출. 담보로 뒷받침되는 대출로, 채무불이행 시 위험을 낮출 수 있습니다.

– The project finance loan was structured as a **secured loan,** with the real estate development company offering their land as collateral.
프로젝트 파이낸스 대출은 부동산 개발 회사가 토지를 담보로 제공하는 담보 대출로 구성되었습니다.

Lien: 유치권. 대출을 확보하기 위해 담보로 사용되는 재산에 대한 법적 청구권. 채무불이행의 경우 대출기관이 부채를 회수하기 위해 부동산을 매각할 수 있는 권리를 부여할 수도 있습니다.

– The lender placed a lien on the real estate developer's land to secure the project finance loan.
대출 기관은 프로젝트 파이낸스 대출에서 부동산 개발업자의 토지에 유치권을 설정했습니다.

Collateral value: 담보 가치. 담보로 제공되는 자산의 평가된 가치 또는 시장 가치

- The financial institution appraised the <u>collateral value</u> of the project's completed buildings to determine the loan amount they were willing to provide.
금융 기관은 그들이 제공할 대출 금액을 결정하기 위해 프로젝트의 완공된 건물의 담보 가치를 평가했습니다.

Appraise: 가치를 평가하다, 감정평가하다/appraisal: 감정평가

- The property underwent an <u>appraisal</u> to determine its market value.
부동산은 시장 가치를 결정하기 위해 감정을 받았습니다.

대출을 위한 담보 유형

Advisory Team: We're offering the land and the dry storage facility <u>**as collateral**</u> for the loan.
저희는 대출에 대한 <u>담보로</u> 토지와 상온물류센터 시설을 제공하고 있습니다.

분석 후 결정 내용 통지 예정

Loan Manager: Alright, that sounds good. Let me **crunch some numbers** and get back to you with our decision. Is there **anything else** you'd like to add?
좋습니다. **몇 가지 수치를 분석하고** 결정을 알려드리겠습니다. <u>그 외</u> 추가하고 싶은 것이 있습니까?

표현 tips

crunch some numbers: 숫자(수치)를 분석하다, 계산(기)을 두드려보다. 이 표현은 무난하게 포멀 또는 캐주얼하게도 쓰일 수 있는 이디엄 표현이지만 좀 더 포멀한 표현을 원한다면 아래를 참고하세요.

perform calculations: 계산을 수행하다, 계산하다
calculate: 계산하다
analyze the figures: 수치를 분석하다, 숫자를 분석하다

– Let me perform a thorough numerical **analysis.**
철저히(꼼꼼한) 수치 분석을 하겠습니다.

검증된 실적과 수행 능력 재강조

Advisory Team: Yes, we'd like to **emphasize** that our team has a **proven track record** of delivering projects **on time and on budget**, and we're confident that we can deliver a successful project that **meets the needs** of our clients and investors.
예, 저희 팀은 정해진 **시간과 예산에 맞추어** 프로젝트를 수행하는 검증된 실적을 보유하고 있음을 **강조**드리고 싶으며, 클라이언트와 투자자의 **니즈에 맞는** 성공적인 프로젝트를 제공할 수 있다고 확신합니다.

표현 tips

on time: 정해진 시간 안에
on budget: 정해진 예산 안에

– The project was successfully completed **on time** and **on budget.**
프로젝트는 시간과 예산에 맞게 성공적으로 완료되었습니다.

– Effective resource allocation allowed us to complete the construction project **on budget.**
효과적인 자원 할당을 통해 예산 내에서 건설 프로젝트를 완료할 수 있었습니다.

대출 조건 마무리 후 연락 예정

Loan Manager: That's helpful. Based on the **information you've provided**, I think we can **move forward with** your **loan request**. I'll work with my team to finalize the loan terms and get back to you soon.

도움이 되겠네요. **제공해 주신 정보**를 바탕으로 **대출 요청**을 **진행할 수 있을 것 같습니다**. 팀과 협력하여 대출 조건을 마무리하고 곧 연락드리겠습니다.

표현 tips

move forward with: 계속해서 진행하다.

- We can **move forward with** your loan request. = We can **proceed with** your loan application.
  귀하의 대출 신청을 진행할 수 있습니다

- After reviewing your financials, we're pleased to inform you that we can **move forward with** your loan request.
  귀하의 재정 상태를 검토한 결과, 귀하의 대출 요청을 진행할 수 있음을 알려드리게 되어 기쁩니다.

- Your proposal aligns well with our goals, and we're excited to **move forward with** the partnership.
  귀하의 제안은 우리의 목표와 잘 일치하며 파트너십을 추진하게 되어 기쁩니다.

Topic 003: 물류센터에 대한 클라이언트 IM 준비 (해당 물류센터에 대한 간단한 소개)

물류센터를 새로 개발하는 경우, 대출을 위해 은행 등 여러 금융기관을 탭핑하게 됩니다. 은행에 물건 소개 자료인 IM(Information Memorandum)을 제공하고, 개발 예정인 물건에 대하여 설명할 때, 어떤 항목들을 어떤 표현을 써서 소개할 수 있을까요? 좀 더 구체적으로 짚어 보겠습니다.

표현 tips 일반적으로 금융권에서 자금을 조달할 때 쓰이는 표현입니다. 주로 프로젝트에 자금이 필요할 때, 투자자나 은행으로부터 돈을 빌리는 것을 의미합니다.

> – We **tapped** the bank for a loan to finance our real estate development project.
> 우리는 부동산 개발 프로젝트 자금을 조달하기 위해 은행에 대출을 요청했습니다.

가장 먼저 준비해야 할 것은, 개발 물건의 특장점을 보여주는 투자 하이라이트입니다. 가장 큰 장점을 3가지 정도 맨 앞에서 언급해 주는 것이 좋습니다. 아래는 가상의 물류센터 개발 건에 대한 투자 하이라이트 예시입니다.

각 Investment Highlights의 포인트에 대하여 제목을 정한 후, 간단히 한두 문장으로 설명을 덧붙입니다.

투자 하이라이트 (Investment Highlights):

1. 최적의 물류 입지 – Prime location for logistics(또는, 전략적 교통 허브 – Strategic transportation hub)

> – Incheon is strategically a **hub** for transportation and **logistics.**
> 인천은 전략적 교통 및 **물류 요충지**입니다.

- The dry storage facilities will be <u>located in close proximity to</u> major transportation links, including the Incheon International Airport and the Incheon Port.
본 상온 물류센터는 인천국제공항과 인천항을 포함한 주요 교통망과 **가까운 곳에 위치할** 예정입니다.

표현 tips

located in close proximity to~: ~에 가까이 위치하다
(= adjacent to, near, close to, in the vicinity of)

실무 tips

The hotel is located <u>in the vicinity of</u> the airport. (호텔은 공항 근처에 있습니다.)
많은 경우에 부동산 투자 하이라이트 작성 시 가장 중요한 요소는 입지입니다. 부동산의 입지는 부동산의 가치와 수익성에 가장 큰 영향을 미치는 요소 중 하나이기 때문입니다. 좋은 입지를 가진 부동산은 임차인 수요가 많고, 임대료가 높을 수 있기에 이를 강조하는 것이 좋습니다.

2. 물류센터에 대한 높은 수요 – High demand for storage facilities

- There is a <u>growing demand</u> for dry storage facilities in Korea due to the increasing number of <u>import and export activities.</u>
수출입 활동의 증가로 인해 한국의 상온 물류센터에 대한 **수요가 증가**하고 있습니다.

실무 tips

수요(demand)의 증가 역시 부동산 투자 하이라이트 작성 시 고려해야 할 주요 요소 중 하나로, 부동산을 이용하고자 하는 수요자 수(수요)가 많으면 임대료가 올라가고, 수익성 및 부동산의 가치도 높아집니다. 이 외에 투자 하이라이트 작성 시 언급할 수 있는 예시는 아래와 같습니다.

3. 경험이 풍부한 개발 팀 - Experienced development team

– The developer has a **strong track record** of successful real estate developments in Korea and has a team of **experienced professionals** who will manage the project **from start to finish.**
개발자(시행사)는 한국에서 **성공적인 부동산 개발 실적**을 가지고 있으며 **처음부터 끝까지** 프로젝트를 관리할 **숙련된 전문가** 팀을 보유하고 있습니다.

표현 tips **strong track record: 우수한 실적(proven track record)**

4. (시공사와) 경쟁력 있는 계약 확보 - Strong contract agreements／평판이 좋은 건설 회사와 계약 파트너십 확보 - Secure contractual partnerships with reputable construction companies

– The developer has **secured favorable contract agreements** with reputable construction companies in Korea for the development of the dry storage facilities.
시행사는 본 상온물류창고 개발을 위해 국내 유명 건설 회사와 **유리한 계약을 체결**했습니다.

– This will ensure that the project is completed **on time, within budget,** and to a high standard of quality.
이를 통해 프로젝트가 **정해진 시간과 예산 범위 내**에서 높은 수준의 품질로 완료될 수 있습니다.

5. 장기적인 수입원 창출 가능 - Potential for long-term revenue stream

– The dry storage facilities will be leased to clients **on a long-term basis,** providing a **steady stream of rental income** for the investors.
본 시설은 **장기** 고객에게 임대되어 투자자에게 **꾸준한 임대 수입을 제공**할 것입니다.

6. 유리한 투자 환경 - Favorable investment environment

- The Korean government is actively **promoting** investment in the logistics sector, with incentives and **tax breaks** available to investors in this area.
한국 정부는 물류 부문에 대한 투자를 적극적으로 **장려하고 있으며,** 이 분야의 투자자들에게 인센티브와 **세제 혜택**을 제공하고 있습니다.

** 본 책의 시나리오는 모두 가상의 시나리오이므로, 본문에 제시된 정부 정책, 대출 금리, 대출 금액 등은 실제 현 상황을 반영하는 값이 아님을 참고 바랍니다.

실제 작성 예시를 살펴보겠습니다.

개요 (Overview of the Project):

- The property is a 8-story logistics complex **located** in Incheon Ocean-gu, Republic of Korea.
해당 부동산은 대한민국 인천광역시 오션구**에 위치한** 8층 규모의 물류단지입니다.

- It **comprises** dry storage (55%) and cold storage (45%) facilities.
해당 물류단지는 상온(55%)과 저온(45%)으로 **구성되어 있습니다.**

- The GFA is 125,420.91 sqm(37,939.83 py).
연면적은 125,420.91평방미터입니다. (= 또는 The total floor area is 125,420 sqm.)

- Construction completion is **scheduled for** March 2023, with construction commencing in March 2021.
준공은 2023년 3월, 착공은 2021년 3월로 **예정되어 있습니다.**

입지 조건 (Location):

- The property is <u>located at</u> 324, Bada-dong, Ocean-gu, Incheon, Republic of Korea.
해당 자산은 대한민국 인천광역시 오션구 바다동 324번지에 **위치하고** 있습니다.

- Incheon is a **prime logistics hub** in the region, **strategically located** near major **transportation routes** and ports, providing easy access to local and international markets.
인천은 이 지역의 **주요 물류 허브**로 주요 **교통로**와 항구 근처에 **전략적으로 위치해** 있어 국내 및 국제 시장에 쉽게 접근할 수 있습니다.

금융 구조 제안 (Financial Structure):

- The **suggested investment structure** for this project includes a loan component from **potential investors,** such as financial institutions and banks.
이 프로젝트에 **제안된 투자 구조**에는 금융 기관 및 은행과 같은 **잠재적 투자자**로부터의 대출이 포함됩니다.

- The expected loan amount is estimated to be **around 70% of the total project cost,** which is approximately 350 billion KRW.
예상 대출 금액은 **전체 사업비 70% 수준인** 약 3천5백억 원으로 추정됩니다.

- The Loan-to-Value(LTV) ratio will be maintained at a **conservative level** of 60%, **providing a cushion** for potential risks.
LTV(Loan-to-Value) 비율은 60%의 **보수적인 수준**으로 유지되어 잠재적 위험에 대한 **대비책을 제공**합니다. (= 위의 부동산 용어 Tips 내용 참고- LTV)

- The Debt Service Coverage Ratio (DSCR) is **projected to be above** 1.5x, **indicating** a strong ability to generate **sufficient** cash flow to **cover debt obligations.**
DSCR(Debt Service Coverage Ratio)은 1.5배 **이상으로 예상되어 부채를 충당하기에 충분한** 현금 흐름을 창출할 수 있어 여유 있는 상환능력을 보여줍니다. (= 위의 부동산 용어 Tips 내용 참고- DSCR)

재무 계획 (Financial Projections):

- Based on detailed financial analysis, the project is expected to **generate** a net operating income (NOI) of 25 billion KRW per year, with a **projected annual cash flow** of 20 billion KRW **after debt service.**
세부적인 재무 분석에 따르면 이 프로젝트는 연간 2백5십억 원의 순영업수익(NOI) 을 **창출**할 것으로 예상되며 **차입 후** 연간 2백억 원의 **현금 흐름이 예상됩니다.**

- The estimated **internal rate of return(IRR)** for the project is 12%, indicating **attractive returns** for investors.
프로젝트의 예상 **내부 수익률(IRR)**은 12%로 투자자 입장에서 **매력적인 수익**을 보여주고 있습니다. (= 위의 부동산 용어 Tips 내용 참고- IRR)

- The project's **financial feasibility** is supported by the **strong demand for logistics facilities** in the Incheon area, with **favorable market dynamics** and positive growth prospects.
프로젝트의 **재무적 타당성은 유리한 시장 역학** 및 긍정적인 성장 전망과 더불어 인천 지역 **물류 시설에 대한 수요 강세**로 입증됩니다.

팀 트랙 레코드 소개:

- The team **has a proven track record of success,** having recently **performed PF advisory and sell-side advisory** for two logistics centers in January 2022: Canada Daebak Logistics Center Development and Busan Aella Logistics Center Development.
이 팀은 2022년 1월 캐나다 대박 물류센터 개발 및 부산 아엘라 물류센터 개발에 대한 2건의 물류센터에 대해 최근 **PF 자문 및 셀 사이드(Sell-side) 자문을 수행**한 **성공적인 실적을 보유**하고 있습니다.

Fee proposal 가격 제안하기 (클라이언트에게 제안하는 경우):

- Our fee proposal for this project includes a **fixed fee of 50 million KRW** for financial strategies, optimal financing structure development, financial market trend analysis, and pre-marketing, **along with a success fee of 0.6%** for syndication advisory.
이 프로젝트에 대한 저희측 제안 수수료에는 재무 전략, 최적의 자금 조달 구조 도출, 금융 시장 동향 분석 및 사전 마케팅을 위한 **5천만 원의 고정 수수료**와 **더불어** 신디케이션 자문을 위한 **성공 수수료 0.6%**가 포함됩니다.

실무 tips   Fee는 금융 기관에 물건을 소개할 때보다는, 자문사, 금융사 등 수수료에 대한 설명이 필요할 경우 사용할 수 있습니다.

Topic 004: 미팅 예시
(데이터센터 IM을 기초로 한 세부적인 투자 구조 논의)

이번에는 데이터센터 개발 건과 관련하여 자문팀이 잠재적 투자자를 만나 논의하는 가상 시나리오입니다. 본 미팅 이전에 자문팀이 데이터센터 개발 건에 대한 소개자료(IM)을 송부하였으며, 자산에 대한 소개를 생략하고 바로 본격 논의로 넘어가는 시나리오입니다. 데이터 센터의 기술적 부분을 제외하고 재무·금융적인 부분에 대해 논의하고자 합니다.

미팅 시작 인사

Consultant 1: Good morning, everyone. Thank you for joining us today to discuss the **potential deal structure** and alternatives for the data center **investment opportunity**.

컨설턴트 1: 안녕하세요, 오늘 데이터 센터 **투자 기회**에 대한 **잠재적인 거래 구조** 및 대안에 대해 논의하기 위한 자리에 저희와 함께해 주셔서 감사합니다.

표현 tips   정확한 묘사를 위해 the data center investment opportunity라고
표현했으나, 이를 줄여 'the opportunity'로만 언급해도 무방합니다.

초대 감사 인사 및 추천 정보 문의

Investor 1: Thank you for having us. We are excited about this opportunity and eager to hear your recommendations.

투자자 1: 초대해 주셔서 감사합니다. 이런 기회를 갖게 되어 기쁘게 생각하며 귀하의 추천 사항(recommendation)을 듣고 싶습니다.

데이터 센터 소개 및 제안 개요

Consultant 2: Great. As you may **recall from** the Investment Memorandum (IM) we provided, the data center is a **state-of-the-art facility** located in a strategic location, with **robust demand drivers** and strong **growth prospects**. Based on our analysis, we have identified two potential deal structures **for your consideration**: a direct equity investment or a joint venture with the developer.

컨설턴트 2: 좋습니다. 저희가 제공한 IM을 **통해 알고 계시듯이** 데이터 센터는 **강력한 수요 동인(robust demand drivers)**과 강력한 **성장 전망**이 있는 전략적 위치에 자리한 **최첨단(state-of-the-art) 시설**입니다. 당사의 분석을 바탕으로 **귀하가 고려해야 할** 두 가지 잠재적 거래 구조(deal structures), 즉 직접 지분 투자 또는 개발자(시행사)와의 **합작 투자(JV, joint venture)**를 확인했습니다.

실무 tips　　* 한국에서는 개발자보다는 시행사라는 단어를 주로 사용하지만,
　　　　　　　　본 책에서는 편의상 developer를 개발자라고 부르기로 합니다.

각 거래 구조 상세 정보 요청

Investor 2: Can you provide more details on each deal structure, including the **potential risks and returns**?

투자자 2: **잠재적인 위험과 수익(returns)**을 포함하여 각 거래 구조에 대한 자세한 정보를 제공해 주실 수 있습니까?

에쿼티 투자 방식 설명

Consultant 1: Certainly. For the direct equity investment, the developer is seeking $50 million in equity capital **in exchange for** a 30% ownership stake in the data center. This **implies** a total valuation of $166.67 million for the data center.

컨설턴트 1: 물론이죠. 직접 지분 투자를 위해 개발자는 데이터 센터의 30% 소유 지분**에 대한 대가로** 5천만 달러의 자기 자본을 찾고 있습니다. 이는 데이터 센터의 총가치가 1억 6667만 달러라는 것을 **의미(implies)**합니다.

예상 현금 흐름 및 수익 질의

Investor 3: What are the **projected cash flows** and returns for this deal structure?

컨설턴트 1: 이 거래 구조의 **예상 현금 흐름**과 수익은 어떻게 됩니까?

순현금흐름 및 내부 수익률

Consultant 2: Based on our financial projections, we estimate that the data center will generate **annual net operating income (NOI)** of $10 million, with an expected annual growth rate of 5% **over the next 10 years**. After **accounting for** operating expenses, debt service, and taxes, we estimate a net cash flow to equity of **$6.5 million per year**. This would result in an expected internal rate of return (IRR) of 12% over a **10-year investment horizon**.

컨설턴트 2: 재무 예측을 기반으로 데이터 센터가 **향후 10년 동안** 연간 5%의 예상 성장률과 함께 1천만 달러의 **연간 순운영수입(NOI)**을 창출(generate)할 것으로 추정합니다. 운영 비용, 부채 상환 및 세금을 **고려했을 때** 자본에 대한 순현금흐름은 **연간 6백 5십만 달러**로 추산됩니다. 이로써 **10년 투자 기간** 동안 예상되는 내부 수익률(IRR)은 12%가 됩니다.

용어 tips

Net cash flow to equity: 에쿼티에 대한 순현금흐름. 기업이 생성한 현금 중에서 지출, 부채 상환 및 기타 현금 유출액을 차감한 후 주주에게 분배 가능한 현금액으로, 즉 주주에게 돌아가는 현금 흐름을 의미함

horizon: 투자 기간을 나타낼 때 자주 사용됩니다.
investment horizon: 투자 기간
the investment horizon of 10 years: 10년의 투자 기간

JV 투자 방식 질의

Investor 1: Those are **attractive projected returns**. What about the joint venture structure?

투자자 1: **매력적인 예상 수익률**입니다. 합작 투자 구조는 어떻습니까?

합작 투자 방식 설명

Consultant 1: For the joint venture structure, the developer is seeking $25 million **in equity capital** for a 50% ownership stake in the data center, with the remaining 50% ownership **retained by the developer**. This **implies** a total valuation of $100 million for the data center.

컨설턴트 1: 합작 투자 구조의 경우 개발자는 데이터 센터의 소유권 지분(ownership stake) 50%에 대한 **자기 자본(equity capital)** 2천5백만 달러를 찾고 있으며 **나머지 (remaining)** 50% 소유권은 **개발자가 보유**하고 있습니다. 이는 데이터 센터의 가치 총액이 1억 달러임을 **의미합니다**.

직접 지분 투자와 합작 투자 간 차이 질의

Investor 2: How does this structure **differ from** the direct equity investment **in terms of** risks and returns?

투자자 2: 이 구조는 위험과 수익 **측면에서** 직접 지분 투자와 어떻게 **다릅니까?**

의사 결정 관련 참여도와 예상 IRR 측면

Consultant 2: The joint venture structure provides the opportunity to share both risks and returns with the developer. However, it also **entails** a higher level of **involvement** and **coordination** with the developer in decision-making and management of the data center operations. Based on our financial projections, we estimate that the joint venture structure would result in a **slightly higher projected IRR** of 13% over a 10-year investment horizon.

컨설턴트 2: 합작 투자 구조에서는 위험과 수익 모두 개발자와 공유(분산)할 수 있습니다.

그러나 데이터 센터 운영의 의사 결정 및 관리에 있어 개발자와 더 높은 수준으로 **참여(involvement)하고 협력해야 할** 수 있습니다. 우리의 재무 예측에 근거해 볼 때, 10년의 투자 기간 동안 이 합작 투자 구조의 **예상 IRR은 13%에서 약간(slightly) 더 높은 수준에 이를 것으로** 추정하고 있습니다.

실무 tips   IRR이 높으면 수익률이 높다고 볼 수 있음. (위의 PF 용어 팁스 참고)

투자 관련 위험 요소와 대책 질의

Investor 3: Thank you for the detailed analysis. What are some of the **key risks** associated with this investment, and how are they mitigated?
투자자 3: 자세한 분석 감사합니다. 이 투자와 관련된 **주요 위험**은 무엇이며 **이는 어떻게 완화될 수 있을까요?**

주요 리스크 및 예방책 파악

Consultant 1: Some of the key risks associated with the data center investment include **potential changes** in market demand for data center services, **technological obsolescence,** and regulatory changes. However, these risks can be mitigated through **thorough market research, proactive** technology upgrades, and **adherence** to regulatory compliance measures. Additionally, the developer has a proven track record in managing and operating data centers, which **further mitigates operational risks**.
컨설턴트 1: 데이터 센터 투자와 관련된 주요 위험으로는 일부 데이터 센터 서비스에 대한 시장 수요의 **잠재적 변화, 기술 노후화** 및 규제 변화가 포함됩니다. 그러나 이러한 위험은 **철저한 시장 조사, 선제적인** 기술 업그레이드 및 규정 컴플라이언스 조치에 대한 **준수**를 통해 완화할 수 있습니다. 또한, 개발자는 데이터 센터 관리 및 운영에 대한 검증된 실적을 보유하고 있어 **운영상의 위험을 더욱 줄일 수** 있습니다.

표현 tips   obsolescence: 노후화. 부동산의 가치를 떨어뜨리는 요소로, 물리적,

기능적, 사회적 요인에 의해 발생함. 이와 유사한 기타 개념으로는 depreciation(감가상각), physical deterioration(물리적으로 낡은 상태를 의미)이 있습니다.

- Upgrading technology infrastructure is essential to avoid technological **obsolescence** in commercial spaces.
상업 공간의 기술 노후화를 방지하려면 기술 인프라 업그레이드가 필수적입니다.

- The developer conducted a thorough market analysis to identify any signs of **obsolescence** in the surrounding area and adjust their development plans accordingly.
개발자는 주변 지역의 노후화 징후를 식별하고 그에 따른 개발 계획을 조정하기 위해 철저한 시장 분석을 실시했습니다.

- The **depreciation** of the property over the years impacted its overall value.
수년에 걸친 부동산의 감가상각은 전체 가치에 영향을 미쳤습니다.

- The **physical deterioration** of the building's exterior calls for immediate maintenance.
건물 외관의 물리적 노후화로 인해 즉각적인 유지 관리가 필요합니다.

- The lack of modern amenities creates **functional obsolescence,** making the property less attractive to potential tenants.
현대적인 편의 시설이 부족하면 기능적 노후화가 발생하여 잠재 임차인 입장에서는 부동산의 매력이 떨어집니다.

- **External obsolescence** due to changes in the local infrastructure can affect the property's desirability.
지역 인프라의 변화로 인한 외부 노후화는 해당 부동산의 적합성에 영향을 미칠 수 있습니다.

파이낸싱 옵션 상세 정보 요청

Investor 1: Those are **valid** points. Can you provide more information on the financing options for this investment?

투자자 1: **일리 있는 (유효한)** 말씀(포인트)이네요. 이 투자의 파이낸싱 옵션에 대해 좀 더 자세하게 알려 주실 수 있습니까?

관련 자체 분석 내용 설명

Consultant 2: Sure. Based on our analysis, the developer has **secured a $100 million mortgage loan** at a **fixed rate** of 4% per annum for 10 years to finance the data center construction. The equity capital **being raised from investors** will be used to **repay a portion of the mortgage loan** and fund ongoing operations and expansion.

컨설턴트 2: 네. 저희 분석에 따르면 개발자는 데이터 센터 건설 자금을 조달하기 위해 10년간 연 4%의 **고정 금리**로 **1억 달러의 모기지론을 확보**했습니다. **투자자들로부터 모은** 자기 자본으로는 **모기지론의 일부를 상환**하고 지속적인 운영 및 확장 자금을 조달하는 데 사용됩니다.

표현 tips

equity capital being raised from investors: 투자자들로부터 조달한 에쿼티(자기 자본)

repay a portion of the mortgage loan: 모기지론을 일부 상환하다

기대 수익 질의

Investor 2: What are the expected returns **for the developer** and the investors **in each deal structure**?

투자자 2: **각 거래 구조에서** 개발자와 투자자의 기대 수익은 얼마입니까?

표현 tips

in each deal structure: 각각의 딜(거래) 구조에서

under different deal structures: 서로 다른 딜(거래) 구조에서

under each deal structure: 각각의 딜(거래) 구조에서
across all deal structures: 모든 딜(거래) 구조에서

예상 내부수익률 안내

Consultant 1: Based on our analysis, the developer is **expecting a 20% internal rate of return (IRR) on their equity investment** in both deal structures. **As for the investors, under the direct equity investment**, with a $50 million equity investment and projected IRR of 12%, the investors can expect a total equity value of approximately $110 million **at the end of the investment horizon**.

컨설턴트 1: 분석에 따르면 개발자는 두 거래 구조 모두에서 **지분 투자에 대해 20%의 내부수익률(IRR)을** 기대하고 있습니다. **투자자의 경우(As for the investors)**, **직접 지분 투자 구조하에** 5천만 달러의 지분 투자와 12%의 예상 IRR로 **투자 기간이 끝날 때** 약 1억 1천만 달러의 총 지분 가치를 기대할 수 있습니다.

표현 tips   **at the end of the investment horizon:** 투자 기간이 끝날때. 투자 기간이 끝나고 투자자가 투자한 자산을 처분하는 시점을 가리킴

- The company has a **five-year horizon** for its growth plan. 회사는 성장 계획에 대해 5년의 투자 기간을 가지고 있습니다. (= 5년 동안 실행할 것입니다.)

합작 투자 시 기대 수익

Investor 3: What about the joint venture structure? What are the expected returns for the investors **in that case**?

투자자 3: 합작 투자 구조는 어떻습니까? **이 경우** 투자자에게 기대되는 수익은 얼마입니까?

용어 tips   **Joint venture*(JV):** 위의 설명 참고

예상 IRR 및 투자자의 총지분가치 안내

Consultant 2: **Under the joint venture structure**, with a $25 million equity investment and projected IRR of 13%, the investors can **expect a total equity value of approximately $92 million** at the end of the investment horizon.

컨설턴트 2: 2천5백만 달러의 지분 투자와 13%의 예상 IRR이 있는 **합작 투자 구조에서**, 투자자는 투자 기간이 끝날 때 **약 9천2백만 달러의 총 지분 가치를 기대**할 수 있습니다.

합작 투자의 의사 결정 구조 질의

Investor 1: Thank you for providing those numbers. **Can you elaborate on** the governance and decision-making structure for the joint venture?

투자자 1: 알려주셔서 감사합니다. 합작 투자의 거버넌스와 의사 결정 구조에 **대해 자세히 설명해 주시겠습니까?**

용어 tips 상세 정보 요청에 대한 기타 표현 예시

could you go into more detail about~

- **Could you go into more detail about** the project?
  프로젝트에 대해 더 자세히 설명해 주시겠습니까?

could you please expand on~

- **Could you please expand on** your thoughts on the subject?
  그 주제에 대한 생각을 좀 더 들려 주시겠습니까?

could you please clarify~

- **Could you please clarify** your position on the issue?
  해당 문제에 대한 입장을 밝혀 주시겠습니까?

관련 조직 구성과 의사 결정 요건

Consultant 1: Absolutely. The joint venture would **involve a governance structure** with a board of directors **consisting of representatives from** both the investor group and the developer. **Major decisions** such as capital expenditure, operational budgets, and strategic initiatives would require **unanimous consent from both parties.** This structure ensures that both parties have equal participation in decision-making and strategic direction of the data center.

컨설턴트 1: 물론입니다. 합작 투자는 투자자 그룹과 개발자 모두**의 대표로 구성된** 이사회(board of directors)와 **거버넌스 구조를 포함합니다**. 자본적 지출, 운영 예산 및 전략적 이니셔티브와 같은 **주요 결정**에는 **양 당사자의 만장일치 합의**가 필요합니다. 이 구조로 인해 양 당사자가 데이터 센터의 의사 결정 및 전략적 방향에 동등하게 참여(equal participation)할 수 있습니다.

용어 tips   **Governance structure:** 거버넌스 구조, 기업의 의사결정 통제 구조. 조직이 의사 결정을 내리고 활동을 관리하는 데 사용하는 규칙, 프로세스, 시스템의 프레임워크 등을 포함
Board of directors: 이사회

Capital expenditures: CAPEX, 자본적 지출. 기업이 장기적인 자산을 구입하거나 유지 보수하는 데 지출하는 비용. 기업의 이익을 창출하는 데 필수적인 역할을 함

다른 대안에 대한 질의

Investor 2: Are there any other alternative deal structures we should consider?

투자자 2: 고려해야 할 다른 대체 거래 구조가 있습니까?

다른 대안 제시

Consultant 2: Yes, there is one alternative deal structure **we would like to discuss**. It is a **debt investment structure,** where the investor group provides a $50 million loan to the developer **at a fixed interest rate of 8% per annum** for 10 years, with a **balloon payment at the end of the term**. This alternative would provide a **steady stream of interest income** to the investor group with lower risk compared to equity investments. However, it would not provide any ownership stake in the data center.

컨설턴트 2: 예, **저희가 논의하고 싶은** 거래 구조 방안이 하나 있습니다. 투자자가 10년 간 **연 8% 고정금리**로 5천만 달러를 개발사에 대출하고 **만기일에 일시불로 상환**하는 **차입 투자 구조** 입니다. 이 대안은 주식 투자에 비해 위험이 낮고 투자자 그룹에 **꾸준한 이자 소득 흐름(steady stream of interest income)**을 제공합니다. 그러나 데이터 센터에 대한 소유권을 제공하지는 않습니다.

용어 tips   Balloon payment: 대출이 끝나는 시점에 일시 상환하는 대규모 금액
Fixed interest rate: 고정금리
Variable interest rate: 변동금리

해당 거래 구조의 잠재적 위험 여부

Investor 3: What are the potential risks associated with this alternative deal structure?

투자자 3: 이 거래 구조와 관련된 잠재적 위험은 무엇입니까?

파악된 위험 요소 및 해소 방안

Consultant 1: The key risks associated with the debt investment structure include the **credit risk of the developer**, potential changes in market conditions affecting the developer's **ability to repay the loan**, and the lack of ownership stake in the data center. However, these risks can be mitigated through thorough **credit analysis**, legal documentation, and regular monitoring of the developer's financial performance.

컨설턴트 1: 차입 투자 구조와 관련된 주요 위험으로는 **개발자(시행사)의 신용 위험**, 개발자의 **대출 상환 능력**에 영향을 미치는 시장 상황의 잠재적 변화 및 데이터 센터의 소유권 불가가 포함됩니다. 그러나 이러한 위험은 철저한 **신용 분석(credit analysis)**, 법적 문서 및 개발자의 재무 성과에 대한 정기적인 모니터링을 통해 완화할 수 있습니다.

표현 tips　　developer's ability to repay the loan: 개발자(시행자)의 대출 상환 능력

최종 결정을 위한 추가 검토 사항

Investor 1: Thank you for presenting all the options. Based on the analysis and risks, we believe that the direct equity investment or the joint venture structure would be **the most suitable** for our investment objectives. We would like to further review the financial projections, legal documentation, and governance structure **before making a final decision**.

투자자 1: 제시해 주신 옵션 모두 감사합니다. 분석 결과 및 위험도로 볼 때 직접 지분 투자 또는 합작 투자 구조가 우리의 투자 목적에 **가장 적합하다고** 판단합니다. **최종 결정을 내리기 전에** 재무 계획, 법적 문서 및 거버넌스 구조를 추가로 검토하고 싶습니다.

필요 정보 및 지원 약속

Consultant 2: Of course, we will provide you with all the necessary information and support to **help you make an informed decision**. Please feel free to reach out to us if you have any further questions or **require additional analysis**.

컨설턴트 2: **정보에 입각해 결정하실 수 있도록** 될 모든 필요한 정보와 지원을 제공해 드리겠습니다. 추가 질문이 있거나 **추가 분석이 필요하시면** 언제든 문의 주십시오.

표현 tips **Please feel free to reach out.** 언제든 편히 연락주세요.(캐주얼, 포멀 모두 사용 가능한 무난한 표현)

- If you have any questions, **don't hesitate to contact me.** 질문 있으시면 편하게 연락 주세요(약간 더 포멀)
- **Feel free to drop me a line** if you have any concerns. 문의 사항 있으시면 편하게 연락 주세요(약간 더 캐주얼)

논의 마무리 및 인사

Investor 2: Thank you for your expertise and guidance in this process. We appreciate your thorough analysis and look forward to **finalizing the deal structure** and moving forward with this investment opportunity.

투자자 2: 이 과정에서 귀하의 전문 지식과 가이던스 도움을 받게 돼 감사합니다. 귀하의 철저한 분석에 감사드리며 **거래 구조를 마무리하고** 이번 투자 기회를 진행하기를 기대합니다.

마무리 인사

Consultant 1: You're welcome. It has been a pleasure working with you on this project. We will be available to assist you **in any way we can**.

컨설턴트 1: 별말씀을요. 이 프로젝트에서 함께 일하게 되어 기뻤습니다. **저희가 할 수 있는 모든 방법**으로 도와드리겠습니다.

Topic 005: Practice - QnA Session 연습
(IM을 기반으로 한 주요 질문과 답변 연습하기)

투자 또는 대출을 통한 자금 모집을 위해 개발 프로젝트를 소개하거나, 또는 대출 기관과 시행자(사업자 또는 개발자) 간에 질문과 답변을 주고받는 상황입니다. 각각에 대한 질문을 받았을 때 어떻게 대답하면 좋을지 아래 예시를 참고해 연습해 보세요.

예상 대출금액 관련 질의 응답

Q: What is the **estimated loan amount** for this logistics complex project?
이번 물류단지 프로젝트의 예상 대출 금액은 얼마나 됩니까?

A: The estimated loan amount for the project is **around 70% of the total project cost**, which is approximately 350 billion KRW. However, the final loan amount will be **determined based on** negotiations with potential investors and their risk appetite.
본 프로젝트의 예상 대출 금액은 전체 프로젝트 비용의 약 70%인 약 3천5백억 원입니다. 그러나 최종 대출 금액은 잠재 투자자와의 협상 및 위험 성향에 따라 결정됩니다.

LTV(Loan-to-Value) 비율 관련 질의 응답

Q: What is the Loan-to-Value (LTV) ratio for this project?
이 프로젝트의 LTV(Loan-to-Value) 비율은 어떻게 됩니까?

A: The LTV ratio for this project will be **maintained at a conservative level of 60%**. This means that the loan amount will not **exceed** 60% of the **appraised value** of the property, providing a cushion for potential risks.
본 프로젝트의 LTV 비율은 보수적으로 60% 수준을 유지합니다. 이는 대출 금액이 부동산 평가 가치의 60%를 초과하지 않음을 의미하며 잠재적 위험에 대비한 안전망(쿠션)을 제공합니다.

conservative level: 보수적인 수준

exceed: 능가하다, 초과하다

providing a cushion: 쿠션을 제공하다, 완충 장치, 안전 장치를 제공하다

- We allocate extra resources to **provide a cushion** against potential supply chain disruptions.
우리는 잠재적인 공급망 중단에 대한 완충 장치를 마련하기 위해 추가 리소스를 할당합니다.

- Diversifying our client portfolio can **provide a cushion** against market volatility.
고객 포트폴리오를 다양화하면 시장 변동성에 대한 안전 장치를 마련할 수 있습니다.

DSCR(부채상환비율) 관련 질의 응답

Q: What is the Debt Service Coverage Ratio (DSCR) for this project?
이 프로젝트의 DSCR(부채상환비율)은 어떻게 됩니까?

A: The projected DSCR for this project is **expected to be above 1.5x.** This indicates a strong ability of the project to **generate sufficient cash flow** to **cover debt obligations**, ensuring a healthy debt service coverage.
이 프로젝트의 예상 DSCR은 1.5배 이상일 것으로 예상됩니다. 이는 **부채 부담을 해결하기 위해 충분한 현금 흐름을 조성할 수 있는지 여부를 알 수 있어** 건전한 대출 상환 능력을 확보할 수 있습니다.

연간 현금 흐름 관련 질의 응답

Q: What is the expected annual cash flow from the project?
프로젝트의 연간 현금 흐름은 어느 정도로 예상합니까?

A: The project is projected to generate an annual net operating income (NOI) of 25 billion KRW, with a projected **annual cash flow of 20 billion KRW** after debt service.

이 프로젝트는 연간 2백5십억 원의 순영업수익(NOI)을 창출할 것으로 예상되며 차입 후 **연간 2백억 원의 현금 흐름**이 예상됩니다.

예상 내부 수익률(IRR) 관련 질의 응답

Q: What is the estimated internal rate of return (IRR) for this project?

이 프로젝트의 예상 내부 수익률(IRR)은 어떻게 됩니까?

A: The estimated IRR for the project is 12%. This indicates **attractive returns for investors, considering** the projected cash flows and risks associated with the project.

프로젝트의 예상 IRR은 12%입니다. 이는 프로젝트와 관련된 예상 현금 흐름 및 위험을 **고려할 때 투자자에게 매력적인 수익이 될 것입니다.**

시장수요 관련 질의 응답

Q: What is the market demand for logistics facilities in the Incheon area?

인천지역 물류시설에 대한 시장 수요는 어떻습니까?

A: The Incheon area is a prime logistics hub, **strategically located** near major transportation routes and ports. The demand for logistics facilities in this area is strong, **driven by** the growth of e-commerce, increasing trade volumes, and favorable market dynamics.

인천 지역은 주요 교통로와 항구에 **전략적으로 위치한** 주요 물류 허브입니다. 이 지역의 물류 시설은 전자 상거래의 성장, 거래량 증가 및 유리한 시장 역학관계(dynamics)에 **힘입어** 그 수요가 아주 높습니다.

팀 경험 관련 질의 응답

Q: What is your **experience in** the logistics real estate market?
귀하는 물류 부동산 시장 **쪽 경험이** 얼마나 됩니까?

A: Our PF team has a **deep knowledge of the real estate market** and exceptional network of partners. We have successfully performed PF advisory and sell-side advisory for two logistics centers in January 2022: Hwaseo Logistics Center Development and Busan Logistics Center Development, **showcasing** our expertise and experience in this sector.
저희 PF 팀은 **부동산 시장에 대한 깊은 지식**과 탁월한 파트너 네트워크를 보유하고 있습니다. 2022년 1월 화서 물류센터 개발사업과 부산 물류센터 개발사업 등 2건의 물류센터 개발과 관련해 PF자문 및 셀사이드 자문을 성공적으로 수행한 바 있습니다. 이를 통해 이 분야에 대한 저희(당사)의 전문성과 경험을 **확인하실 수 있습니다.**

위험 요소 관련 질의 응답

Q: What are the potential risks associated with this project?
이 프로젝트와 관련된 잠재적 위험으로는 어떤 것이 있습니까?

A: **Like any real estate project**, there are potential risks associated with this project, such as **market fluctuations**, construction delays, **operational challenges,** and regulatory changes. However, our team has conducted **thorough risk assessments** and has implemented risk mitigation strategies to minimize these risks and ensure a **successful project outcome**.
여느 부동산 프로젝트와 마찬가지로, 이 프로젝트에는 **시장 변동**(market fluctuations), 공사 지연, **운영상의 문제**(operational challenges) 및 규제 변경과 같은 잠재적인 위험이 있습니다. 그러나 저희 팀은 **철저한 위험 평가**를 수행하고 이러한 위험을 최소화하여 **성공적인 프로젝트 결과**를 보장하기 위해 이에 대비한 위험 완화 전략을 구현했습니다.

수수료 관련 질의 응답

Q: How is your plan to use the fixed fee and success fee **proposed in the fee structure**?

수수료 구조에서 제안된 고정 수수료와 성공 수수료의 세부 내역은 어떻게 됩니까?

A: The fixed fee of 50 million KRW will **cover services such as** financial strategies development, optimal financing structure development, financial market trend analysis, and pre-marketing. **The success fee of 0.6%** will be **earned upon** successful syndication of the project financing. These fees are **aligned with industry standards** and **reflect** the value and expertise that our team brings to the project.

5천만 원의 고정 수수료는 재무 전략 개발(financial strategies development), 최적의 자금 조달 구조 개발(optimal financing structure development), 금융 시장 동향 분석 및 사전 마케팅(pre-marketing)**과 같은 서비스를 제공**하는 데 쓰이게 됩니다. 프로젝트 파이낸싱에서 신디케이션론의 성공 여부에 따라 **0.6%의 성공 수수료를 받게 됩니다.** 이러한 수수료는 **업계 표준에 부합**하며 PF 팀이 프로젝트에 제공하는 가치와 전문성을 **반영**합니다.

용어 tips

Syndication: 다수의 대주금융사들이 공통으로 단일 차주에게 대출을 해주는 공동 대출의 방식

Syndicated loan(신디케이티드론). 여러 금융기관이 공동으로 대출을 제공하는 것. 신디케이티드론은 주관사가 대출을 조성하고, 여러 금융기관들이 주관사와 함께 대출에 참여하게 됩니다. 일반적으로 대규모 자금이 필요한 기업이나 프로젝트에 활용됩니다.

- **Syndication** offers diversification and risk sharing, making it an attractive option for large-scale projects.
  신디케이션은 다각화 및 위험 공유를 제공하므로 대규모 프로젝트에 매력적인 옵션입니다.

- The company opted for a <u>syndicated loan</u> to secure the necessary funds for the expansion.
  회사는 확장에 필요한 자금을 확보하기 위해 신디케이트론을 선택했습니다.

예상 일정 관련 질의 응답

Q: What is the **expected timeline** for the logistics complex project, from construction completion to operational commencement?
물류단지 사업의 준공부터 운영 개시까지 <u>예상 일정</u>은 어떻게 됩니까?

A: The construction of the logistics complex is **expected to be completed in March** 2023, with operational commencement **shortly after**. The project timeline has been carefully planned to **minimize** construction delays and ensure **timely operational start**.
물류단지 건설은 곧 작업이 개시되어 2023년 **3월에 완료될 예정입니다.** 프로젝트 일정은 공사 지연을 <u>최소화</u>하고 적시에 개시되어 진행될 수 있도록 신중하게 계획되었습니다.

임대 기간 관련 질의 응답

Q: What is the occupancy rate and **lease term** for the logistics complex?
물류단지 입주율과 **임대 기간**은 어떻게 되나요?

A: The **projected occupancy rate** for the logistics complex is 95%, with a weighted average lease term of 5 years. This indicates strong demand and stability in the **leasing market**, providing a steady and reliable rental **income stream** for investors.
물류단지의 **예상 입주율**은 95%이며, **가중 평균 임대 기간**(weighted average lease term)은 5년입니다. 이는 **임대 시장**의 강력한 수요와 안정성을 나타내며 투자자에게 꾸준하고 안정적인 임대 <u>수입원(income stream)</u>을 제공합니다.

경쟁 우위 관련 질의 응답

Q: What is the **competitive advantage** of this logistics complex over other similar properties in the market?

시장의 다른 유사한 부동산에 비해 이 물류단지의 **경쟁 우위**는 어디에 있습니까?

A: This logistics complex has a strategic location in Incheon, a prime logistics hub with **excellent transportation connectivity**. Its mix of dry storage and cold storage facilities, **along with** its modern design and high-quality construction, **sets it apart from other properties** in the market. Additionally, our exceptional network and expertise in the real estate market provide **added value** and competitive advantage in securing financing and maximizing returns.

이 물류단지는 주요 물류 허브이자 전략적 요충지인 인천에 위치해 있어 **교통 연결성이 아주 좋습니다. 또한(덧붙여)** 현대적 디자인 및 고품질 구조의 상온 및 저온 창고가 함께 있어 시장의 **다른 부동산과 차별화(sets it apart from)**됩니다. 또한 부동산 시장에 대한 저희의 뛰어난(exceptional) 네트워크와 전문성은 자금 조달(securing financing) 및 수익 극대화에 있어 **부가가치**와 경쟁 우위를 제공합니다.

파이낸싱 관련 질의 응답

Q: How will the proceeds from the project financing loan be **utilized**?

프로젝트 파이낸싱 차입금은 어떻게 **활용**되나요? (utilized 또는 used 가능)

A: The **proceeds from the project financing loan** will be primarily used for the construction and development of the logistics complex, including land acquisition, construction costs, and other related expenses. The loan will also provide working capital for initial operations and **lease-up period**.

프로젝트 파이낸싱 차입금은 주로 토지 취득(land acquisition), 건설 비용 (construction costs) 및 기타 관련 비용을 포함하여 물류단지의 건설 및 개발에 사용됩니다. 이 대출은 또한 초기 운영 및 **임대 기간**을 위한 운전 자본(working capital)으로도 쓰일 것입니다.

출구 전략 관련 질의 응답

Q: What are the **exit strategies** for the investors in this project?
이 프로젝트의 투자자를 위한 <u>출구(엑싯) 전략</u>은 무엇입니까?

A: The exit strategies for the investors in this project may include options such as **refinancing, partial or full sale of the property**, or IPO (Initial Public Offering) of a Real Estate Investment Trust (REITs). Our PF team will work closely with the investors to evaluate and implement **the most optimal exit strategy** based on market conditions and investor objectives.
이 프로젝트의 투자자를 위한 출구 전략으로는 <u>리파(refinancing)</u>, 부동산의 <u>일부 또는 전체 매각(partial or full sale of the property)</u> 또는 부동산 투자 신탁(REITs)의 IPO(공모)와 같은 옵션이 포함될 수 있습니다. 저희 PF팀은 투자자들과 긴밀히 협력하여 시장 상황과 투자자 목표를 기반으로 <u>**최적의 출구 전략**</u>을 평가하고 실행할 것입니다.

LOI 관련 질의 응답

Q: Have you received any Letters of Intent (LOI) from **potential tenants** for the logistics complex?
물류단지 <u>입주 예정자</u>들로부터 LOI(Letter of Intent)를 받은 적이 있습니까?

A: Yes, we have received LOIs from several potential tenants for the logistics complex. These LOIs indicate strong interest in the property and demonstrate the demand for logistics facilities **in the area**. We are currently in negotiations with these potential tenants and **working towards** finalizing lease agreements.
예, 물류단지에 대한 여러 잠재 임차인으로부터 LOI를 받았습니다. 이러한 LOI는 부동산에 대한 높은 관심을 나타내는 것으로, **해당 지역의** 물류 시설에 대한 수요를 보여줍니다. 저희는 현재 이들 잠재 임차인과 협상 중이며 임대 계약을 마무리(finalizing lease agreements)하기 <u>**위한 작업 중에 있습니다.**</u>

입주자 관련 질의 응답

Q: What is the profile of the potential tenants who have **expressed interest** in the logistics complex?
물류단지에 <u>관심을 보인</u> 입주 예정자들의 프로필은 어떻습니까?

A: The potential tenants who have expressed interest in the logistics complex include **major logistics and distribution companies**, e-commerce companies, and other industrial and commercial tenants. These tenants have **strong financials and operational track records,** which further validates the demand for the logistics complex in the market.
물류단지에 관심을 보인 입주 예정자는 <u>주요 물류 및 유통업체</u>, 전자상거래 업체, 기타 산업 및 상업시설 입주업체들입니다. 이러한 임차인들은 <u>강력한 재무 및 운영 실적(strong financials and operational track records)</u>을 보유하고 있어 시장에서 물류단지에 대한 수요를 더욱 검증(validates)해 주고 있습니다.

임대 조건 관련 질의 응답

Q: What are the key lease terms and rental rates **being negotiated** with the potential tenants?
잠재적 임차인과 <u>협상 중인</u> 주요 임대 조건 및 임대료는 무엇입니까?

A: The lease terms and rental rates being negotiated with potential tenants are **in line with market standards** and are reflective of the quality and location of the logistics complex. The **exact terms and rates are subject to** finalization in the lease agreements, but our team is **working diligently** to secure favorable lease terms that provide attractive returns to our investors.
임차인과 협의 중인 임대 조건 및 임대료는 <u>시장 기준에 부합(in line with)</u>하며 물류단지의 품질과 입지를 반영(reflective)한 것입니다. <u>정확한 조건과 요율</u>은 임대 계약의 최종 확정 <u>대상</u>이지만 저희 팀은 투자자에게 매력적인 수익을 제공하는 유리한 임대 조건을 확보하기 위해 <u>열심히 노력하고 있습니다.</u>

재무 성과 관련 질의 응답

Q: How will the potential tenants contribute to the **overall financial performance** of the logistics complex?

입주예정자들은 물류단지의 **전반적인 재무 성과**에 어떤 역할을 하게 됩니까?

A: The potential tenants will **play a crucial role** in the financial performance of the logistics complex **by providing steady rental income** through long-term lease agreements. Their presence will also enhance the overall occupancy rate and stability of the property, which will **positively impact** the loan-to-value (LTV) ratio and debt service coverage ratio (DSCR), providing a favorable investment proposition to potential investors.

임차인은 장기 임대차 계약을 통해 **안정적인 임대 수익을 제공함으로써** 물류단지의 재무 성과에 **중요한 역할을 할** 것입니다. 이들의 존재는 부동산의 전반적인 점유율(occupancy rate)과 안정성을 향상시켜 LTV(loan-to-value) 비율과 DSCR(debt service coverage ratio)에 **긍정적인 영향**을 미쳐 잠재적 투자자에게 유리한 투자 제안(favorable investment proposition)을 제공할 수 있습니다.

위험 관리 방책 관련 질의 응답

Q: What measures are in place to mitigate tenant-related risks, such as **lease defaults** or early terminations?

임대 계약 불이행 또는 조기 퇴실(종료)과 같은 임차인 관련 위험을 완화하기 위해 어떤 조치가 시행되고 있습니까?

A: Our PF team has **conducted thorough due diligence** on potential tenants, including their financials, **creditworthiness**, and operational history, to assess their ability to fulfill lease obligations. In addition, lease agreements will include **appropriate clauses**, such as security deposits and **performance guarantees**, to mitigate tenant-related risks. Furthermore, the team will continue to actively manage and monitor tenant relationships to minimize any potential risks **throughout the life of the project**.

저희 PF팀은 임차인의 재무 상태, **신용도**, 운영 이력 등 임대차 의무를 이행할 수 있는 능력을 평가하기 위해 **철저한 실사를 진행**했습니다. 또한 임대차 계약에는 임차인 관련 위험(tenant-related risks)을 완화하기 위해 보증금 및 **이행 보증(performance guarantees)**과 같은 **적절한 조항(appropriate clauses)**을 포함시키게 됩니다. 아울러, **프로젝트 기간 동안** 잠재적인 위험을 최소화하기 위해 임차인 관계를 적극적으로 관리하고 모니터링할 것입니다.

대출의 예상 금리 관련 질의 응답

Q: What are the expected interest rates on the project financing loan?
프로젝트 파이낸싱에서 어떤 대출 구조가 제안되었습니까?

A: The expected interest rates on the project financing loan are currently estimated to be **in the range of 3.5% to 4.5% per annum, depending on the specific terms and conditions** of the loan. These rates are indicative and **subject to negotiation** with the financial institutions and banks based on prevailing market conditions and the creditworthiness of the project.

프로젝트 파이낸싱 대출의 예상 금리는 현재 대출의 **구체적인 조건에 따라 연 3.5% ~ 4.5% 범위로** 추정됩니다. 이 요율은 예시적이며(indicative) 일반적인 시장 조건과 프로젝트의 신용도(creditworthiness)를 기준으로 금융 기관 및 은행과 **협상해야 합니다.**

대출 구조 관련 질의 응답

Q: What is the proposed loan structure for the project financing?
프로젝트 파이낸싱을 위해 제안된 대출 구조는 무엇입니까?

A: The proposed loan structure for the project financing includes **a combination of senior debt and mezzanine debt**. The senior debt is expected to be secured by the logistics complex property, with a loan-to-value (LTV) ratio of approximately 60%, while the mezzanine debt may be structured as **subordinated debt with a higher interest rate and a lower priority of repayment**.

프로젝트 파이낸싱을 위해 제안된 대출 구조로는 **선순위(senior debt) 및 메자닌 대출을 함께 이용하는 것**이 포함됩니다. 선순위 차입금은 물류센터로 담보가 가능하며 LTV(loan-to-value) 비율은 약 60%수준이 되겠고 메자닌 대출은 **이자율이 높고 우선순위가 낮은 후순위 채권(subordinated debt)**으로 구성될 수 있습니다.

탭핑 중인 기관 관련 질의 응답

Q: Which financial institutions and banks are being approached for the project financing?

프로젝트 파이낸싱을 위해 어떤 금융기관과 은행에 탭핑을 하고 있습니까?

A: Our PF team has **approached** several reputable financial institutions and banks **with strong expertise in real estate project financing** in the local market for the logistics complex project. These institutions include major Korean banks, international banks **with operations in Korea**, and other specialized real estate lenders. The final selection of the financial institutions and banks will be based on their competitive loan terms and conditions, track record, and **commitment to the project**.

저희 PF팀은 물류단지 프로젝트를 위해 현지 시장에서 **부동산 프로젝트 파이낸싱에 대해 전문성이 뛰어난(with strong expertise)** 여러 금융기관 및 은행과 **접촉했습니다**. 이러한 기관에는 한국의 주요 은행, **한국에서 사업을 운영하는** 국제 은행 및 기타 전문 부동산 대출 기관(lenders)이 포함됩니다. 금융 기관 및 은행의 최종 선택은 경쟁력 있는 대출 조건, 실적 및 **프로젝트에 대한 의지(commitment)**를 바탕으로 결정될 것입니다.

대출 지급 일정 관련 질의 응답

Q: What is the expected **disbursement timeline** for the project financing loan?
프로젝트 파이낸싱 대출의 예상 **지급 일정**은 어떻게 됩니까?

A: The expected disbursement timeline for the project financing loan is **subject to the loan agreement and disbursement conditions** of the selected financial institutions or banks. Typically, disbursements are **made in tranches** based on the project's construction progress and the fulfillment of **agreed-upon disbursement conditions**. The disbursement timeline will be closely monitored and managed by our PF team to ensure **timely availability** of funds for the project's construction and development.
프로젝트 파이낸싱 대출의 예상 지급 일정은 선택한 금융 기관 또는 은행의 **대출 계약(loan agreement) 및 지급 조건(disbursement conditions)에 따라 달라집니다**. 일반적으로, 지급은 프로젝트의 건설 진행 상황과 **합의된 지급 조건**의 이행에 따라 **트랜치별로 이루어집니다**. 지출 일정은 저희 PF 팀이 면밀히 모니터링하고 관리하여 프로젝트 건설 및 개발에 필요한 자금이 **적시에 사용될 수 있도록** 보장해 드릴 것입니다.

용어 tips **made in tranches: 트랜치별로, 트랜치에 따라**
트랜치별로 조건이 다르다는 것을 의미합니다(트랜치는 대출의 원금 상환 순서, 이자율, 만기 등 조건에 따라 구분 – 예: 선순위 트랜치, 후순위 트랜치 등). 일반적으로, 선순위 트랜치는 안정적인 수익을 원하는 투자자에게 적합하고, 중순위 트랜치는 높은 수익을 원하는 투자자에게 적합하며, 후순위 트랜치는 높은 수익을 기대할 수 있지만, 위험도 높은 투자자에게 적합합니다.

- The investment will be **made in tranches** to ensure optimal capital allocation.
  투자는 최적의 자본 배분을 보장하기 위해 트랜치로 이루어질 것입니다.

- The funds for the acquisition will be **released in tranches** as key milestones are achieved.
  인수를 위한 자금은 주요 이정표가 달성되는 대로 트랜치별로 풀릴 것입니다.

- The loan disbursement will **occur in tranches** to match the project's development phases.
대출금은 프로젝트의 개발 단계에 맞춰 트랜치로 지급됩니다.

해당 조건의 프로젝트 영향도 관련 질의 응답

Q: How will the proposed loan structure and interest rates impact the project's financial performance?
제안된 대출 구조와 이자율은 프로젝트의 재무 성과에 어떤 영향을 미칩니까?

A: The proposed loan structure and interest rates are designed to optimize the project's financial performance by providing a **balanced mix of debt and equity**, and **competitive financing costs**. The senior debt with a moderate LTV ratio and favorable interest rates will help lower the overall cost of debt and improve the project's debt service coverage ratio (DSCR), while the mezzanine debt may provide **additional leverage** and flexibility in the capital structure. The final loan terms and conditions will be carefully negotiated **to align with** the project's financial projections and maximize the returns for the investors.
제안된 대출 구조와 이자율은 **부채와 자본을 균형 있게 함께 이용**하여 **금융 비용의 경쟁력**을 갖춤으로써 프로젝트의 재무 성과를 최적화(optimize)하도록 설계되었습니다. **적당한** LTV 비율과 유리한 이자율을 가진 선순위 부채는 전체 부채 비용을 낮추고 프로젝트의 부채 상환 비율(DSCR)을 개선하는 데 도움이 되며, 메자닌 부채는 자본 구조에 **추가적인 레버리지(additional leverage)**와 유연성을 제공할 수 있습니다. 최종 대출 조건은 프로젝트의 재무 예측과 **부합되는** 동시에 투자자의 수익을 극대화할 수 있도록 신중하게 협상될 것입니다.

대출 계약의 디폴트 조항 관련 질의 응답

Q: What are the default provisions and **events of default** (EOD) in the proposed loan agreements?
제안된 대출 계약의 디폴트 조항 및 EOD의 경우 조치는 무엇입니까?

A: The **default provisions and events of default (EOD)** in the proposed loan agreements are **standard clauses** that outline the circumstances under which the borrower may be **considered in default of the loan agreement**. These may include **non-payment of principal or interest, breach of covenants, misrepresentation, change of control**, bankruptcy, and other specified events. It is important to note that default provisions and EOD can **vary depending on the specific loan agreement and financial institutions or banks involved**, and they will be carefully reviewed and negotiated to ensure **compliance with** the project's financial projections and operational performance.

제안된 대출 계약의 **불이행 조항 및 불이행(EOD)**은 차주의 **대출 계약 불이행으로 간주**될 수 있는 상황을 설명하는 **표준 조항(standard clauses)**입니다. 여기에는 **원금 또는 이자의 미납(non-payment)**, **조항 위반(breach of covenants)**, **허위 진술, 지배권 변경(change of control)**, 파산 및 기타 특정 사건이 포함될 수 있습니다. 기본 조항 및 EOD는 **특정 대출 계약 및 관련된 금융 기관 또는 은행에 따라** 다를 수 있으며 프로젝트의 재무 예측 및 운영 성과를 **준수하도록(compliance with)** 신중하게 검토되어 협상된다는 점에 유의해야 합니다.

대출 조건 위반 관련 질의 응답

Q: What are the **consequences** of defaulting on the loan or breaching loan conditions?

채무 불이행 또는 대출 조건 위반 시 **결과**는 무엇입니까?

A: The consequences of **defaulting on the loan** or **breaching loan conditions** can **vary depending on** the specific loan agreement and the financial institutions or banks involved. In general, defaulting on the loan or breaching loan conditions may trigger acceleration of the loan, resulting in the entire outstanding loan amount becoming due and payable immediately. It may also lead to penalties, increased interest rates, additional fees, and other legal remedies that the lenders may have to enforce their rights under the loan agreement, including foreclosure or sale of the collateral property.

It is important for the borrower to carefully review and comply with the loan conditions and covenants to avoid default and ensure successful project financing.

채무 불이행 또는 **대출 조건 위반에 따른** 결과는 특정 대출 계약 및 관련 금융 기관 또는 **은행에 따라 다를 수 있습니다**. 일반적으로, 대출을 불이행하거나(defaulting on the loan) 대출 조건을 위반하면(breaching loan conditions) 대출이 가속화되어(trigger acceleration of the loan) 미납된 전체 대출 금액의 기한이 만료되어 즉시 지불해야 하는 상태로 전환될 수 있습니다(entire outstanding loan amount becoming due and payable immediately). 또한 벌금, 금리 인상 및 추가 수수료, 그리고 담보 재산의 압류 또는 매각(foreclosure or sale of the collateral property)을 포함하여 대출기관이 대출 계약에 따라 권리를 행사(enforce their rights under the loan agreement)하기 위해 취할 수 있는 기타 법적 구제책(legal remedies)으로 이어질 수 있습니다. 차주는 채무 불이행을 피하고 성공적인 프로젝트 파이낸싱을 보장하기 위해 대출 조건과 약정을 주의 깊게 검토하고 준수하는 것이 중요합니다.

표현 tips

defaulting on the loan: 대출 불이행

- Failing to make timely payments could result in **default on the loan,** impacting your credit.
  제때에 지불하지 않으면 대출 불이행으로 이어져 신용에 영향을 미칠 수 있습니다.

- The company's financial troubles led to a **default on the loan,** triggering legal action.
  회사의 재정 문제로 인해 대출이 불이행되어 법적 조치가 시작되었습니다.

breaching loan conditions: 대출 조건 위반

- Our priority is to meet all obligations and prevent any potential **breach of loan conditions.**
  우리의 우선 순위는 모든 의무를 이행하고 잠재적인 대출 조건 위반을 방지하는 것입니다.

- Non-compliance with loan covenants can lead to a **breach of loan conditions,** affecting our financial stability.
대출 약정을 준수하지 않으면 재무 안정성에 영향을 미치는 대출 조건 위반으로 이어질 수 있습니다.

entire outstanding loan amount becoming due and payable immediately: 남은 대출 금액의 기한이 만료되어 즉시 지불
foreclosure or sale of the collateral property: 담보 자산의 압류 또는 매각
enforce their rights under the loan agreement: 대출 계약에 따라 권리를 행사

대출 조건 관련 질의 응답

Q: What are the loan conditions and covenants associated with the proposed project financing?
제안된 프로젝트 파이낸싱과 관련된 대출 조건 및 약정은 어떻게 됩니까?

A: The loan conditions and covenants associated with the proposed project financing may include various requirements and restrictions that the **borrower must comply with** during the term of the loan. These may include financial covenants such as DSCR, LTV ratio, and other performance metrics, as well as operational covenants related to insurance, maintenance, reporting, and compliance with laws and regulations. These loan conditions and covenants are designed to protect the interests of the lenders and ensure the borrower's financial and operational performance throughout the loan term.
제안된 프로젝트 파이낸싱과 관련된 대출 조건 및 약정(covenants)에는 **차주가** 대출 기간 동안 **준수해야** 하는 다양한 요구 사항 및 제한 사항이 포함될 수 있습니다. 여기에는 DSCR, LTV 비율 및 기타 성과 지표(other performance metrics), 보험, 유지 관리, 보고, 법률 및 컴플라이언스와 관련된 운영 약정(operational covenants)이 포함될

수 있습니다. 이러한 대출 조건 및 약정은 대출 기관의 이익(interests of the lenders)을 보호하고 대출 기간 동안 (throughout the loan term) 차주의 재무 및 운영 성과를 보장하도록 설계되어 있습니다.

대출 조건의 영향도 관련 질의 응답

Q: How will the loan conditions and covenants impact the project's financial performance and operations?
대출 조건과 약정이 프로젝트의 재무 성과와 운영에 어떤 영향을 미칩니까?

A: The loan conditions and covenants associated with the project financing are **designed to** ensure the borrower's **compliance with** financial and operational requirements during the loan term. The financial covenants, such as DSCR and LTV ratio, are aimed at maintaining a healthy financial profile and ensuring the **project's ability to generate sufficient cash flow to service the debt.** Operational covenants are intended to ensure proper maintenance, insurance, reporting, and compliance with laws and regulations.
프로젝트 파이낸싱과 관련된 대출 조건 및 약정은 대출 기간 동안 차주가 재무 및 운영 요구 사항을 <u>준수하도록 설계되었습니다.</u> DSCR 및 LTV 비율과 같은 재무적 약정은 건전한 재무 프로필을 유지하고(maintaining a healthy financial profile) **프로젝트가 부채를 상환하기에 충분한 현금 흐름을 생성**(project's ability to generate sufficient cash flow to service the debt)할 수 있도록 보장하는 것을 목표로 합니다. 운영 관련 약정은 적절한 유지 관리, 보험, 보고 및 법률 및 규정 준수를 보장하기 위한 것입니다.

Non-compliance with these loan conditions and covenants may result in penalties, **increased borrowing costs,** and other consequences that could impact the project's financial performance and operations.
이러한 대출 조건 및 약정을 준수하지 않으면(Non-compliance with these loan conditions and covenants) 벌금(penalties), **차입 비용 상승(increased borrowing costs)** 및 프로젝트의 재무 성과(project's financial performance)와 운영에 영향을 미칠 수 있는 기타 결과가 발생할 수 있습니다.

Therefore, it is crucial for the borrower to closely monitor and comply with the loan conditions and covenants to maintain a good relationship with the lenders and ensure the success of the project.

따라서 차주(borrower)는 대출 기관과 좋은 관계를 유지하고 프로젝트의 성공을 보장하기 위해 대출 조건 및 약정을 면밀히 모니터링하고 준수하는 것이 중요합니다.

Chapter 2:
무수한 이메일
written communication

Unit 001: 기술 기업과 이메일로 논의하기

본 책의 이메일 파트는 전형적인 방식의 비즈니스 이메일 구조와 표현을 가르치기 보다는 실제 해외 기업과 일을 하면서 주고받는 실전 이메일을 중심으로 구성하였 습니다.

실제로 업무를 진행하며 수십 통의 이메일을 주고받는 메일 체인의 경우, 모든 이메일 의 형식을 일률적으로 정형화하기 어렵습니다. 따라서 형식보다는 실제 현장에서 자 주 쓰이는 표현 및 목적의 전달 방법을 익혀 두시면 실무에 더욱 도움이 될 것입니다.

실제 파트너 또는 클라이언트와 이메일을 주고받을 때, 자신의 전문 분야가 아니더 라도 급하게 스터디하여 이슈를 논의해야 하거나 예상치 못한 돌발 상황들이 자주 발생합니다.

이러한 경우 어떻게 협의하여 결과를 도출할 수 있을지 살펴보겠습니다.

Topic 01: 자주 쓰이는 줄임말들

대형 쇼핑몰을 소유하고 있는 클라이언트가 쇼핑몰 방문객들의 데이터를 모으고 분석하려는 니즈를 가지고 있습니다. 다수의 쇼핑몰 내 방문객의 동선 및 패턴에 관한 데이터 분석을 위해 카메라 제작 및 데이터 분석 전문 업체와 이메일로 논의하려고 합니다. 카메라 및 관련 장비를 설치하기 위해 담당 업체와 스펙, 견적 등을 확인하는 중인데, 코로나가 발생하여 출장 및 장비의 운송에 제약이 생긴 상황을 가정해 보았습니다.

이에, 컨설턴트 젠(Jen)은 쇼핑몰을 소유한 자산운용사 클라이언트를 대신하여 기술 솔루션 기업과 논의를 해야 합니다. 이를 위해, 관련 업체 DataEye를 해외 지사 리더 레이첼(Rachael)로부터 소개받는 이메일부터 살펴보겠습니다. 젠은 아직 기술 기업 DataEye의 담당자(Product Owner)와 직접 이야기를 나누어 보지 못한 상황으로, 앞으로 직접 DataEye 프로덕트 오너인 폴(Paul)을 통해 기술에 대해 이해하고 평가하여 도입할 예정입니다.

✉️ Rachael<rachaelwood@mail.net>

Jen,
젠 님께,

Happy 2023! It was great to catch up again in Seoul. I'm glad to hear that DataEye solution could be helpful to your client. Attached please find a proposal we did for a client as FYI.
행복한 2023년을 맞으세요! 서울에서 다시 만나 좋았습니다. DataEye 솔루션이 귀사의 고객에게 도움이 될 수 있다는 소식을 듣게 되어 기쁩니다. 참고로 클라이언트를 위해 진행했던 제안서를 첨부했습니다.

'It was great to catch up again in Seoul.'
(서울에서 다시 만나게 되어 정말 반가웠습니다.)

표현 tips 이전에도 만난 적이 있는, 이메일의 작성자인 레이첼과 수신인 젠은 얼마 전 서울에서 열린 행사에서 다시 만났습니다. '만나다'의 의미인 'Catch up'은 다소 캐주얼한 표현이지만, 이미 구면인 두 사람 사이에 쓰기 무난합니다.

'I'm glad to hear that DataEye solution could be helpful to your client.'
(DataEye 솔루션이 귀사의 클라이언트에 도움이 될 수도 있겠다고 하시니 기쁘네요).

표현 tips 얼마전 서울에서 만났을 때, 젠은 본인의 클라이언트에 대한 고민을 털어 놓았고, 이때 레이첼은 자신이 알고 있는 관련 기술 솔루션 업체인 DataEye 에 대해 소개하였습니다. 젠은 클라이언트에게 아마 도움이 될 수 있을 것 같다고 정식으로 연결을 부탁했기 때문에, 이에 대해 언급하고 있습니다.

'Attached please find a proposal we did for a client as FYI.'
(저희가 클라이언트에게 제안했던 제안서를 첨부해 드리니 참고해 주세요).

표현 tips 'Attached'는 '첨부된'이라는 뜻입니다. 클라이언트에게 '제안했던'의 표현으로 제안서를 '제출했다'(submit)의 표현을 쓰는 것도 가능하지만, 좀 더 부담없고 자연스럽게 'do'동사(did)를 사용했습니다.

첨부 파일에 관련된 이메일 표현들:

- Please find attached the documents.
- Please find attached the report for your yearly investment.

- I've attached ~
- Here is… : 여기 ~ 있습니다. 위의 표현들보다 좀 더 친근함
- Let me know if you have any questions about the attachment.

FYI(For your information): '참고 부탁드립니다/귀하에게 정보를 전합니다'의 표현.) 이메일 수신자에게 중요한 정보를 제공하기 위해 사용되는 약어. '참고 부탁드립니다'라는 의미로 자주 사용되며, 참고용이긴 하지만, 꼭 읽어 보실 필요가 있다는 의미가 포함되어 있습니다.

FYR(For your reference) '참고용으로 또는 참고 부탁드립니다.'라는 의미로 사용되며, 이메일 수신자에게 문서, 링크 또는 기타 자료를 참고로 제공할 때 쓰입니다. FYR보다는 FYI가 좀 더 자주 사용되는 경향이 있습니다. FYR은 '업무에 도움이 될 수도 있는 내용을 보내드리니 참고 바랍니다'라는 의미로, FYI에 비해 '반드시 읽어 봐야 하는 것은 아니다'라는 뉘앙스가 포함되어 있습니다.

- Please find attached the draft proposal **FYR**. Let me know if you have any comments or suggestions. 첨부된 초안 제안을 참고해 주세요. 혹시 관련하여 추가 의견이 있으면 말씀 부탁드립니다.

Also not sure if the attached link works…
아래에 첨부된 링크가 잘 열릴지는 모르겠지만...
http://keepbox.download.com/v1/url?k=a57c4212-c474af4bf5d0

표현 tips   **not sure if~:** ~인지 확신이 가지 않는, ~는 모르겠지만

Paul is the global owner for DataEye. He and Jay can help. @paulkonn⋯ Jen has a meeting with clients in the next 24 hours⋯ so whatever help you could give would be appreciated.

폴이 DataEye의 해당 솔루션의 글로벌 오너(책임자)입니다. 폴과 제이가 도와드릴 예정입니다. @paulkonn님, 젠은 앞으로 24시간 안에 고객과 회의를 가질 예정입니다. 도움 주실 수 있는 부분이 있다면 무엇이든 감사하겠습니다.

'Paul is the global owner for DataEye. He and Jay can help.'
(폴이 DataEye 솔루션의 글로벌 총괄 책임자입니다. 폴과 제이가 도와드릴 거예요.)

실무 tips

해당 솔루션 업체의 담당자인 폴을 소개하고 있습니다. 메일을 보낼 때 그 수신인에 폴과 Jay도 CC되어 있기 때문에, 해당 언급을 하여 서로의 소개를 대체하고 있습니다. 이 이메일 수신 이후에 폴과 젠이 서로 인사를 할 것임을 예측할 수 있습니다.

표현 tips

이메일과 관련하여 자주 사용되는 약어 표현:
아래의 약어들은 이메일에서 자주 사용되며, 한국어에서도 이는 따로 번역하지 않고 영어 그대로 사용하는 경우가 많습니다. 다만, 약어를 지나치게 남발하는 것은 오히려 가시성을 떨어뜨릴 수 있으니 유의하세요.

CC: Carbon Copy. 참조(CC)는 이메일 체인에(이메일의 수신자 목록에 추가된 사람들 중) 주요 수신자 외에도 참조 목적으로 메일을 보내는 경우에 사용

BCC: Blind Carbon Copy. 숨은 참조. 이메일을 보내는 주요 수신자들에게는 보이지 않도록 하면서 해당 이메일을 다른 사람들에게 물리적으로 보내는 경우에 사용

FWD: Forward. 전달. 이메일을 수신자가 다른 사람에게 전달하여 공유하거나 추가적인 대응을 요청할 때 사용

EOM: End of Message. 메시지의 끝. 이메일의 제목 또는 본문에 아무 내용을 작성하지 않고, 첨부 파일이나 기타 내용만 있을 때 사용

- Please review the attached report. EOM
  첨부 보고서를 확인해 주세요. 끝.

- FYI, the meeting has been rescheduled to tomorrow. EOM
  참고로, 회의가 내일로 변경되었습니다. 끝.

RE: Regarding. 관련하여. 주로 이메일의 제목에 사용되며, 해당 이메일이 어떤 주제에 관련된 내용임을 나타냅니다.

- RE: Meeting Agenda – 회의 안건에 대하여
- RE: Job Application – 구직 신청에 관하여

NP: No Problem. 문제 없습니다. 상대의 요청이나 부탁을 수락하고 문제없이 처리한다는 의미로 사용합니다.

TIA: Thanks In Advance. 미리 감사드립니다. 이메일 송신자가 수신자에게 미리 감사의 인사를 전하며 부탁이나 요청을 하는 경우. 요청 사항이 있을 때 사용하실 수 있습니다.

- Could you please send me the updated budget sheet? TIA
  업데이트된 예산 시트를 보내주실 수 있을까요? 미리 감사드려요.

- I appreciate your assistance with this matter. TIA
  이 문제에 대해 도움 주셔서 감사합니다. 미리 감사드려요.

AKA: Also Known As. 또는. 이메일에서 물건, 사람, 개념 등에 대해 또 다른 이름이나 별명을 나타낼 때 사용되는 약어

- John Smith, AKA "Johnny," will be joining the project
  team.
  존 스미스, 즉 "조니"라고도 불리는 사람이 프로젝트 팀에
  합류합니다.

N/A: Not Applicable. 해당 사항 없음. 이메일 송신자 입장에서 어떤
내용이나 요청에 대해 해당 사항이 없거나 적용되지 않는다는 의미로
사용합니다.

- Progress Update:
  N/A, all project milestones are on schedule.
  진행 상황 업데이트:
  해당 없음, 모든 프로젝트 마일스톤은 예정대로 진행됩니다.

ETA: Estimated Time of Arrival. 도착 예정 시간. 물품이나 사람 등의
도착 예정 시간을 나타낼 때 사용

- The package is scheduled to arrive on July 5th. ETA.
  소포의 도착 예정일은 7월 5일입니다.

- ETA for the repair technician is between 2 PM and 4 PM.
  수리 기술자의 도착 예상 시간은 오후 2시에서 4시 사이입니다.

BTW: 그런데(BTW). 대화의 맥락과는 상관없는 부가적인 정보를
제공하기 위해 사용합니다.

AFAIK: As Far As I Know. 제가 알기로는 (AFAIK). 이메일 송신자
입장에서 자신의 지식 범위 내에서 제공하는 정보에 근거하여 대답하는
경우 사용

- AFAIK, the project deadline is still set for next Friday.
  제가 알기로는 프로젝트 마감일은 다음주 금요일로 되어
  있습니다.

BRB: Be Right Back. 곧 돌아올게요(BRB). 잠시 자리를 비운 상태이지만
곧 돌아올 것을 이메일 수신자에게 알리기 위해 사용합니다.

TTYL: Talk to you later. 나중에 얘기할게요. 계속 대화할 의사가 있지만 남은 이야기는 다음으로 미루고자 할 때 사용합니다.

OOO: Out-of-office. 자리를 비웠습니다. 현재 사무실을 비운 상태이며 연락을 받을 수 없음을 알리기 위해 사용합니다.

> - OOO, I'm currently out of the office with limited access to email until Friday.
>   저는 현재 사무실에 있지 않아 금요일까지 이메일 확인이 어렵습니다.

'@paulkonn⋯ Jen has a meeting with clients in the next 24 hours⋯ so whatever help you could give would be appreciated.'
(paulkonn 님에게, 젠은 24시간 내 클라이언트와 미팅이 있습니다. 혹시 무엇이든 도움주실 수 있다면 감사하겠습니다.)

표현 tips

Whatever help you could give: 당신이 줄 수 있는 그 어떤 도움이든지
Whatever ~: ~하는 것은 무엇이든지 ('Whichever~'와 비슷)
Whenever ~: ~할 때면 언제든지

실무 tips

해당 이메일 체인에 포함된 모든 사람들(레이첼, 젠, 폴)은 서로 다른 국가에 위치해 있어, 서로의 대화에 물리적인 시간 제약이 있습니다. 24시간 뒤면 바로 클라이언트와 미팅을 해야 하는 상황인데, 도움될 만한 것을 당장 달라고 할 수는 없기 때문에, 혹시라도 (본인에게) 도움될 것이 있다면 무엇이든 알려주기를 완곡히 요청하고 있습니다.

Best,
Rachael
레이첼 드림

마무리 표현(closing phrases):

아래 뜻은 모두 비슷하므로, 사용하기 편한 것으로 이메일 마지막 부분에
사용하시면 됩니다. Regards, Best regards, Best, Thanks 등이 가장
일반적으로 사용됩니다.

Regards – 인사드립니다.
Best regards – 진심으로
Best – 인사드리며
Kind regards – 공경을 담아
Sincerely – 진심으로
Yours sincerely – 성심으로
Warm regards – 따뜻한 인사를 전하여
Best wishes – 최고의 소망을 담아
Thank you – 감사합니다
Thanks – 감사합니다
All the best – 행운을 빌며

Topic 02: 늦게 답변드려 죄송합니다(자연스럽게 말하기)

✉ Rachael<rachaelwood@mail.net>

Hi Jen,
안녕하세요, 젠.

I've been traveling and in client events over the past two days, hence the delay in response.
지난 이틀 동안 이동하면서 클라이언트 이벤트에 참석하느라 응답이 늦었습니다.

실무 tips | 본 이메일에서는 사과 없이 'I've been traveling and in client events over the past two days, hence the delay in response.' (제가 지난 2일간 클라이언트 이벤트를 많이 다니느라 답변이 늦었습니다)라고 말하고 있습니다. 답변이 늦은 것에 대해 사과를 할 수도 있지만, 이 경우엔 2일 정도에 불과하고 이미 서로 바쁜 상황을 이해하고 있는 등의 이유로 사과가 불필요하다고 읽을 수 있을 것 같습니다.

표현 tips | '답이 늦어 죄송합니다'를 의미하는 기타 표현:
- Apologies for the late reply/response.
- Apologies for the delayed response.
- Apologies for the delay in response.
- Sorry for not replying sooner.
- I'm sorry that this took a little longer than expected.
- (사전에 미리) I apologize in advance for any possible delays.

I haven't stayed close to the deal. Please note that Paul is the product owner of DataEye. Whatever I shared would be from Paul also.

제가 해당 딜을 계속 보지는 못했는데요. 폴이 DataEye의 프로덕트 오너(담당자)입니다. 제가 공유해 드리는 것들도 다 폴에게서 온 것들입니다

'I haven't stayed close to the deal.'
(제가 본 딜과 관련해서 팔로업을 못하고 있었습니다).

실무 tips ── 그동안 너무 바빠서 당신과 논의/작업하고 있는 딜을 살펴볼 새가 없었다고 말하고 있습니다.

표현 tips ── 'close to'는 '~에 가까운' 이라는 의미로, 물리적, 심적 거리를 모두 의미할 수 있습니다. 이메일에서는 실질적으로 이 딜(프로젝트)에 신경을 쓰지 못했으니 심적인 거리를 의미할 수도 있고, 실제로 노트북(실질적 작업 실행)을 가까이 하고 이 딜에 대한 스터디나 작업을 할 수 없었으니 물리적 거리 또한 멀었다고 할 수 있겠습니다.

'Please note that Paul is the product owner of DataEye.'
(폴이 DataEye 솔루션의 Product Owner임을 참고 바랍니다).

표현 tips ── 'Please note~'는 '~를 참고 부탁드립니다'라는 의미입니다. 이메일에서 비슷한 의미로 쓰이는 표현에는 FYI, FYR 등이 있습니다.(위 설명 참고)

'Whatever I shared would be from Paul also.'
(제가 공유해 드리는 모든 내용은 폴로부터 받은 것이기도 합니다.)

실무 tips 이 솔루션의 Product Owner가 폴이므로, 자신이 받은 모든 자료 또한 폴에게서 받은 것이라고 말하고 있습니다.

Re facial recognition··· my understanding is that they could look at the meta data from facial image for gender, but not for personal ID. Daniel – is this your understanding also?
안면 인식과 관련하여, 제가 이해한 바로는 그들이 성별에 대한 얼굴 이미지의 메타 데이터를 볼 수 있지만 개인 ID는 볼 수 없다는 것입니다. 다니엘 – 당신이 이해한 내용도 같나요?

'Re facial recognition···'
(안면 인식과 관련하여 답변하자면···)

표현 tips   Re는 이메일에서 Regarding, 즉, '~에 대하여 답변 드리자면' 이라는 의미로 쓰였습니다. 이때 Re는 regarding, in reference to, 또는 같은 의미의 라틴어인 in re로 해석되지만, 제목에 RE:가 붙어있는 경우는 이러한 의미와는 전혀 상관 없는 '답장하다(Reply)'의 의미가 됨을 주의해야 합니다. 예를 들어, 이메일의 '답장하기' 버튼을 누르면, 제목 맨 앞에 자동으로 RE(답장하다):가 생성되는 것을 볼 수 있습니다.

'Daniel – is this your understanding also?'
(다니엘 – 당신도 그렇게 생각하시나요?)

실무 tips   자신이 이해한 바를 공유하고, 동료에게 그 내용이 맞는지 체크하고 있습니다. 서로 의견이나 이해 상황이 같은지를 확인하는 표현입니다. 특히 본 이메일의 작성자는 금융/비즈니스 전문가로, 상대가 본 솔루션의 '기술'

에 대해 이해도가 높지 않을 가능성이 있기 때문에, 이를 가볍게 체크하는 것으로 볼 수 있습니다.

비슷한 표현으로는, 'on the same page'(같은 곳을 보고 있는, 같은 생각을 하는)도 있습니다. Are we on the same page?(우리, 같은 생각을 하고 있는 것 맞죠?)

Paul is on PTO this week. Please share your direct feedback with Paul, so that he has the benefit of feedback, and a direct conversation. I can lean in, though he & his team own the product.

폴은 이번 주 PTO 중입니다. 폴에게 직접 피드백을 주셔서 폴이 직접 대화를 통해 피드백을 얻는 것이 좋을 것 같습니다. 폴과 그 팀이 제품을 맡고 있지만 저도 참여하도록 하겠습니다.

Rachael
레이첼 드림

'Paul is on PTO this week.'
(폴은 이번 주 자리에 없어요.)

실무 tips

PTO는 Paid time off/Personal time off의 의미로, 휴가, 여행, 병가 등 다양한 목적으로 사용될 수 있습니다. 무슨 연유로 PTO를 갔는지는 물어보지 않는 것이 좋습니다.

'Please share your direct feedback with Paul,'
(폴과 직접 소통하여 피드백을 공유해 주세요.)

실무 tips   이메일의 작성자인 레이첼은 솔루션 DataEye의 담당자나 전문가가 아니기
때문에, 그저 담당자끼리 연결만 해주는 입장입니다. 앞으로는 자신을
통해서 소통하지 말고, 직접 소통할 것을 부탁하고 있습니다.

'I can lean in, though he & his team own the product.'
(폴과 그 팀이 이 솔루션 프로덕트를 담당하고 있기는 하지만, 저도 적극
참여하겠습니다).

표현 tips   lean은 '몸을 기울이다, 기울이다'라는 의미입니다. 여기에서 lean in은
'적극적으로 참여하다, 발을 담그다, 어떤 일에 집중하다'라는 뜻으로,
레이첼이 솔루션 담당자는 아니지만, 그들이 논의할 때 그래도 적극적으로
참여하겠다는 의미로 볼 수 있습니다. 담당자는 아닐지라도 완전히
배제되지는 않을 것이라는 의미를 가지고 있습니다.

   - I can lean in and help you with your project.
     당신의 프로젝트에 적극적으로 참여하여 도움을 드릴 수
     있습니다.

✉ Paul<paulkonn@mail.net>

Hi Jen,
안녕하세요, 젠.

Great to talk with yourself and Seung-hyun on the call today! We are very keen to support you with all of your clients, ensuring we deliver an affordable solution with a clear understanding of the use cases the client has.
오늘 통화로 당신과 승현 님과 이야기 나눌 수 있어 좋았습니다! 저희는 고객의 사용 사례를 명확하게 이해하고 합리적인 가격의 솔루션을 제공할 수 있도록 귀사와 귀사의 모든 고객을 지원하고자 합니다.

표현 tips **on the call: 전화상으로**

keen to~: ~하고 싶은, 열정적인
참고: 캐주얼한 표현인 "Are you keen?"은 "관심 있어? 해 볼래?"의 의미로 Are you interested?와 같은 뜻입니다.

To summarise our call, the price parameters that affect the costs are:
통화 내용을 요약하자면, 비용에 영향을 미치는 가격 매개변수는 다음과 같습니다.

표현 tips **미국식: summarize, 영국식: summarise**

1. Number of cameras to integrate with and so the more cameras you integrate with, the more data that gets transferred to the cloud, the higher the cost. There may be a situation where a lot of the client data can be gathered from a few cameras instead of mass integration which would help reduce costs.

(솔루션에) 적용할 카메라 수가 중요합니다. 통합하는 카메라가 많아질수록 클라우드로 전송되는 데이터 용량도 늘어나므로 비용이 올라갑니다. 대규모로 통합시키는 대신에, 카메라 수는 적게 하면서 클라이언트 데이터는 많이 축적할 수 있는 상황이 비용 절감에 도움이 됩니다.

표현 tips

첫 번째 문장 "Number of cameras to integrate with (솔루션에 적용하는 카메라의 수가 중요하다) and so the more cameras you integrate with(그래서 더 많은 카메라를 연동할수록) the more data that gets transferred to the cloud(클라우드로 전송되는 데이터 양이 늘어나고), the higher the cost(가격은 더 올라간다)."는 구어체로 말하듯이 작성되었습니다. 한국어로 우리가 비즈니스 이메일을 보낼 때, 틀린 문법이 종종 보이듯, 영어로 이메일을 보낼 때도 문법이 100% 맞지는 않습니다.

만일 문법적으로 정확한 것을 선호한다면 이렇게 고쳐서 말할 수 있습니다. "The number of cameras you integrate with determines the amount of data transferred to the cloud, and consequently, the higher the cost."(통합하는 카메라의 수에 따라 클라우드로 전송되는 데이터의 양이 결정되므로 결과적으로 비용이 올라갑니다.)

the more~, the more~: ~할수록 더 ~하다

- **The more** marketing efforts we invest in, **the higher** the chances of reaching new customers.
  우리가 투자하는 마케팅 노력이 더하면 더할수록 새로운 고객에게 도달할 가능성도 높아집니다.

2. The people traffic count (number of people that walk in front of the camera) determines the amount of data the cloud has to process.

People traffic count(카메라 앞을 지나가는 사람의 수)는 클라우드가 처리해야 하는 데이터의 양을 결정합니다.

용어 tips
- **people count**: 특정 지역이나 위치에 있는 사람 수를 세는 일반적인 표현입니다. 다양한 설정에서 사용할 수 있으며 방문자 수 확인 센서 (people counting sensors) 또는 카메라 등의 기술 사용과 관련된 경우가 많습니다.

- **foot traffic**: 구체적으로 실제 상점 또는 오프라인 장소를 방문하는 사람들의 수를 나타냅니다. 일반적으로 리테일(retail) 분석 및 마케팅 차원에서 고객 방문 및 행동을 추적하는 데 사용됩니다.

- **head count**: head count(인원 수)는 일반적으로 그룹, 조직 또는 이벤트의 총 인원 수를 나타냅니다.

3. Number of metrics/use cases the client wishes to see – a simple count will be cheaper than asking the cloud to identify individuals as this requires more cloud processing power where the cloud charges will be higher and we will have to pass those costs onto the client.

클라이언트가 보고자 하는 메트릭/사용 사례의 수 – 개인을 식별하도록 클라우드에 요청하는 것보다 단순 계산 방식이 비용면에서 더 저렴할 것입니다. 클라우드의 경우 그에 따른 처리 능력(processing power)이 더 많이 소요되고 이에 따라 요금도 더 올라가 결국 그 비용을 클라이언트에 전가해야 하기 때문입니다.

용어 tips
metrics: 측정값. 여기에서는 클라이언트가 측정하기를 원하는 값입니다. 단순한 피플 카운팅(people counting) 이외에, 추가적으로 측정을 원하는 요소들이 많아질수록 클라우드에서 많은 양의 데이터가 처리되어야 한다는 뜻입니다.

'메트릭스(metrics)'는 비즈니스에서 다양하게 사용할 수 있습니다. 회사의 성과를 측정하기 위해 사용되는 매출액, 이익률, 고객 만족도, 직원 생산성 등이 모두 메트릭스에 해당하며, 메트릭스를 통해 회사는 성과를 추적하고 개선할 수 있습니다. 또한, 디바이스를 개발할 때 메트릭스는 장치의 성능을 측정하기 위해 사용되는 데이터를 의미할 수 있습니다. 이때는 속도, 성능, 정확도, 사용 편의성 등이 모두 메트릭스에 해당합니다.

표현 tips

pass those costs onto the client: 비용을 고객에게 전가한다는 뜻입니다. 예를 들어, 회사가 원자재 가격 인상으로 인해 제품 가격을 올려야 할 경우, "We will pass those costs onto the client"(회사가 원자재 가격 인상의 비용을 고객에게 전가하여 제품 가격을 인상하겠다)라고 말할 수 있습니다. 회사가 비용이 증가했을 때, 비용을 고객에게 전가하여 이익을 유지하려는 경우 이 표현을 사용할 수 있습니다.

Proposed next steps:
다음 단계 제안:

I have attached the costs we took you through and will send through the costs for other buildings that include 'count' as the key requirement once Vanessa has sent them to me.
저희가 말씀드린 비용을 첨부했으며 바네사가 일전에 제게 보내 준 대로, 핵심 요구 사항인 '카운팅'을 포함해 다른 건물에 대한 비용도 보내 드리겠습니다.

표현 tips

take through: 설명하다
walk through : ~을 설명하다, 안내하다

- Can you <u>walk</u> me <u>through</u> the new sales process?
  새로운 판매 절차를 설명해 주시겠습니까?

go over ~: ~을 검토하다, 점검하다

- Let's **go over** the budget one more time to make sure we're on track.
  예산을 한 번 더 살펴보고 우리가 계획대로 진행 중인지 확인합시다.

explain: 설명하다
walk someone through the steps: ~에게 ~의 절차를 설명하다
go over the details: ~의 세부 사항을 검토하다

Review the costs and discuss with the client if they wish to integrate with all cameras or only a proportion. In addition, it would be good to know what are the prioritised use cases and what are the nice to haves but not essential.
비용을 검토하고 모든 카메라를 통합할지 아니면 또는 일부만 통합할지 클라이언트와 논의하십시오. 또한 우선 순위가 높은 사용 사례가 무엇인지, 있으면 좋지만 반드시 필요하지는 않은 것이 무엇인지 아는 것이 좋습니다.

표현 tips

nice to haves: 있으면 좋은 것. 있어도 좋지만, 없어도 괜찮다는 것을 의미합니다.

- We need to focus on the core features first, and any additional functionalities would be considered **nice to haves** but not essential for the initial release.
  우리는 먼저 핵심 기능에 집중해야 하며 추가 기능이야 있으면 좋지만 초기 릴리스에는 필수적이지 않은 것으로 간주됩니다.

Looking forward to working with you on this next week. Have a great weekend!
다음 주에 당신과 함께 일하기를 기대합니다. 좋은 주말 보내세요!

Thanks,
Paul
감사합니다.
폴

✉ Paul<paulkonn@mail.net>

Hi Jen,
안녕하세요, 젠.

I hope you and your colleagues are well and safe!
당신과 당신의 동료들이 건강하고 안전하기를 바랍니다!

표현 tips 일반적으로 I hope you are well이라고 인사할 수 있지만, 코로나 팬데믹 상황에 맞춘 인사말입니다. 세계적인 팬데믹 상황에 따른 재택 근무, 꾸준한 확진자 발생 등을 고려하며 무사한지 안부를 확인하는 인사입니다.

I'm sorry I haven't been in contact recently, a mixture of factors of not being very well and helping our clients react to the latest situation. I want to rectify this now and I've outlined a few simple steps below that we can do to provide everything to the client.
최근에 연락을 드리지 못한 점 죄송합니다. 몸 상태가 좋지 않은 데다 고객이 최신 상황에 대응하는 일을 돕느라 두루 경황이 없었습니다. 저는 지금 이 문제를 바로잡고 싶고, 고객에게 모든 것을 제공하기 위해 할 수 있는 일들을 아래와 같이 간단히 몇 가지 단계로 정리해 보았습니다.

'I'm sorry I haven't been in contact recently, a mixture of factors of not being very well'
(최근에 연락을 드리지 못한 점 죄송합니다. 몸 상태가 좋지 않은 데다...)

표현 tips
여러 복합적인 상황들이 섞여 있어 그렇다고(mixture) 말합니다. 이때, '몸이 좋지 않았다'라는 표현은 sick 보다 unwell 또는 not well을 쓰는 편이 더 격식 있게 들릴 수 있습니다.

'I want to rectify this now ...'
(저는 지금 이 문제를 바로잡고 싶고)

표현 tips
rectify: 수정하다, 바로잡다, 정정하다, 교정하다

- The company promised to <u>rectify</u> the billing errors promptly.
회사는 빌링(청구) 오류를 신속하게 정정할 것을 약속했습니다.

I wanted to use this time (of lockdown) to start conversations again. To do this most effectively I've included in this e-mail Vanessa Long who is the technical brain behind how we will integrate with your clients CCTV in different assets.
나는 이 (코로나로 인한 락다운) 시간을 활용해서 대화를 다시 시작하고 싶었습니다. 이를 가장 효과적으로 수행하기 위해 이 이메일에 바네사 롱을 포함시켰습니다. 바네사는 다양한 자산에서 귀하 고객사의 CCTV와 어떻게 통합할지 저희를 측면 지원하는 기술 브레인(기술 전문가)입니다.

표현 tips
누군가를 이메일 체인/루프에 추가하다/제거하다

I've included 사람 in this e-mail

- Kim should be **included in the email** to ensure the team is aware of the latest project milestones.
  팀원들이 최신 프로젝트 마일스톤(이정표)을 알고 있는지 확인하려면 Kim이 이메일에 포함되어야 합니다.

loop 사람 in

- We need to **loop in** the marketing manager to get their input on the upcoming campaign strategy.
  다가오는 캠페인 전략에 대한 정보를 얻으려면 마케팅 관리자를 메일 체인에 추가해야 합니다.

loop 사람 out

- Let's **loop out** any unnecessary recipients from this sensitive email to maintain confidentiality.
  보안상 민감한 이메일에서 불필요한 수신자를 제외시킵시다.

The best solution for us would be for Vanessa to be able to talk directly with the person at the client who has knowledge of the CCTV camera integration at both of these sites. I have shared the floor maps with Vanessa and she has the below questions for their technical personnel.
우리에게 가장 좋은 해결책은 클라이언트 측에서 이 두 자산의 CCTV 카메라 연동에 대해 알고 있는 분과 바네사가 직접 대화할 수 있게 하는 것입니다. 저는 바네사와 플로어 맵을 공유했으며 바네사는 기술 담당자분들께 아래의 질문 사항을 가지고 있습니다.

표현 tips person과 personnel은 모두 '사람'을 지칭하지만, person은 일반적으로 개별적인 사람을 지칭하는 반면, personnel은 다수의 사람이나 그룹, 특히 조직이나 회사에 소속된 인력을 지칭하는 데 사용됩니다.

- We need to hire additional **personnel** to meet the project's increased workload.
  프로젝트의 늘어난 업무량을 맞추기 위해 추가 인력을 고용해야 합니다.

- The human resources department is responsible
  for managing **personnel** matters such as recruitment
  andemployee benefits.
  인사부는 채용 및 복리후생과 같은 인사 관리를 담당합니다.

The 2 outputs for you will be
2개의 아웃풋은 다음과 같습니다.

    1) Detailed plan of how we integrate and
    2) Accurate cost with hopefully a reduced subscription fee.
    1) 통합 방법에 대한 세부 계획
    2) (가능하다면/희망적으로) 구독료 감액분에 대한 정확한 비용

Thanks,
Paul
감사합니다.
폴

용어 tips   price, cost, fee의 차이

price: 가격이란 판매자가 제품, 서비스 또는 상품에 대해 설정한
금액 또는 가치를 말합니다. 구매자가 항목을 구입하거나 사용하기 위해
지불해야 하는 대가입니다.

    - The **price** of the new smartphone model is $800.
      새 스마트폰 모델의 가격은 8백 달러입니다.

cost: 비용은 상품이나 서비스를 생산, 제조 또는 획득하는 데 소비된 총
금액을 의미합니다.

    - The production **cost** of one unit of the product is $50.
      제품 한 단위의 생산 비용은 5십 달러입니다.

fee: 수수료는 일반적으로 서비스 또는 자문 등 전문 작업과 관련된 요금입니다. 제공되는 특정 작업이나 서비스에 대해 서비스 제공자, 전문가 또는 회사에 지불되는 경우가 많습니다.

- The lawyer's <u>fee</u> for handling the case is $300 per hour.
  사건을 처리를 위한 변호사 비용은 시간당 3백 달러입니다.

✉ Vanessa<vanessaskipp@mail.net>

Hi Jen,
안녕하세요, 젠.

Nice to meet you all. I'll review the attached information with our integration team and Jin and I will work on the integration plan and revised pricing.
모두들 만나서 반가웠습니다. 통합 팀과 함께 첨부된 정보를 검토하고 진 님과 제가 통합 계획 및 수정된 가격에 대해 작업할 것입니다.

표현 tips   **revised pricing: 기존의 가격에서 변경된 가격, 수정된 가격**

If you have any other questions at all, don't hesitate to ask. Looking forward to working with you from across the globe.
다른 질문이 있으면 주저하지 말고 질문해 주세요. 전 세계에 계신 여러분과 함께 일할 수 있는 것이 기대됩니다.

Vanessa
바네사 드림

표현 tips   **at all: "If you have any other questions at all, don't hesitate to ask."**
에서 at all은 '어떤 질문이라도' 또는 '어떤 질문이든'을 의미합니다. "어떤 질문이라도 있으면 주저하지 말고 물어보세요"라고 강조하는 뜻입니다.

from across the globe: 전 세계에서. 본문에서는 같이 일하는 팀이 전 세계 이곳저곳에 위치하고 있어서 '전 세계에 있다'라고 표현했습니다.

– We have customers **from across the globe.**
우리는 전 세계에 고객이 있습니다.

✉ Paul<paulkonn@mail.net>

Hi Jen,
안녕하세요, 젠.

Thanks for your e-mail. I've just caught up with Vanessa on the below.
이메일 고맙습니다. 아래와 같이 방금 바네사와 이야기를 나누었습니다.

표현 tips | on the below 또는 on the above는 문서나 이메일과 같은 텍스트에서 주로 사용됩니다.

on the below: 아래에 (반대: on the above)

- Please see the details **on the above**.
  위의 세부 사항을 참조 부탁드립니다.

She is going to get the pricing to me by tomorrow and I will send it to you a few hours after I get it with the DataEye costs incorporated. She will also send over installation instructions and a manual of how we can instruct the clients to get started.
내일까지 그녀로부터 견적(pricing)을 받으면, DataEye의 비용을 합쳐서 몇 시간 뒤 보내 드리겠습니다. 그녀는 또한 설치 관련 안내와 고객을 상대로 저희가 제공할 교육 관련 매뉴얼도 보낼 것입니다.

Thanks,
Paul
감사합니다.
폴

표현 tips 일반적으로 instruction(지침)은 특정 작업을 완료하기 위해 필요한
최소한의 지시를 제공하는 반면, manual(매뉴얼)은 특정 장치나 시스템을
사용하는 방법에 대한 모든 정보를 제공합니다.

instruction: 작업을 수행하거나 특정 목표를 달성하는 방법에 대해
누군가를 안내하기 위해 제공되는 특정 지침 또는 단계를 나타냅니다.
일반적으로 간결하고 간단하며 따라야 할 작업의 명확한 순서를
제공합니다.

- To complete the expense report, follow the **instructions**
  outlined in the email sent by the finance department.
  경비 보고서를 작성하려면 재무 부서에서 보낸 이메일에 설명된
  지침을 따르십시오.

manual: 제품, 프로세스 또는 시스템에 대한 자세한 정보가 포함된
포괄적인 문서 또는 책자를 말합니다. 설명, 문제 해결 팁, 안전 지침 및 기타
관련 정보를 포함하여 보다 광범위한 지침을 제공합니다.

- The franchisees are required to adhere to the guidelines
  mentioned in the franchise **manual**, which outlines the
  brand standards and operational procedures.
  가맹점은 브랜드 표준 및 운영 절차를 설명하는 프랜차이즈
  매뉴얼에 언급된 지침을 준수해야 합니다.

Topic 07: 실시간 cross-border 업무환경

✉ Jen<jenhan@mail.net>

Hi Vanessa,

I appreciate your timely inputs, while Paul is on vacation. Perhaps doing a live call with SK team?
폴이 휴가 중인데, 때마침 말씀해 주셔서 감사합니다. 한국 팀(South Korea, SK)과 컨퍼런스 콜 하시는 게 어때요?

Best,
Jen

표현 tips **timely input:** 시기 적절한 인풋(아이디어, 인사이트, 의견 등). 특정 작업이나 프로젝트를 완료하기 위해 필요한 정보를 적시에 제공하는 것을 말합니다. 기타 유사 표현은 아래와 같습니다.

- prompt input: 신속한 의견
- timely feedback: 시기 적절한 피드백
- timely advice: 시기 적절한 조언

Topic 07: 실시간 cross-border 업무환경

Unit 001: 기술 기업과 이메일로 누우 일하기

Topic 08: 컨퍼런스 콜을 통한 실시간 업무 처리

✉ Paul<paulkonn@mail.net>

Hi Jen,
안녕하세요, 젠.

Let's jump on a call, it'll be faster. John can share a screen and walk you through this. Are you free tomorrow morning (10am UK time)?
전화를 하면 더 빠를 것 같아요. 존이 화면을 공유하고 이에 대해 안내드릴 수 있습니다. 내일 아침(영국 시간으로 오전 10시) 시간 되세요?

Best,
Paul

표현 tips   **jump on a call**: 전화를 하다, 콜에 참여하다 (= join, attend, hop on, get on). 격식 있는 표현보다는 캐주얼한 비즈니스 표현에 가깝지만, 비즈니스 영어에서도 자주 편하게 사용되는 편입니다.

- Let's **jump on a call** tomorrow to discuss the project's progress.
  프로젝트의 진행 상황을 논의하기 위해 내일 전화를 합시다.

- I have some ideas to share; can we **jump on a** quick **call**?
  몇 가지 공유할 아이디어가 있습니다. 간단히 통화 좀 할 수 있나요?

- I just need a few more minutes to finish up this report, and then I'll **hop on the call** with the client.
이 보고서를 마치는 데 몇 분 더 걸릴 것 같아요. 끝낸 후에 고객과 통화하겠습니다.

✉ Paul<paulkonn@mail.net>

...

Please contact Yuri and Ken directly - I'll send them a heads-up that you need a response urgently. They have developed a pricing model this week which should break down the individual cost components.

유리 님과 켄 님에게 직접 연락해 주세요. 급히 답변이 필요하다는 알림을 보내겠습니다. 그들은 이번 주에 개별 비용 구성 요소를 세분화하는 가격 책정 모델을 개발했습니다.

표현 tips heads-up: '알림, 주의, 참고' 등을 뜻하는 표현입니다. 어떤 내용에 대해 미리 알려주기 위한 용도로 자주 사용됩니다.

- Heads-up, there's a team meeting scheduled for 3 PM today.
  알림: 오늘 오후 3시에 팀 회의가 예정되어 있습니다.

- Just a heads-up, the marketing campaign launch has been moved to next Monday.
  미리 알려드립니다. 마케팅 캠페인 시작일이 다음 월요일로 연기되었습니다.

- I wanted to give you a heads-up that the client might request some changes to the proposal.
  클라이언트가 제안서에 대해 일부 변경을 요청할 수 있음을 미리 알려드립니다.

Ken is also the product owner and can give you specific details about product capability. I suggest you set up a time to talk live with him.

Ken 역시 제품 소유자로서 제품 기능에 대한 구체적인 세부 정보를 제공할 수 있습니다. 그와 실시간으로 통화할 시간을 정하는 게 좋겠습니다.

Regards,

표현 tips

talk live: 실시간으로 대화하다. 즉, 원거리에 있지만, 전화를 걸거나 화상으로 라이브 통화를 해볼 수 있습니다.

(have a live call, have a live video call)

- Let's discuss the marketing strategy further. Can we **have a live call** tomorrow?
  마케팅 전략에 대해 더 논의해 봅시다. 내일 라이브 콜(실시간 통화, 컨퍼런스 콜)을 할 수 있을까요?

- I appreciate your feedback. Let's **have a live video call** to address any concerns.
  피드백 감사드립니다. 문제를 해결하기 위해 라이브 화상 통화를 합시다.

Topic 10: 짧게 할 말만 한다(는 마음)

✉ Jen<jenhan@mail.net>

...

Thanks for the floorplans!
평면도 감사합니다!

실무 tips   실제 업무를 진행하다 보면, 수없이 오고 가는 이메일들 중에는 메일 본문이 이렇게 시작되는 경우도 많습니다. 한국어로 일할 때와 마찬가지로, 영어에서도 모든 이메일에서 100% 형식을 갖추어야 하는 것은 아닙니다.

More answers for you below:
아래에 더 많은 답변이 있습니다.

표현 tips   **below(아래에):** 다음에는 해당 세부 내용이 나올 예정입니다. 격식을 갖추어 완벽한 문장을 원한다면 아래와 같이 쓸 수도 있겠지만, 실무를 진행할 때는 형식을 반드시 갖추지 않고, 실용적으로 말할 수도 있다는 것을 참고하세요.

- Please find additional answers **below:**
- **Below,** you'll find more answers to your questions:

Topic 11: 솔루션에 대해 필요한 질문 주고 받기

✉ Paul<paulkonn@mail.net>

Hi Jen,
안녕하세요, 젠.

I caught up with Vanessa yesterday and we will need a bit more information to get you an accurate cost. DataEye Plus prices on two main parameters:
어제 바네사와 연락했는데, 정확한 비용을 알려드리기 위해서는 조금 더 많은 정보가 필요합니다. DataEye 플러스는 두 가지 주요 매개변수에 따라 가격을 책정합니다.

용어 tips

parameter: 매개변수, 또는 한국어로도 파라미터. 특정 작업이나 프로젝트를 완료하기 위해 필요한 정보

price on two main parameters: 두 가지 주요 매개변수에 따라 가격을 매기다, 즉 가격이 두 가지 주요 매개변수에 따라 결정된다는 뜻입니다. 따라서, 아래에는 그 매개변수에 대한 내용이 나옵니다.

1) Number of cameras to integrate with: Key questions - for each asset, is the plan to integrate with all of the cameras or do they want to run a proof of concept with a few stores to start with?
통합할 카메라 수: 주요 질문 – 각 자산의 경우, 모든 카메라와 통합할 계획입니까, 아니면 처음 시작을 위해 몇 개의 매장에서만 개념 증명을 실행하길 원합니까?

실무 tips | 첫 번째 파라미터(매개변수)는 Number of cameras to integrate with (통합해야 하는 카메라의 수) 입니다.

용어 tips | 개념 증명(proof of concept, POC): 새로운 아이디어나 제품, 서비스의 타당성을 검증하는 과정입니다. POC는 일반적으로 소규모로 진행되며, 실제 제품이나 서비스의 출시 전에 진행됩니다.

- Our team is working on a **POC** for the new marketing campaign to measure its effectiveness.
  우리 팀은 새로운 마케팅 캠페인의 효과를 측정하기 위해 POC를 진행하고 있습니다.

2) Estimated traffic (number of people who walk past the camera per week/ month): Does the mall have an existing footfall counter or do they have an idea of how much traffic the mall gets, if not, we can make an assumption and adjust the pricing as we go but it would be good to have an idea.
예상 트래픽량(매주/매월 카메라 앞을 지나는 사람 수): 쇼핑몰에 기존 보행자 카운터가 있습니까? 아니면 쇼핑몰에 얼마나 많은 트래픽이 발생하는지 알고 있습니까? 그렇지 않다면, 가정을 세우고 진행하면서 가격을 조정할 수 있지만 그래도 어느 정도 아이디어가 있으면 좋겠습니다.

실무 tips | 두 번째 파라미터(매개변수)는 Estimated traffic(매주 또는 매달 카메라 앞을 실제 지나가는 사람 수)입니다.

표현 tips | **as we go:** 해 보면서, 진행하면서

- We have a basic outline for the project plan, but we can make necessary changes **as we go**, depending on resource availability.
  프로젝트 계획에 대한 기본 윤곽은 정해 뒀지만 리소스 가용성에 따라, 일단 진행하면서 필요한 사항을 변경할 수 있습니다.

- The initial marketing strategy is in place, but we need to be flexible and adapt our approach **as we go** to stay responsive to market trends.
초기 마케팅 전략은 준비되어 있지만, 시장 트렌드에 지속적으로 대응하려면 접근 방식을 유연하게 조정해야 합니다.

용어 tips

footfall counter: 방문자 수 카운터. 특정 장소를 방문한 방문객 수를 측정하는 장치. 일반적으로 건물의 입구나 출구에 설치되며, 보행자가 카운터를 통과할 때마다 숫자가 늘어납니다.

- The retail store installed a **footfall counter** at the entrance to monitor daily customer traffic and enhance their store layout.
매장은 일일 고객 동선을 모니터링하고 매장 레이아웃을 개선하기 위해 입구에 보행자 카운터를 설치했습니다.

After we have this information, if we could put Vanessa in direct contact with the client I think that would be the most efficient way to guarantee a quick response and get this live. I've also attached a breakdown of the architecture that DataEye Plus uses should a technical person at the client wish to see it.
이 정보를 얻은 후, 바네사가 고객과 직접 접촉할 수 있다면, 그 응답을 빨리 받아 이를 실시간으로 전달하는 가장 효율적인 방법일 거라 생각합니다. 또한 클라이언트의 기술 담당자가 보고 싶어할 경우를 위해 DataEye Plus에서 사용하는 아키텍처 분석을 첨부했습니다.

Regards,
감사합니다

표현 tips

본문에서 should는 '조건이나 가능성'의 뜻으로, 의무나 충고를 표현하는 일반적인 뜻이 아닌 '만일' 또는 '만약 ~이라면'을 의미합니다. 즉, 해당 문장은 "I've also attached a breakdown of the architecture that

DataEye Plus uses if a technical person at the client wishes to see it."와 같습니다.

- <u>Should</u> you need any further assistance, feel free to contact our customer support team.
추가 지원이 필요한 경우 언제든지 고객 지원 팀에 문의하십시오.

- We'll proceed with the plan as scheduled, but we'll adjust if circumstances <u>should</u> change.
예정대로 계획을 진행하되 상황이 변경되면 조정하겠습니다.

✉ Paul<paulkonn@mail.net>

Sorry, it's because Vanessa only sent me the pricing late last night. I'm now putting the DataEye Plus pricing on top of it. We can talk through the pricing on the call.
죄송합니다. 바네사가 어젯밤 늦게서야 견적을 보냈습니다. 현재 제가 DataEye Plus 견적을 그 위에 추가하고 있습니다. 유선상으로 견적 이야기를 나누시죠.

Thanks,
감사합니다.

표현 tips | 여기에서 only는 '어젯밤 늦게'를 강조하고 있으며, 따라서 바네사가 늦게 pricing을 보내어 연락이 늦었다는 이유를 설명하고 있습니다.

- I apologize for the delay in responding to your email;
  I only received it in my inbox this morning.
  귀하의 이메일에 대한 회신이 지연되어 죄송합니다. 저도 오늘 아침에야 메일을 받았습니다.(답장을 늦게 한 이유를 설명하고 있습니다. 즉, 이메일을 오늘 아침에야 받았기 때문에 답장을 늦게 하게 되었다는 내용입니다.)

- We couldn't finalize the presentation on time because the client only provided us the necessary data yesterday afternoon.
  클라이언트가 어제 오후에야 필요한 데이터를 제공했기 때문에 제시간에 프레젠테이션을 마무리할 수 없었습니다.

Topic 13: 주요 정보 표시하기

✉ Paul<paulkonn@mail.net>

Hi Jen,
안녕하세요, 젠.

Apologies for the delay with getting you the pricing, we have needed to confirm some points with the vision team.
가격 책정이 지연되어 죄송합니다. 비전 팀과 몇 가지 사항을 확인해야 했습니다.

The headline figures are:
헤드라인(주요) 수치는 다음과 같습니다.

> – Building A
>   Setup Fee(Once only): USD15,000
>   Platform Charge(Monthly): USD 22,000
>   Insight Report(Monthly): USD 9,000
>   A동
>   설치비(1회에 한함): USD15,000
>   플랫폼 사용료(월간): USD 22,000
>   인사이트 리포트(월간): USD 9,000

...
...
...

각각의 가격이 한 번만 내면 되는 것인지(once only, 일회납) 매달 내야 하는 것인지(monthly) 설명하고 있습니다.

As has been discussed elsewhere on this thread, the insight report would highlight areas to investigate further and provide key metrics. We can then go discuss with the client and work with them on an optimization project to tackle these and make a difference.

이 스레드의 다른 곳에서 논의된 바와 같이 인사이트 보고서는 추가 조사가 필요한 영역을 강조 표시하고 주요 메트릭을 제공합니다. 그런 다음 고객과 논의하고 최적화 프로젝트에서 고객과 협력하여 이러한 문제를 해결하고 차이를 만들어 갈 수 있습니다.

Best,
감사합니다.

thread: 대화, 진행 중인 전체 대화를 의미합니다. 포럼, 소셜 미디어 플랫폼 또는 기타 온라인 커뮤니티에서 찾을 수 있는 특정 주제에 대한 일련의 관련 메시지 또는 코멘트를 가리키기도 하지만, 본문에서는 전체 이메일을 의미합니다. 예를 들어, 프로젝트에 대한 이메일을 주고받는 경우, 프로젝트에 대한 이메일의 스레드(모든 이메일의 집합)가 형성됩니다.

- I'll share the link to the **thread** where we've been discussing project updates and milestones.
  프로젝트 업데이트 및 마일스톤에 대해 논의한 스레드의 링크를 공유하겠습니다.

- In an earlier **thread**, there was a debate about the marketing strategies for the upcoming campaign.
  이전 스레드(메일 체인)에서, 다가오는 캠페인을 위한 마케팅 전략 관련 토론이 있었습니다.

Topic 14: 글로벌 팀과 컨콜 시간 맞추기

✉ Paul<paulkonn@mail.net>

Hi,
안녕하세요

I'm putting in this time on Thursday for Vanessa, you and I to discuss any questions you may have on the pricing and set up for the buildings. Please feel free to invite anyone else you would like?
목요일에 시간을 마련해 바네사 및 귀하와 함께 가격 책정 및 건물 설정에 대해 궁금해하실 만한 점을 논의해 보고자 합니다. 초대하고 싶은 분이 있으면 편하게 초대해 주세요.

표현 tips **putting in this time on Thursday**: 목요일에 시간을 할애하다. 즉 위의 세 사람 중 가격에 대한 질문이 있으면 이를 논의하기 위해 목요일에 시간을 내겠다는 뜻입니다.

- I've been **putting in extra time this week** to prepare a detailed market analysis for the upcoming meeting.
  저는 이번 주에 예정된 회의를 앞두고 상세한 시장 분석을 준비하기 위해 별도의 시간을 마련했습니다.

Vanessa is based in Canada so I've tried to make the timing the best scenario for all of us(7 am for Vanessa, 11 am for me and 8 pm for you). I hope it is ok.
바네사는 캐나다에 있으므로 우리 모두에게 시간상 가장 좋은 경우를 맞춰봤습니다(바네사는 오전 7시, 저는 오전 11시, 귀하는 오후 8시). 이 시간이 괜찮으시면 좋겠네요.

표현 tips

세 사람 모두의 시차를 고려한 최상의 시나리오를 계산하여 제시하고 있습니다. 자연스러운 표현이지만, 좀 더 완전성이나 격식을 필요로 한다면, 아래와 같이 구체적으로 말하는 것이 좋습니다.

- Since Vanessa is based in Canada, I've tried to find a suitable time for our meeting that accommodates everyone's schedule: 7 am for Vanessa, 11 am for me, and 8 pm for you.
바네사는 캐나다에 있기 때문에 제가 모든 분의 일정에 맞을 만한 적절한 회의 시간을 찾아 봤습니다.

(the best scenario for all of us → a suitable time for our meeting that accommodates everyone's schedule)

Time: Mar 20, 11:00 AM London

Join Zoom Meeting

Meeting URL: https://smartscan.zoom.us/j/208817843
Meeting ID: 270 369 1004 Meeting Password: 085432@!!43

시간: 3월 20일 오전 11시 (런던 시각 기준)
줌 미팅에 참여하기
줌 미팅 URL: http://smartscan.zoom.us/j/208817843
줌 미팅 ID: 270 369 1004 비밀번호: 085432@!!43

Topic 15: 기술 담당자를 위한 질문들

✉ Paul<paulkonn@mail.net>

...

Questions for Technical personnel
기술 담당자를 위한 질문들

As you know, our solution relies on using a smart appliance that resides on the same network as the camera/video feeds. The purpose of this device is to process the feeds from standard cameras using AI models that allow us to detect key events. This allows us to minimize the data transferred between the local network and the cloud.

아시다시피, 당사의 솔루션은 카메라/비디오 피드와 동일한 네트워크상의 스마트 기기 사용에 중점을 두고 있습니다. 이 장치의 목적은 AI 모델을 사용하여 주요 이벤트를 감지할 수 있는 표준 카메라의 피드를 처리하는 것입니다. 이를 통해 로컬 네트워크와 클라우드 간에 전송되는 데이터를 최소화할 수 있습니다.

In a typical model, these devices connect directly to an IP stream via standard network streaming protocols although we can explore alternate integrations on a case by case. Answers to the following questions will help us better understand the ease of integration:

일반적인 모델에서 이러한 장치는 표준 네트워크 스트리밍 프로토콜을 통해 IP 스트림에 직접 연결됩니다. 상황에 따라 사례별로 다른 통합 대안을 찾아볼 수 있지만 다음 질문에 대해 답을 주신다면 저희 입장에서 통합의 용이성을 더 잘 이해할 수 있습니다.

...
...
...

표현 tips

case by case: 상황에 따라

실무 tips

질문을 하기 전에 그 배경부터 상세히 설명했습니다. 이후에 나오는 'Answers to the following questions will help us better understand the ease of integration:'은 뒤이어 제시할 질문들에 대해 아주 공손하게(대답해 주신다면 ~에 도움이 될 것 같습니다: will help us better understand) 답변을 요청하는 표현입니다.

Topic 16: 정중히 이유를 들어 거절하기

✉ Paul<paulkonn@mail.net>

Hi Jen,
안녕하세요, 젠.

I'm afraid as much as I would like to travel, with the current foreign office advice, it's a firm no from the firm…
저는 몹시 가고 싶지만, 유감스럽게도 현재 해외 사무소의 조언에 따르자면 회사측에서는 강력히 반대하는 입장입니다

표현 tips   현재 갈 수 없다는 말을 정중히 완곡하게 돌려 말하고 있습니다: 'as much as I would like to travel(출국을 하고 싶지만)', 'it's a firm no from the firm (해외 오피스의 의견은 완고한 NO, 즉 출국이 불가능하다)'

Sorry, but rest assured once this passes I'd be delighted to come and help!
죄송합니다. 문제가(이 코로나 사태가 지나가면) 해결되면 기꺼이 도와드리겠습니다.

Regards,
Paul
폴 드림

표현 tips   rest assured: 안심하세요, 걱정 마세요. (현재 상황이 좋지 않지만, 상황이 지나가면 기꺼이 도와 드리겠다는 마음을 표현)

- **Rest assured,** I will be there for you.
  안심하세요, 제가 도와 드리겠습니다.

Topic 17: 캐주얼한 메일 1

✉ Paul<paulkonn@mail.net>

Hi all,
모든 분께.

Back from hols now, did you get sorted on this?
Appreciate I am late to the party, but happy to try and help out.
휴가에서 돌아왔어요, 이 사안은 해결이 되었나요?
제가 늦었지만(제가 늦게 왔지만) 기꺼이 도와드리겠습니다.

실무 tips   기본적으로는 폴이 젠에게 보내는 메일이지만, 팀 전체에게 인사를 하고
있습니다. 평소 메일 체인(loop)에 여러 팀원들이 걸려 있었기 때문입니다.
휴가에서 돌아와서 팀원 전체에게 인사하기 위해 Hi Jen이 아닌 Hi all
이라고 썼습니다.

표현 tips   캐주얼한 표현이 가득한 메일입니다. hols은 holidays 즉, 휴가를
의미합니다. party는 진행되고 있는 어떤 프로젝트나 일을 의미하며,
따라서 '일(프로젝트)에 늦게 참여하게 되었지만, 기꺼이 도와드리겠습니다'
라는 뜻입니다.

As far as I am aware, the monthly charge does include cloud.
제가 아는 바로는, 월 요금에 클라우드 비용도 포함됩니다.

Best,
Paul
폴 드림

---

as far as I am aware: 내가 아는 한, 제가 아는 바로는

- **As far as I am aware**, the project deadline is still set for next Friday. However, I will double-check with the team to confirm the exact date.
제가 아는 한, 프로젝트 마감일은 여전히 다음 주 금요일로 정해져 있습니다. 하지만 정확한 날짜를 팀과 다시 확인하겠습니다.

참고) **as far as I am concerned: 제 생각에는, 개인적으로**

- **As far as I am concerned**, the marketing strategy needs some adjustments to better target our younger audience.
제 생각에, 마케팅 전략은 젊은 고객을 더 잘 타깃팅하려면 약간의 조정이 필요할 것 같습니다.

does: 강조의 의미

Topic 18: 캐주얼한 메일 2

✉ Paul<paulkonn@mail.net>

Are you ok for a call now?
지금 통화 괜찮으세요?

Best,

실무 tips　　실무자와 실시간으로 메일을 주고 받을 때 쓸 수 있는 표현입니다.
끝 부분에 있는 인사말 Best를 제외하고는 일반 메신저 대화와 차이가 없을
정도로 간단합니다.

✉ Jen<jenhan@mail.net>

Cool – give me a whatsapp call when you can.
Thanks,
좋아요 – 가능할 때 왓츠앱 전화를 주세요.
감사합니다.

표현 tips　　우리에게 더 친숙한 카카오톡의 경우라면 이렇게도 말할 수 있습니다.
Kakaotalk me when you can: 가능하실 때 카카오톡으로 연락주세요

가능하신 시간에:

- at your earliest convenience(이메일 등 문어체에서 사용)
- whenever you can

✉ Paul<paulkonn@mail.net>

Thanks Jen, I'll work with Vanessa on a cost for you.
감사합니다. 비용 문제는 바네사와 함께 처리하겠습니다.

표현 tips | **work with ~ on ~: 누군가와 협력하여 어떤 일을 하다**

  - I'll **work with** the marketing team **on** the new advertising campaign.
    새 광고 캠페인 건은 마케팅 팀과 협력해서 처리하겠습니다.

Topic 19: 답장한 줄 알았는데 안 했었네요!

✉ Paul<paulkonn@mail.net>

Hi Jen,
안녕하세요, 젠.

The hotel opportunity sounds interesting. I'll let Vanessa comment on the pricing.
호텔 건에 흥미가 생기는데요. 바네사를 통해 견적에 대해 말씀드리도록 하겠습니다.

표현 tips   **let/have 사람 + 동사: ~이 ~를 하게 만들다/시키다/하다**

- The new project proposal is ready for review. I'll <u>let</u> John handle the technical aspects.
  새 프로젝트 제안서를 검토하실 수 있게 준비해 두었습니다.
  기술적인 부분은 존이 맡도록 하겠습니다.

- The team meeting is scheduled for 2 PM. I'll <u>let</u> Jenny lead the discussion on marketing strategies.
  팀 회의가 오후 2시에 예정되어 있습니다. 제니가 마케팅 전략 관련 회의를 리드하도록 하겠습니다.

실무 tips   호텔이라는 새로운 사업 기회를 제안받은 후 관심을 나타내는 표현입니다. 아래는 기존 사업인 쇼핑몰에 대해 말하고 있습니다.

As for the mall opportunity, I thought I had sent through a list of questions
I needed answered to complete pricing, but perhaps that got lost on my end.
쇼핑몰 건에 관해서는, 가격 책정을 완료하기 위해 답변이 필요한 질문 목록을 보냈다고
생각했는데, 아마도 제 쪽에서 누락된 것 같습니다.

표현 tips 좀 더 격식있게 표현하자면 list of questions that I need to be
answered to complete pricing으로 쓸 수도 있겠지만, 본문에서는
캐주얼한 데일리 커뮤니케이션 분위기에 맞게 사용되었습니다.

as for ~: ~로 말할 것 같으면, ~에 관해서는

- <u>As for</u> the recent decline in sales, we are analyzing the
  market trends and customer behavior to identify the
  underlying causes.
  최근 매출 감소 문제에 대해서는, 시장 동향과 고객 행태를 분석해
  근본적인 원인을 파악하고 있습니다.

got lost on my end: 본인 쪽에서 누락된(책임이 본인에게 있다). 이는
기술적인 문제나 본인의 실수로 인해 이메일/문서가 예상대로 전달되지
않은 것을 의미합니다. 문서를 보내는 데 문제가 있었고 그 결과 의도한 대로
전달되지 못했다는 것을 인정하는 상황입니다.

- I apologize for the delay in responding to your email.
  It seems that your message <u>got lost on my end</u> among
  the influx of other emails.
  이메일에 대한 회신이 지연되어 죄송합니다. 다른 이메일들과
  섞이면서 귀하의 메시지가 제 쪽에서 누락된 것 같습니다.

From the information you sent through on Building A, it looks like there are
more than 950 cameras in place.
A동에 대해 보내 주신 정보에 따르면 950대 이상의 카메라가 설치되어 있는 것 같습니다.

표현 tips

from~: ~에서와 같이, ~에서 보듯이, ~에 따르면 (= based on, according to, going by, as per 와 같은 의미로 사용되었습니다)

- **As per** the latest financial report, the company's revenue has increased by 15% compared to the previous quarter.
최신 재무 보고서에 따르면 회사의 매출은 전 분기 대비 15% 증가했습니다.

What type of analytics and what areas of the mall is this client interested in?
이 클라이언트는 어떤 유형의 분석과 쇼핑몰의 어느 영역에 관심이 있습니까?

Is it traffic counts at entry points as it was with the other buildings, or are they looking for something more specific?
다른 건물과 마찬가지로 진입 지점에서의 트래픽입니까, 아니면 더 구체적인 것을 찾고 있습니까?

실무 tips

누락되어 보내지 못했던 질문들 일부를 메일에 기재했습니다.
클라이언트의 정확한 니즈와 관심사를 찾기 위한 다양한 질문들을 해 볼 수 있습니다.

Any information you can share would be appreciated.
공유할 수 있는 모든 정보를 주시면 감사하겠습니다.

Thanks,
Paul
폴 드림

✉ Jen<jenhan@mail.net>

Yes thanks – week 12 of lockdown for us here now, it's getting a bit dull to be honest, but at least we are safe!
네, 감사합니다 – 지금 여기는 12주째 락다운을 하고 있습니다. 솔직히 말해서 조금 지루해지고 있지만 적어도 저희는 안전합니다!

표현 tips | 코로나로 인해 락다운이 길어지고 있는 것에 대해 small talk을 하고 있는 상황입니다. 이러한 small talk은 위와 같이 캐주얼한 톤으로 적으면 자연스럽지만, 예를 들어, Yes, thank you. We are currently in our twelfth week of lockdown, and it's becoming a bit tiresome, to be honest, but the most important thing is that we are safe. 와 같이 너무 격식을 차려 (완전한 형식으로) 작성하면 다소 부자연스러워 보입니다.

Working has been challenging but we have adapted well and are actively innovating with clients, so that's a good thing. Hopefully not too much longer before some of the kids can go back to school and we can all start getting back to normal⋯
일하는 데 어려움도 많지만 우리는 잘 적응했고 클라이언트와 함께 적극적으로 혁신하고 있습니다. 아이들도 좀 학교로 돌아가고 우리 모두가 조속히 정상적인 생활로 돌아갈 수 있기를 바랍니다.

코로나로 인한 업무의 어려움과 극복 중인 상황을 말하고 있습니다. 이후 여건이 나아지기를 바란다는 메시지를 적으며 small talk을 하는 이메일입니다.

You guys coming out of the other side now?
당신들도 이제 좀 괜찮아지고 있습니까?(그 문제에서 벗어나고 있습니까?)

Best,

coming out of the other side: 이 표현은 어떤 어려움이나 위기 상황에서 빠져나오거나 상황이 나아지는 것을 의미합니다. 코로나 락다운 등 어려운 시기를 겪은 후 긍정적인 변화나 개선을 보기 시작했는지 묻고 있습니다. 어려운 시간을 어떻게 대처하고 있는지, 끝은 보이는지 또는 상황이 나아지고 있는지를 묻는 캐주얼한 표현입니다.

- After months of restructuring, our organization is now **coming out of the other side** with a leaner and more efficient workforce.
  몇 달간의 구조 조정 후 우리 조직은 이제 더 간소하고 효율적인 인력으로 바뀌고 있습니다.

- The merger process was complex and demanding, but we are finally **coming out of the other side** as a unified and stronger entity in the industry.
  합병 과정은 복잡하고 까다로웠지만 마침내 우리는 업계에서 더 강력한 단일 기업으로 발돋움하고 있습니다.

✉ Paul<paulkonn@mail.net>

Hi Jen,
안녕하세요, 젠.

With respect to the issue of identifying people with masks, I would say we don't really have a solid answer yet.
마스크를 쓴 사람을 식별하는 문제에 대해서는 아직 확답을 드릴 수 없을 것 같습니다.

표현 tips

with respect to~: ~와 관련해서, ~의 문제와 관련해서, ~에 대해 (= regarding, concerning, in terms of, with regard to, as for)

solid answer: 확답 (= definitive, reliable, decisive, well-grounded, conclusive answer)

- The client expressed their concerns and demanded a definitive answer on the delivery date for their custom-made order.
  클라이언트는 우려를 표명하고 주문 제작 주문의 배송 날짜에 대해 명확한 답변을 요구했습니다.

I can tell you that for the purpose of just detecting that they are a person, masks don't seem to have much of an impact, but when it comes to facial recognition there is a noticeable decline in accuracy of matching algorithms as the number of data points that are available to compare is limited.
단순히 사람 여부를 감지하는 목적으로는 마스크가 큰 영향을 미치지 않는 것 같지만 안면 인식의 경우 매칭(식별하는) 알고리즘의 정확도가 눈에 띄게 떨어집니다. 이는 비교 가능한 데이터 포인트에 한계가 있기 때문입니다.

표현 tips

when it comes to~: ~와 관련해서는, ~에 관해서는 (=regarding, in terms of, with respect to, as for, with regard to 등과 같은 뜻이지만, 다소 캐주얼한 뉘앙스가 있는 표현입니다.)
noticeable decline in accuracy: 정확도가 현저히(눈에 띄게) 감소함

We are working with our partners at AWS to actively look at ways to improve that accuracy, but I don't have a reliable answer yet on how much improvement we can attain over our current system results.
우리는 AWS의 파트너와 협력하여 정확도를 개선할 수 있는 방법을 적극 모색하고 있지만 현재 시스템 결과보다 얼마나 개선할 수 있는지에 대해 신뢰할 만한 수준의 답은 아직 찾지 못했습니다.

표현 tips

reliable answer: 신뢰할 수 있는 답변 (위의 solid answer와 같음)
본문에서의 'over'은 '~보다, ~에 비해' 의 의미로 사용되었습니다.

- The software update promises enhanced security features, ensuring better protection **over** our current system.
소프트웨어 업데이트는 향상된 보안 기능을 통해 현재 시스템보다 우수한 보호 기능을 제공할 수 있습니다.

- The company's sustainability initiatives aim to attain a
  carbon-neutral status, promoting eco-friendly practices
  <u>over</u> traditional ones.
  회사의 지속 가능성 이니셔티브는 탄소 중립을 달성하는 것을
  목표로 하며 기존의 방식보다 환경친화적인 방식을 추구합니다.

There are ways you can mitigate the issue by using higher resolution cameras
but there is a hardware/software trade off on costs.
고해상도 카메라를 사용하여 문제를 완화할 수 있는 방법이 있지만 비용 측면에서 하드
웨어/소프트웨어 트레이드 오프가 있습니다.

As for Building A, I believe I still need details on the specific use cases they
are looking to solve.
건물 A의 경우 해결하려는 특정 사용 사례에 대해 세부 정보가 여전히 필요하다고 생
각합니다.

표현 tips   **trade off:** 두 가지 이상의 선택지 중 하나를 선택하는 과정에서 다른
하나를 포기해야 하는 것을 의미합니다. 어떤 선택을 하든지 다른 것을
포기해야 할 수 있으므로, 의사 결정을 할 때는 항상 trade off를 고려해야
합니다.

- The **trade-off** between offering discounts to boost
  short-term sales and maintaining profit margins is a
  crucial consideration for the sales team.
  단기 판매 촉진을 위한 할인 제공과 이익 마진 유지 사이의 균형
  (trade-off)은 영업팀이 고려해야 할 중요한 사항입니다.

Is it just footfall traffic they are looking to count? Are they just looking at
entrances and exits, or all cameras throughout the mall?
그들이 측정하고자 하는 것이 유동인구 트래픽입니까? 그들은 입구와 출구에서만 측정
하고 있습니까, 아니면 쇼핑몰 전체에서 모든 카메라로 측정하고 있습니까?

실무 tips 클라이언트가 무엇을 원하는지에 따라 처리해야 할 데이터의 양이나 장비의 수가 늘어나게 되므로 가격에 영향을 끼치게 됩니다. 이를 파악하기 위해 다양하게 질문하고 있습니다.

The reason this matters is that the costs of our solution are somewhat dependent on the number of cameras we are connecting to. Each device in our solution is capable of processing 30fps video streams from a limited number of cameras depending on the complexity of the algorithms needed to detect what you are looking for.

이것이 중요한 이유는 연결하는 카메라 수에 따라 솔루션 비용이 다소 달라지기 때문입니다. 당사 솔루션의 각 장치는 원하는 것을 감지하는 데 필요한 알고리즘의 복잡성에 따라 제한된 수의 카메라에서 30fps의 프레임 속도를 사용하는 비디오 스트림을 처리할 수 있습니다.

표현 tips **the reason this matters:** 이것이 중요한 이유

- During our presentation, we must emphasize the unique features of our product, as that's **the reason this matters** to potential investors.
프레젠테이션을 할 때, 우리 제품의 고유한 기능을 강조해야 합니다. 잠재 투자자 입장에서는 바로 그 점이 중요한 이유이기 때문입니다.

somewhat: 다소, 약간, 어느 정도

- The project's progress is **somewhat** behind schedule.
프로젝트 진행이 예정보다 다소 늦어지고 있습니다.

To help us better understand how to price this, we would need to know:

     - How many cameras would we need to connect?

     - What specifically are we looking to measure?

가격을 책정하는 데 도움을 받기 위해, 저희는 다음 사항을 알아야 합니다.

     - 몇 대의 카메라를 연결해야 하는지

     - 구체적으로 측정하려고 하는 것은 무엇인지

Thanks,

감사합니다.

실무 tips   질문을 바로 하지 않고 "To help us better understand how to price, this we would need to know:" 라고 먼저 말하며 해당 정보가 필요한 이유 또는 배경을 미리 알리고 있습니다. 이처럼 앞단에 이유를 설명하면, 보다 효과적이고 상황에 맞는 커뮤니케이션을 이끄는 데 도움이 됩니다.

Topic 22: 가격 설득

✉ Paul<paulkonn@mail.net>

Hi Jen,
안녕하세요, 젠.

I'll need Vanessa or someone from our team to comment on whether any additional cameras might need to be installed at the hotel to generate the analytics you mention below.
아래에 언급하신 분석을 수행하기 위해 호텔에 추가 카메라를 설치해야 할지 여부에 대해서 바네사나 우리 팀원이 의견을 제시해야 할 것 같습니다.

표현 tips **whether ~ (or not): ~인지 아닌지 (=if~)**

- Please check with the legal department **whether** the new policy complies with all regulations.
새 정책이 모든 규정에 부합하는지 법무 부서에 확인하십시오.

- We are uncertain **whether** or not the market trends will favor our new product launch.
당사의 신제품 출시가 시장 트렌드에서 반응을 보일지 여부를 확인할 수 없습니다.

It looks like there are 40 cameras already in place from the information you shared. As a rough estimate, this would translate to approximately $6,000/month in license and support fees to run the platform that connects to the cameras and processes the data. There would additionally be a set-up fee and some hardware costs to get up and running.

공유하신 정보로 볼 때 이미 40대의 카메라가 있는 것 같습니다. 대략적으로 계산하면 카메라에 연결하고 데이터를 처리하는 플랫폼을 실행하기 위한 라이선스 및 지원 비용으로 매월 약 6천 달러가 소요됩니다. 추가적으로, 설치 비용과 설치 및 실행을 위한 일부 하드웨어 비용이 있습니다.

표현 tips

up and running: 가동 중인, 작동 중인, 가동이 잘 되는. 무언가가 완전히 작동하고 사용할 준비가 되었음을 나타냅니다. running smoothly, in operation, live, fully functional 등과 같은 의미입니다.

– We'll launch the website once all the necessary updates are completed, ensuring it's **up and running** for our customers.
필요한 모든 업데이트가 완료되면 웹사이트를 론칭하고, 고객들의 웹사이트가 정상적으로 작동하는지 확인할 것입니다.

Our pricing models generally do have a volume component, meaning the more locations we bundle, the lower the price per device.

저희 가격 책정 모델에는 일반적으로 수량 할인이 적용되는데요. 즉, 번들로 묶는 자산이 많을수록 장치당 단가가 낮아집니다.

용어 tips

volume component: 수량이라는 요소. 본문에서는 '수량 할인' 즉, 장치당 가격이 수량에 따라 감소하는 요소를 의미합니다. 더 많은 장치를 구매하는 고객에게 할인을 제공한다는 뜻으로, 더 많은 제품이나 서비스를 구매하도록 장려하기 위해 설계됩니다.

I also wanted to introduce you to my colleague Benjamin Dale. He runs the sales and can help us with any additional questions you might have. @Benjamin, meet Jen who is based out of ABC's practice in South Korea.
제 동료인 벤자민 데일도 소개하고 싶습니다. 그는 판매를 담당하며 귀하의 추가 질문에 대해 답변할 수 있습니다. @ 벤자민, ABC 한국 오피스에 있는 젠과 인사하세요.

Best,

실무 tips 한국어로 이메일을 보낼 때와 마찬가지로, 본문에 특정인을 '@' 다음에 언급하여 메시지를 전달할 수 있습니다.

practice: 오피스, 사무실 등 특정 장소를 의미함

- The team in our New York **practice** achieved record sales numbers last quarter.
  우리 뉴욕 사업부 팀은 지난 분기에 기록적인 판매 수치를 달성했습니다.

Topic 23: 앞서 말씀드렸다시피…

✉ Paul<paulkonn@mail.net>

Hi Jen,
안녕하세요, 젠.

I believe I have already supplied pricing for the hotel.
제가 이전에 호텔 가격을 제공해 드렸던 것 같은데요.

표현 tips | "그 전에 이미 제공했다"라고 말할 때 I believe나 I think (제 생각에는 ~인 것 같습니다)라는 표현을 써서 공손하게 말할 수 있습니다.

To get further refined on price, I'll need our team to assist with identifying what data is needed and how many of the cameras would need to be used to measure what the client is looking for.
가격을 더 세부적으로 조정하려면, 고객이 원하는 데이터를 측정하는 데 어떤 데이터가 필요한지, 그리고 몇 대의 카메라를 사용해야 하는지를 저희 팀이 파악해야 합니다.

As mentioned previously, our costs are driven by the number of cameras we need to connect with and the amount of data we need to collect.
앞서 언급한 바와 같이 연결해야 하는 카메라 수와 수집해야 하는 데이터 양에 따라 비용이 결정됩니다.

표현 tips | **As mentioned previously: 앞서 언급했듯이**

비슷한 의미로 사용되는 표현들:

As previously stated: 앞서 말했듯이
As discussed earlier: 앞서 논의했듯이
As noted before: 앞서 말했듯이

- **As noted before,** our quarterly report showcases significant growth in both revenue and customer engagement.
앞서 언급한 바와 같이, 분기별 보고서에 따르면 수익과 고객 참여면에서 모두 상당히 성장했습니다.

As we mentioned earlier: 앞서 언급했듯이

- The new software update brings enhanced security features. **As we mentioned earlier,** your data privacy is our top priority
새로운 소프트웨어 업데이트는 보안 기능을 향상시켜 줍니다. 앞서 언급했듯이 저희는 여러분의 데이터 프라이버시를 최우선 순위로 삼고 있습니다.

As referenced earlier: 앞서 언급했듯이
As you may recall: 앞서 기억하시는 바와 같이

Apologies for the delay in response, I've been away from the office for some personal time off for several days over the last few weeks. I will be back in the office tomorrow.
답변이 늦어 죄송합니다. 지난 몇 주 동안 개인 휴가차 사무실을 비웠습니다. 저는 내일 사무실로 돌아갈 예정입니다.

Thanks,

표현 tips　　휴가/연차 사용으로 자리를 비웠다는 것을 말할 때:

I've taken some personal time off
I've been on PTO (*위의 설명 참고)

- **I've been on PTO** for a few days, exploring new ideas
  and strategies. Now, I'm back and eager to share my
  insights with the team.
  저는 새로운 아이디어와 전략을 탐구하면서 며칠간 PTO
  를 다녀왔어요. 이제 돌아와서 팀과 저의 인사이트를 공유하고
  싶습니다.

I've been on leave
I've had some time off

- **I've had some time off** to focus on personal growth
  개인적인 성장에 집중하기 위해 시간을 좀 가졌습니다.

I've been on holiday
I've been out of the office

- **I've been out of the office** for a short break. I'm back
  now and ready to collaborate on the upcoming project.
  잠시 자리를 비웠었습니다. 이제 돌아와서 다음 프로젝트의 공동
  작업을 할 준비가 되었습니다.

Chapter 3:
문제 해결 플로우

Unit 001. 문제 파악 및 해결

사모펀드 프라핏 파트너스(Profit Partners)는 자신들이 소유하고 있는 초대형 글로벌 리테일 기업 메가 마트(Mega Mart)에 대한 출구 전략(exit strategy) 및 실행 계획(execution plan)을 수립하기 위해 컨설팅펌을 찾아 왔습니다.

리테일 기업 메가 마트가 당면하고 있는 문제점들에 대하여 몇 차례 논의가 이어졌고, 컨설팅펌 내부에서 주요 글로벌 파트너들이 볼드 플레이(bold play)에 대해 동의함에 따라 Pursuit Fund 8만 달러를 확보하여 관련 제안서를 작성하게 되었습니다.

본 프로젝트를 위해 한국 주도의 크로스 보더(cross-border), 크로스 펑셔널(cross-functional)한 TFT가 구성되었고, 글로벌 직원들과의 협력을 통해 약 10주 동안 제안서를 작성하는 프로젝트(Engagement)가 시작되었습니다. 제안서는 비즈니스 턴어라운드(business turn-around) 중심으로 제작될 예정입니다.

용어 tips

Exit strategy: 엑싯 전략 또는 출구 전략이라고 부르며, 기업이 투자한 자산을 처분하는 전략을 의미합니다. 기업은 투자한 자산을 처분하여 투자금을 회수하거나, 투자 수익을 얻을 수 있습니다. 출구 전략에서 가장 일반적인 방법은 기업을 매각하는 것입니다. 기업을 다른 기업에 매각하거나 주식시장에 상장하여 투자금을 회수할 수 있습니다. 다른 방법으로는 투자한 자산을 임대하거나 직접 운영하는 방식 등이 있습니다.

Execution plan: 실행 계획. 전략의 실행을 위한 계획을 의미.

Bold play: 중요한 비즈니스적 목표를 위해 강한 자신감과 높은 수준의 리스크 감수가 필요한 전략적 움직임이나 결정을 의미하며, 본 맥락에서는 대표, 임원, 파트너 등 리더십의 움직임을 뜻합니다.

Pursuit fund: 사업 확장, 다각화, 특정 프로젝트나 비즈니스적 목표를 추구하는 투자 기회나 자산의 획득을 위해 조성되는 펀드를 뜻합니다. 잠재적인 비즈니스 기회 또는 프로젝트를 추구하기 위해 별도로 마련한 전용 예산 또는 리소스 풀을 의미합니다. 회사가 전략적 목표와 일치하는 잠재 고객 또는 중요한 프로젝트를 식별하면 그 특정 기회를 획득하는 데 필요한 노력을 지원하기 위해 Pursuit fund에서 자금을 할당할 수 있습니다.

Pursuit fund는 컨설팅 회사의 비즈니스 개발 전략에서 중요한 요소로, 회사가 성장 목표에 부합하는 신규 고객 및 프로젝트 확보 시 적극적으로 투자하는 데 도움이 됩니다. 이를 통해 회사는 가능한 최선의 방법으로 자신을 제시하고 시장에서 효과적으로 경쟁하는 데 필요한 리소스를 전용할 수 있습니다.

Cross-border: 다양한 국가가 관여되는 프로젝트나 팀, 거래 등을 의미합니다.

Cross-functional: 조직 내 서로 다른 function이나 부서 간 협업 및 시너지를 만들어 내는 것을 의미합니다.

Function: 회사에서 서로 다른 기능(function)은 부서를 의미합니다. 예를 들어, 마케팅 부서, 영업 부서, 개발 부서 등은 서로 다른기능이라고 할 수 있습니다.

TFT: 태스크 포스팀(Task Force Team)의 약어. 조직 내에서 특정 프로젝트나 목적을 위해 임시로 조직되는 팀을 의미합니다.

Business turnaround: 기존 사업에서 전략적인 구조 조정, 원가 절감, 운영 효율 개선 등 특히 기업의 재무 및 운영 측면에서 새롭게 변화를 주고 개선하는 것을 의미합니다.

Topic 001. 문제점 찾기(Identifying challenges)

제안서나 보고서를 쓰기 전에 문제점(Challenges 또는 Issues)을 찾아내는 것은 프로젝트 또는 이니셔티브의 범위(Scope)를 명확하게 이해하고, 현실적이고 효과적인 해결책을 고안하며, 리소스를 적절하게 할당하는 데 도움이 됩니다. 또한, 리스크를 조기에 식별함으로써 리스크 완화 및 비상 전략을 사전에 계획하여 실패 가능성을 줄일 수 있으며, 전반적인 프로젝트 성공 가능성을 높일 수 있습니다.

먼저 가능한 전략(Strategy)을 브레인스토밍(Brainstorming)해 보는 과정부터 짚어보고, 자주 사용되는 용어와 표현들을 살펴보겠습니다.

1-1. 문제점 찾기 (Identifying challenges/Identifying issues)

일반적으로 문제점 등 어떤 사항을 분류하여 나열할 때는, 크게 2가지로 나누거나 3~5개의 측면으로 나누어 정리하는 것이 깔끔합니다.

글로벌 유통/리테일 대기업 Mega Mart의 현재 문제점을 크게 5가지 부분(전략, 유통/배송, 이커머스, 고용, 규제 측면)에서 간단히 짚어 보겠습니다.

Table 1. **5 Challenges facing Mega Mart**

Strategic	- Owners focusing on maximizing value and turnaround before considering sale or IPO - REITs IPO plan unsuccessful - Liquidation of underperforming stores needed - Mega Mart has liquidated $4B in real estate assets since March 2020.

Fulfillment	- Competitors Global Mart and Super Buy investing in large fulfillment centers to handle increasing online orders - Significant rise in online orders - Challenges in integrating and operating hypermarkets, SSM, and convenience stores due to fulfillment and inventor management requirements
E-commerce	- Top five hypermarket chains experiencing intense price competition from e-commerce players amid slower economic growth
Employment	- Conversion of over 30,000 temporary jobs to permanent positions, resulting in permanent staff now accounting for 97% of the company's employment. This has limited Mega Mart's ability to respond to competitive trends.
Regulatory	- Mandatory store closings on the 2nd and 4th Sundays to revitalize traditional markets - Reduction in maximum working hours from 68 to 40 (with an additional 12 hours of overtime) - Hourly minimum wage increased to 10,000KRW

(1) Strategic Perspective (전략 관련)

전반적인 비즈니스 전략과 관련된 문제에 초점을 맞춥니다. 구체적으로, 비효율적인 비즈니스 모델, 경쟁력 확보, 시장 접근, 제품 다양성, 가격 전략, 타깃 고객층 및 브랜딩과 같은 문제를 다룹니다. 전략적인 문제를 해결하기 위해서는 시장 분석, 기회 도출 및 명확한 비즈니스 목표 달성을 위한 계획 수립이 필요합니다.

Owners focusing on maximizing value and turnaround before considering sale or IPO

소유주는 매각이나 IPO를 고려하기 전에, 가치 극대화와 턴어라운드에 중점을 두고 있음

용어 tips

Turnaround: 전환, 반전의 뜻. 기업의 입장에서 turnaround는 '어려움을 극복하고 회복하여 다시 성장하는 것'을 의미합니다. 어려운 과정이지만, 성공한다면 기업의 가치를 크게 높일 수 있습니다. 즉, turnaround 전략은 기업이 어려움을 극복하고 회복하여 다시 성장하기 위해 수립하는 전략입니다.

IPO (Initial Public Offering): 기업이 처음으로 주식을 일반 투자자에게 공개하는 것을 의미하며, IPO를 통해 기업은 자금을 조달하고, 기업의 지배구조를 개선하며, 기업의 브랜드 가치를 높이는 효과를 얻을 수 있습니다. IPO를 통해 기업은 많은 자금을 조달할 수 있지만, 그만큼 주주들의 눈높이에 맞는 경영 성과를 보여줘야 합니다. 만약 기업이 기대에 미치지 못하는 경영 성과를 보인다면 주가 하락 등으로 인해 기업의 가치 또한 하락할 수 있습니다.

REITs IPO plan unsuccessful

리츠 IPO 계획 실패함

용어 tips

REITs (Real Estate Investment Trusts): 리츠는 부동산 간접투자기구인 주식회사로서, 다수의 투자자로부터 자금을 모아 부동산 및 부동산 관련 증권 등에 투자·운영하고 그 수익을 투자자에게 돌려줍니다. 리츠는 부동산을 직접 소유하거나 부동산에 투자하는 회사의 주식을 소유하여 부동산에 투자합니다.

예를 들어, 오피스 리츠는 사무실 건물 등을 소유 및 관리하며, 해당 부동산을 세입자에게 임대합니다. 이와 달리, 리테일 리츠는 대형 쇼핑몰, 아울렛, 백화점 등을 소유 및 관리하면서 이를 세입자에게 임대합니다.

이 외에도 호텔 리츠, 주거 리츠, 물류 리츠, 인프라 리츠 등 다양한 종류의 리츠가 존재합니다.

따라서, 쇼핑몰, 소매점, 물류창고 등 광범위한 부동산 자산을 소유하고 있는 유통 대기업 Mega Mart의 입장에서도 다양한 이유로 리츠의 IPO를 고려해 볼 수 있습니다. 리츠 IPO를 통해 자금을 조달하고, 이를 통한 가치 창출, 재무구조 개선 및 세금 혜택 등의 이점이 있을 것으로 예상되지만, 해당 예시에서 보듯, Mega Mart는 예상치 못한 내외부 문제로 인해 리츠IPO를 계획하고도 이에 실패합니다. 따라서 이번 Turnaround를 통해 추후 IPO 재도전을 준비할 것으로 예상해 볼 수 있습니다.

Liquidation of underperforming stores needed
실적 부진 점포 정리 필요

용어 tips

Liquidation: 청산, 유동화를 뜻하지만, 재산을 처분하는 행위 그 자체를 의미하는 등 상황에 따라 뜻이 달라질 수 있습니다.
예를 들어, liquidation은 부동산이나 기업이 재산을 처분하여 채권자들에게 채무를 변제하는 것을 말하는데, 이와 동시에 재산을 처분하여 유동성을 확보하는 것을 의미하기도 합니다. 즉, 단순히 매각을 한 것일 수도 있고, 또는 기업이 유동성 위기에 처하여 자산을 처분해 유동성을 확보한 것일 수도 있습니다. 이때 liquidation은 기업의 생존을 위한 수단으로 사용됩니다.

Mega Mart has liquidated $4B in real estate assets since March 2020.
2020년 3월부터 부동산 자산 40억 달러를 유동화함

용어 tips

Liquidate: 위 문장에서 liquidate는 현금을 확보하기 위해 자산을 매각하는 것을 의미합니다. Mega Mart는 현금을 확보하기 위해 40억

달러 상당의 부동산 자산을 매각했는데, 이는 Mega Mart가 재정적 어려움을 겪으면서 현금을 확보해 살아남기 위한 노력일 수도, 또는 Mega Mart가 단순히 부동산 시장에 대한 노출을 줄이기 위해 매각한 것일 수도 있습니다.

이와 같이 liquidate는 긍정적인 의미와 부정적인 의미를 모두 가질 수 있습니다. 이 문맥에서의 liquidate는 Mega Mart가 손해를 보면서 자산을 매각하고 있다는 것을 시사하기 때문에 부정적인 의미일 가능성이 높지만, Mega Mart가 이익을 취하고자 자산을 매각하는 경우라면 긍정적인 의미가 됩니다.

(2) Fulfillment (유통/배송 관련)

재고, 공급망 및 물류를 효율적으로 관리하는 역량을 의미하며 여기에는 재고 관리, 창고 관리, 주문 처리, 배송 등이 포함됩니다. 재고 부족, 납기 지연, 비효율적인 풀필먼트 프로세스, 또는 공급업체와의 관계 등에 있어 문제가 발생한다면 성과 및 고객 만족도에 영향을 미칠 수 있습니다.

Competitors Global Mart and Super Buy investing in large fulfillment centers to handle increasing online orders
경쟁업체 Global Mart와 Super Buy는 온라인 주문을 늘리기 위해 대규모 주문 처리 센터에 투자

용어 tips

Fulfillment: 기업에서의 풀필먼트(fulfillment)는 고객의 주문을 처리하고 배송하는 전체 과정을 의미합니다.

Fulfillment centers: 고객의 주문을 처리하고 배송하는 센터이며, 고객에게 제품을 제공하고 고객의 만족도를 높이는 데 중요한 역할을 합니다. 풀필먼트 센터(fulfillment center)는 온라인 쇼핑몰, 소매업체, 제조업체 등 다양한 기업에서 사용됩니다. 풀필먼트 센터를 통해 기업은

고객에게 빠르고 정확하게 제품을 배송하고, 재고 관리와 물류 비용을 절감할수 있습니다.

Significant rise in online orders
온라인 주문 급증

Challenges in integrating and operating hypermarkets, SSM, and convenience stores due to fulfillment and inventory management requirements
주문 처리 및 재고 관리의 요구 사항으로 인해 하이퍼마켓, SSM, 편의점 통합 및 운영에 어려움이 있음

용어 tips

Hypermarket: 식료품과 기타 잡화류를 한 곳에 판매하는 대형마트를 의미하며, 식료품, 신선식품, 가공식품, 의류, 가전제품, 문구류, 스포츠용품 등 다양한 품목을 판매합니다. 하이퍼마켓은 고객들에게 편리한 쇼핑 환경을 제공하고, 다양한 제품을 저렴한 가격에 제공합니다.

SSM: 한국에서 '기업형 슈퍼마켓'을 뜻하는 SSM은, 일반 슈퍼마켓이나 편의점보다 크고 대형마트보다는 작은 규모입니다. 국내에서는 Super Supermarket이라고도 불립니다. 대형마트에 비해 규모는 작지만, 편의점보다 다양한 상품을 판매합니다.

Convenience store: 편의점. 일반적으로 24시간 영업을 제공하고, 신속하고 편리한 쇼핑 환경을 제공합니다.

(3) E-commerce (이커머스 관련)

온라인 존재감, 웹사이트 기능, 사용자 경험, 디지털 마케팅 전략 및 온라인 고객 참여와 관련된 문제를 다룹니다. 또한 오프라인 및 온라인 채널 통합, 온라인 판매 전환 최적화 및 기술을 활용하여 전반적인 온라인 쇼핑 경험 향상 등의 측면도 포함합니다.

Top five hypermarket chains experiencing intense price competition from e-commerce players amid slower economic growth
상위 5대 대형마트 체인이 경제 성장 둔화 속에서 전자상거래 업체들과의 치열한 가격 경쟁에 놓여 있는 상황

표현 tips

amid: 가운데, ~중에, 사이에

- The company is <u>amid</u> a financial crisis.
  회사가 재정 위기에 처해 있습니다.

(4) Employment (고용 관련)

여기에서는 인력과 관련된 문제를 다룹니다. 직원 수준, 직원 만족도, 교육 및 개발, 성과 관리 및 인재 유지와 같은 요소를 평가합니다. 고용 문제를 해결하기 위해서는 직원 구조 재조정, 직원 참여 증진, 교육 프로그램 개선 또는 최고 인재 유치 및 유지를 위한 인센티브 체계 개발과 같은 조치가 필요합니다.

Conversion of over 30,000 temporary jobs to permanent positions, resulting in permanent staff now accounting for 97% of the company's employment. This has limited Mega Mart's ability to respond to competitive trends.
3만 개 이상의 임시직을 정규직으로 전환하여 현재 정규 직원이 회사 고용의 97%를 차지함. 이로 인해, 경쟁 추세에 대응하는 Mega Mart의 역량에 제한요소로 작용할 수 있음.

표현 tips

account for: 설명하다, 책임지다, 차지하다, 보상하다, 합계가 ~ 되다
(= total, take up, hold)

- The company <u>accounts for</u> 10% of the market share.
  회사가 시장 점유율의 10%를 차지합니다.

- The number of people who live in the city <u>accounts for</u>
  70% of the total population.
  도시 거주자 수가 전체 인구의 70%를 차지합니다.

- The company is <u>accountable for</u> its actions.
  회사는 그 행동에 대해 책임을 져야 합니다.

(5) Regulatory (규제 관련)

회사의 영업 활동에 영향을 주는 법률 및 규정 준수 측면을 다룹니다. 제품 안전, 노동법, 소비자 보호, 데이터 개인 정보 보호 및 과세와 같은 지역 또는 국가별 규정 이해 및 준수를 포함합니다. 규제 관련 문제를 해결하지 못하면 법적 문제, 벌금 또는 평판 손상으로 이어질 수 있습니다.

Mandatory store closings on the 2nd and 4th Sundays to revitalize traditional markets
전통시장 활성화를 위해 일요일 매장, 의무 휴무(둘째 주, 넷째 주 일요일)가 적용됨

표현 tips | 단순히 요일을 의미하는 Sunday에 s를 붙여 Sundays라고 하면, 특정 요일에 어떤 일이 반복적으로 일어나는 'every'를 의미합니다. 본문에서는 정책에 따라, 둘째 주, 넷째 주 번째 일요일'마다' 일어나는 일이므로 s를 붙여 표현하였습니다. 요일 외에도 시간을 뜻하는 Morning, Evening 등에도 s를 붙여 표현할 수 있습니다.

- <u>Tuesdays</u> are dedicated to product development and innovation sessions.
  매주 화요일은 제품 개발과 혁신 세션에 전념하는 날입니다.

- The weekly sales meeting takes place on Tuesday <u>mornings</u> to analyze previous performance and plan for the coming week.
  매주 화요일 오전에 주간 판매 회의가 열리며, 이전 실적을 분석하고 다음 주 계획을 세웁니다.

Reduction in maximum working hours from 68 to 40 (with an additional 12 hours of overtime)
최대 근무 시간이 68시간에서 40시간으로 단축됨(+12시간 초과 근무)

표현 tips

overtime: 초과 근무 (= extra hours, additional work hours, extended working hours)

Hourly minimum wage increased to 10,000KRW.
최저임금 시급이 1만 원으로 인상됨

1-2. 이슈 사항에 따른 전략 방안

분석된 문제점들에 대한 1차적인 방안들을 크게 3가지 측면에서 정리해 보았습니다.

Table 2. **Strategic Directions**

Cash Flow Strategy	- Liquidation of underperforming stores - Expansion of convenience stores and increased investment in the online business
Store Type	- Repositioning of Hyper stores into dark stores for fulfilling online orders with minimal investment - Introduction of a new store type called Semi-hybrid, based on features such as automation, parking capacity, and warehouse availability
Fulfillment System	- Adaptation of existing fulfillment systems for hypermarkets to establish separate fulfillment systems for convenience stores and SSM

(1) Cash Flow Strategy (현금 흐름 전략)

현금 흐름에 대한 챌린지를 해결하고 현금 흐름을 강화하기 위한 방안을 제시합니다. 즉, 기업이 현금을 관리하고 조달하는 방법에 대한 계획들을 제시합니다.

Liquidation of underperforming stores
실적 부진 점포 청산

Expansion of convenience stores and increased investment in the online business
편의점 점포 확대 및 온라인 사업 추가 투자

실무 tips 편의점 사업 확장 및 온라인 사업에 대한 투자 확대를 통해 매출 및 수익성 증가 가능성을 높이고, 오프라인과 온라인 채널 모두에서 현금 흐름에 긍정적인 영향을 미칠 수 있습니다.

(2) Store Type (매장 유형)

현재의 매장 형태를 평가하고, 이를 고객의 선호도 및 시장 동향에 맞추는 방안

Repositioning of Hyper stores into dark stores for fulfilling online orders with minimal investment
온라인 주문 이행을 위해 하이퍼 스토어를 다크 스토어로 전환하여
최소한의 투자로 리포지셔닝

용어 tips 다크 스토어(Dark store): 다크 스토어는 MFC(Micro-fulfillment center)의 일종으로, 고객이 직접 방문하지 않고 온라인으로 주문한 상품을 배송하는 온라인 전용 창고입니다. 고객이 직접 방문하지 않기 때문에 인테리어를 간소화하고 직원 수를 최소화하여 비용을 절감할 수 있습니다. 또한, 다크 스토어는 고객이 주문한 상품을 빠르게 배송할 수 있도록 도심에 위치시킨 경우가 많습니다. 온라인 쇼핑의 성장으로 인해 점점 더 인기를 얻고 있는 매장 형태로서, 고객에게는 빠른 배송과 편리한 쇼핑 경험을 제공하며, 온라인 쇼핑 업체는 다크 스토어를 통해 비용을 절감하고 수익을 창출할 수 있습니다.

MFC(Micro-fulfillment center): 도심형 물류센터로, 고객이 주문한 상품을 빠르게 배송하기 위해 설계된 소형 창고입니다. 일반적으로 도심에 위치하며, 고객이 주문한 상품을 1시간 이내에 배송할 수 있습니다. MFC는 온라인 쇼핑의 성장으로 인해 점점 더 인기를 얻고 있습니다. MFC를 통해 온라인 쇼핑 업체는 고객에게 빠른 배송과 편리한 쇼핑 경험을 제공할 수 있습니다.

Introduction of a new store type called Semi-hybrid, based on features such as automation, parking capacity, and warehouse availability
자동화, 주차, 물류 가용성 등을 기반으로 한 Semi-hybrid라는 새로운 매장 유형 도입

용어 tips

semi-hybrid: 세미-하이브리드. 주로 전통적인 내연기관과 하이브리드 기술을 혼합한 차량을 뜻하여 자동차 분야에서 사용되는 용어입니다. 본문에서는 이와 다른 맥락이지만 비슷한 개념으로 '세미-하이브리드'의 의미로 사용되었습니다.

(3) Fulfillment System (유통/배송 시스템)

Adaptation of existing fulfillment systems for hypermarkets to establish separate fulfillment systems for convenience stores and SSM
기존 대형마트의 풀필먼트 시스템을 접목하여 편의점과 SSM에 대한 별도 풀필먼트 시스템 구축

표현 tips

adaptation: 적응, 접목. 생물이 환경의 변화에 맞게 변화하는 것 뿐 아니라, 문화, 사회, 비즈니스에서도 자주 쓰임

- The company's success relied on its quick **adaptation** to changing market conditions.
회사의 성공은 시장 상황의 변화에 얼마나 빨리 적응하는가에 달려 있었습니다.

- The pandemic accelerated the need for digital **adaptation** across all sectors.
팬데믹(전염병)으로 인해 모든 부문에 걸쳐 디지털 적응의 필요성이 한층 더 높아졌습니다.

2. 해결방안 찾기 (Problem-solving/Aspiration and response to challenges)

문제점에 대한 해결 방안을 아래와 같이 장표(PPT slide)에 정리하려고 합니다.

Table 3. **Aspirations and Responses to Challenges**

Aspirations	– Maximizing Liquidity: Enhancing cash flow through asset liquidation – Innovation Leadership: Pioneering creativity and innovation in the retail landscape – Smart Store Expansion: Establishing a network of 20,000 smart stores – Workforce Transformation: Addressing layoffs and union conflicts through business transformation
Critical Challenges	– Market Dynamics: Overcoming industry challenges and rationalizing poor performance – Revenue Growth Dilemma: Addressing trading challenges and below-inflation revenue growth – Turnaround Imperative: Resolving loss-making divisions for sustainable operations – Streamlining Operations: Improving efficiency by overcoming duplication and siloed divisions
Imperatives	– Turnaround Exploration: Identifying high-impact turnaround opportunities – Regulatory-Sanction Mitigation: Developing an exit strategy to mitigate regulatory impact – Value Growth: Refining the exit strategy for enhanced value – Market Penetration Strategy: Expanding and positioning in growth markets and segments

(1) Aspirations (목표)

Maximizing Liquidity: Enhancing cash flow through asset liquidation
유동성 극대화 : 자산 유동화를 통한 현금 흐름 제고

표현 tips

enhance: 강화하다 (=boost, improve, increase, strengthen, grow, maximize)

- Implementing cost-saving measures helped **boost** cash flow for the company.
비용 절감 조치를 시행함으로써 회사의 현금 흐름이 향상되었습니다.

- The new billing system significantly **improved** cash flow by reducing payment delays.
새로운 과금 시스템 덕분에 대금지불 지연이 줄어들면서 현금 흐름이 많이 좋아졌습니다.

- Expanding into new markets helped the company **grow** cash flow and achieve higher profitability.
새로운 시장으로 확장하여 회사측에서 현금 흐름을 늘리고 수익성을 개선하는 데 도움이 되었습니다.

현금 흐름을 강화하는 것의 반대말은 현금 흐름을 악화시키는 것입니다.
즉, decrease(감소시키다), impair(손상, 약화시키다), diminish(축소, 감소시키다), weaken(약화시키다), constrain(제한하다), reduce(축소, 감소시키다), suppress(억제하다) 등의 표현이 있습니다.

- The economic downturn led to a **decreasing** cash flow for the company as customer demand declined.
경기 침체로 고객 수요가 줄어들면서 회사의 현금 흐름이 감소했습니다.

- Poor credit management practices **impaired** cash flow by increasing the number of bad debts and delayed payments.
부실한 신용 관리 관행으로 악성 부채와 지불 지연 건수가 늘어남으로써 현금 흐름이 악화되었습니다.

- The unexpected increase in operating expenses **weakened** cash flow and put strain on the company's financial position.
예상치 못한 영업 비용 상승으로 현금 흐름이 악화되었고 회사의 재무 상태에도 부담이 가중되었습니다.

Innovation Leadership: Pioneering creativity and innovation in the retail landscape
혁신 리더십: 리테일 환경에서 선구적인 창의성과 혁신

표현 tips

pioneering creativity: 선구적인 창의성, 기존의 것과 차별화되게 새로운 것을 창조하는 능력

- Their products showcase **pioneering creativity**.
그들의 제품은 선구적인 창의성을 보여줍니다.

Smart Store Expansion: Establishing a network of 20,000 smart stores
스마트 스토어 확장: 2만 개의 스마트 스토어 네트워크 구축

용어 tips

Smart store: 인공지능(AI)과 사물인터넷(IoT) 기술을 활용하여 고객에게 최적화된 쇼핑 경험을 제공하는 매장을 말합니다. 스마트 스토어에서는 고객이 제품을 찾고, 구매하고, 결제하는 모든 과정을 AI와 IoT 기술을 통해 자동화할 수 있습니다.

고객의 쇼핑 경험 및 운영 효율성을 향상시키기 위해 첨단 기술과 디지털 솔루션을 통합한 리테일 시설을 의미하며, IoT 기술, 센서, AI, 데이터 분석 등을 활용하여 보다 매끄럽게 연결된 상태에서 스마트한 리테일 환경을 제공합니다. 또한, 온라인과 오프라인 채널을 통합하여 고객의 입장에선 디지털 플랫폼과 실제 매장 간에 원활한 전환이 일어날 수 있습니다. 결국, 스마트 스토어의 목표는 고객에게 보다 효율적이고 개인화된 쇼핑 경험을 제공하는 동시에 리테일러 입장에서는 매출 증대, 고객 만족도 향상, 운영 효율성 개선을 위한 인사이트 및 툴을 제공하는 것입니다.

Workforce Transformation: Addressing layoffs and union conflicts through business transformation
인력 혁신: 비즈니스 혁신을 통해 정리 해고 및 노조 갈등 해결

표현 tips

address: 연설하다, 말하다, (문제를) 해결하다, 다루다, (사람을) 지명하다 등 다양한 동사의 의미로 쓰이며, 비즈니스 상황에서는 '문제를 해결하다'의 뜻으로 자주 사용됩니다.

- The CEO held a town hall meeting to **address** employees' concerns about the upcoming restructuring.
  CEO는 다가오는 구조 조정에 대한 직원들의 우려를 해결하기 위해 타운 홀 미팅을 열었습니다.

- The marketing team is brainstorming ideas to **address** the declining brand awareness in the market.
  마케팅 팀에서는 시장 내 브랜드 인지도 저하 문제를 해결하기 위해 브레인스토밍으로 아이디어를 찾고 있습니다.

(2) Critical Challenges (주요 이슈사항)

Market Dynamics: Overcoming industry challenges and rationalizing poor performance
시장 역학: 업계 문제점 극복 및 부실 성과의 경영 합리화

용어 tips

rationalize: (비즈니스 상황에서) 효율 제고 및 비용 절감(cost saving)의 과정을 일컫는 경우에 rationalize라는 표현을 쓸 수 있습니다. 특히 재무 성과를 개선하기 위해 회사를 축소하는 프로세스를 의미하므로, 구조조정을 의미하는 restructuring이나 간소화를 통해 좀 더 효율적인 프로세스를 만든다는 의미의 streamlining과도 유사한 맥락에서 사용 가능합니다.

- The restructuring plan aims to **rationalize** the organizational structure for better decision-making.
  구조조정 계획은 보다 나은 의사결정을 위해 조직 구조를 합리화하는 데 그 목적이 있습니다.

Revenue Growth Dilemma: Addressing trading challenges and below-inflation revenue growth
수익 성장의 딜레마: 거래 문제 및 인플레이션 이하의 매출 성장 해결

용어 tips

below-inflation revenue growth: 물가상승률을 밑도는 매출 성장. 즉, 매출이 물가상승률보다 느린 속도로 증가하는 것.
above-inflation revenue growth: 물가상승률을 웃도는 매출 성장. 매출이 물가상승률보다 빠른 속도로 증가하는 것.

Turnaround Imperative: Resolving loss-making divisions for sustainable operations
턴어라운드의 필요성: 지속 가능한 운영을 위한 적자 사업부 문제 해결

표현 tips

turnaround imperative: 경영 개선의 필수성, 턴어라운드의 필요성

imperative는 '필요성', '꼭 해야 할 일이나 과제' 및 '필수성'을 뜻하는 단어로 보고서나 제안서의 소제목이나 서두에 많이 쓰입니다.

제목으로 사용되는 경우:

- Digital Transformation: An **Imperative** for Business Success
  디지털 혁신: 비즈니스 성공을 위한 필수 요소

- Inclusion and Diversity: The **Imperative** for Building Stronger Organizations
  포용성과 다양성: 강력한 조직 구축을 위한 필수 요소

또한 imperative의 기본적인 의미(꼭 해야 할, 피할 수 없는, 명령적인, 단호한, 강제적인, 의무, 요청, 필요성)로 쓰이는 경우도 많습니다.

- The report highlights the **imperative** of improving education access in underserved communities.
  이 보고서는 소외된 지역 사회의 교육 접근성을 개선해야 한다는 점을 강조합니다.

- Compliance with regulatory standards is **imperative** to ensure the safety of our operations.
  규제 표준을 준수하는 것은 운영의 안전을 보장하는 데 필수적입니다.

Streamlining Operations: Improving efficiency by overcoming duplication and siloed divisions
운영 간소화: 효율성을 위해 중복 및 사일로 부문 개선

용어 tips

Silo: 사일로. 기업 내에서 부서나 조직이 서로 정보를 공유하지 않고 독립적으로 운영하는 것을 의미하며, 기업의 효율성 저하, 의사 결정의 어려움, 고객 서비스의 저하를 초래할 수 있습니다. 한국어로도 '사일로'라고 말합니다.

사일로 부문(Siloed division): 부서, 부처 등이 서로 협력하지 않고 독립적으로 운영하는 것. 즉, 정보 공유와 협력이 부족한 조직을 의미하며, 조직의 성장과 발전을 저해하는 요인이 될 수 있습니다.

- **Siloed** data in different systems prevented a comprehensive view of customer interactions, leading to missed opportunities.
  서로 다른 시스템의 사일로화된 데이터로 인해 고객의 상호작용에 대한 포괄적인 파악이 어려워 기회를 놓칠 수 있습니다.

- **Siloed decision-making processes** delayed project timelines and hindered the organization's ability to adapt to market changes.
  사일로화된 의사 결정 프로세스는 프로젝트 일정을 지연시키고 조직이 시장 변화에 적응하는 데 필요한 역량에 지장을 줄 수 있습니다.

- The company aims to break down **silos** and foster cross-functional teamwork to drive innovation and efficiency.
  이 회사는 사일로를 허물고 교차 기능 팀워크를 촉진하여 혁신과 효율성을 주도하는 것을 목표로 하고 있습니다.

(3) Imperatives (주요 과제)

Turnaround Exploration: Identifying high-impact turnaround opportunities

턴어라운드 탐색: 영향력이 큰 턴어라운드 기회 식별

Regulatory-Sanction Mitigation: Developing an exit strategy to mitigate regulatory impact

규제/제재 완충: 규제 영향 완화를 위한 출구 전략 수립

용어 tips

Regulatory-Sanction Mitigation: 규제 및 제재의 리스크를 완화하는 것으로, 규제 및 제재의 부정적인 결과를 최소화하거나 피하기 위해 취하는 프로세스 또는 조치를 의미합니다.

- The company established a dedicated compliance team responsible for monitoring and managing **regulatory-sanction mitigation** across all business units.
  회사는 모든 사업 단위에서 규제 제재 완화를 모니터링하고 관리하는 전담 컴플라이언스 팀을 구성했습니다.

Value Growth: Refining the exit strategy for enhanced value

가치 성장: 가치 증대를 위한 출구 전략 도출

표현 tips

refine: '정제하다, 세련되게 만들다, 개선하다'라는 뜻으로, 본문에서는 엑싯 전략을 개선하고 다듬어 간다는 의미로 쓰였습니다. 출구 전략과 관련해 develop이나 monitor 등의 동사로 출구 전략 개발이나 모니터링에 대해 표현할 수도 있습니다.

- The finance team is **refining** the budget allocation to ensure optimal resource utilization across different projects.
재무 팀은 여러 프로젝트에서 최적의 리소스 활용을 보장하기 위해 예산 할당을 조정하고 있습니다.

- The entrepreneur **developed** a well-defined exit strategy to maximize returns on investment.
사업가는 투자 수익을 극대화하기 위해 잘 정의된 출구 전략을 개발했습니다.

- Investors are closely **monitoring** the startup's exit strategy to assess potential returns on their investment.
투자자들은 잠재적인 투자 수익을 평가하기 위해 스타트업의 출구 전략을 면밀히 모니터링하고 있습니다.

Market Penetration Strategy: Expanding and positioning in growth markets and segments
시장 침투 전략: 성장 시장 및 세그먼트로의 확장 및 포지셔닝

용어 tips

Market penetration: 마켓 침투(market penetration)는 특정 상품이나 서비스가 타겟 마켓에서 목표로 설정했던 점유율(market share)에 대한 달성의 정도, 즉 성공적인 판매 여부를 나타냅니다. 전체 목표 시장에서의 해당 제품이나 서비스의 판매 수로 측정될 수 있으며, 주로 상품을 판매하는 지역의 경쟁이 심화되거나 포화상태에 이르게 된 경우 다른 지역을 개척하는 식의 기업의 확장 방식을 의미할 때 자주 사용되는 용어입니다.

- The product's unique features and competitive pricing contributed to its rapid **market penetration,** surpassing initial sales projections.
제품의 고유한 기능과 경쟁력 있는 가격 덕분에 초기 판매 예상을 뛰어넘어 시장에 빠르게 자리잡을 수 있었습니다.

- The organization invested heavily in digital marketing to drive online sales and improve **market penetration** in the e-commerce space.
  조직은 온라인 판매를 촉진하고 전자 상거래상 시장 침투를 개선하기 위해 디지털 마케팅에 상당한 투자를 했습니다.

- Despite the overall market decline, our aggressive pricing strategy enabled us to gain a larger **market share** compared to our competitors.
  전반적인 시장 침체에도 불구하고 공격적인 가격 전략을 통해 경쟁사 대비 더 높은 시장 점유율을 확보할 수 있었습니다.

Topic 002. 수행 업무 및 Timeline 작성하기

프로젝트 팀은 해당 기업에 대한 사모펀드의 엑싯(Exit) 전략 및 수행 계획 작성을 위해 주요 수행 업무를 크게 (1) 새로운 사업 제안과 (2) 기존 사업에 대한 제안의 두 가지 모듈(팀)로 나누기로 하였습니다.

따라서 제안서를 디지털 트랜스포메이션(Digital Transformation, 디지털화, 디지털 최적화 작업)을 제안하는 (1) 새로운 사업 제안 파트와 (2) 기존 사업에 대한 엑싯 전략(오프라인 스토어 활용 전략, 보유한 부동산 자산 매각 또는 세일-앤-리스백) 두 부분으로 나누려고 합니다.

먼저, 위에서 찾은 문제점과 해결 방안을 기반으로 두 가지 모듈로 나누고, 각각에 대한 수행 업무를 개략적으로 정리하고자 합니다.

용어 tips

Sale & leaseback: 세일 앤 리스백(매각 후 임대) 전략은 회사가 보유한 부동산이나 장비 등의 자산을 매각하면서 동시에 매수자와 임대 계약을 체결하여 해당 자산을 계속 사용하는 전략입니다. 즉, 자산을 매각한 회사가 임차인이 되고, 매수자는 임대인이 됩니다.
이를 통해 자산을 매각한 회사는 즉각적으로 현금을 얻고(유동성 확보), 또한 자산을 임대함으로써 중단 없이 자산을 계속 이용(부동산 임차 이용)할 수 있습니다.

제목: Proposal to act as Turnaround Advisors to Mega Mart

<Mega Mart의 Turnaround 컨설팅 자문 용역 제안서> 또는 <Mega Mart의 Turnaround(재도약)을 위한 컨설팅 자문 용역 제안서> 등으로 번역할 수 있습니다. 이와 같은 컨설팅사의 보고서나 제안서의 경우, 본문의 내용이 한국어로 되어 있는

경우에도 제목은 Proposal to act as Turnaround Advisors to Mega Mart처럼 영문으로 작성하는 경우를 자주 볼 수 있는데요.

전략을 수립하기 위해서는 먼저 배경 설명이 필요합니다. 글로벌 및 국내 리테일 트렌드와 직면한 과제 등을 언급하여 다음에 나올 수행 계획에 대해 미리 당위성을 부여하는 중요한 부분이라 할 수 있습니다. 이 부분을 잘 작성해 두면 추후 결과물을 작업할 때 '제안 요약(Executive Summary)' 작성에 참고할 수 있습니다.

Table 4. **Key trends shaping South Korean market**

Background	- Domestic and global retail sales are increasing due to the rapid growth of e-commerce. - Korean GMS retailers are facing challenges in responding to the aggressive expansion of online disruptors. - Some global retailers are maintaining profitability by adopting various store formats and enhancing digital experiences. - Changes in domestic demographics have led to a recognized purchasing behavior where non-food products are purchased online, while fresh food products are bought from neighborhood offline stores. - Global retailers are responding to the habit change of global grocery shoppers who are making shorter and more frequent trips to neighborhood stores for fresh food in order to ensure product quality. - Customers are seeking a seamless omni-channel shopping experience that combines online and offline channels.

(1) Background (배경)

Domestic and global retail sales are increasing due to the rapid growth of e-commerce.
전자상거래가 빠르게 성장하면서 국내외 유통 판매가 증가하고 있습니다.

Korean GMS retailers are facing challenges in responding to the aggressive expansion of online disruptors.
한국 GMS 유통업체들은 온라인 게임 체인저 기업(disruptor)의 공격적인 확장에 대응하는 데 어려움을 겪고 있습니다.

용어 tips   GMS(General Merchandise Store):
모든 것을 다 파는 종합 백화점 같은 스토어로, 식품, 가전제품, 의류, 잡화 등 다양한 상품을 판매합니다. 대형마트, 백화점, 할인점 등을 포함합니다.

표현 tips   disruptive는 파괴적인, 혁신적인, 개혁적인 등의 의미(1장 참고*)이며, disruptor는 기존 시장의 질서 또는 기존 산업에 큰 변화를 가져다 주는 '혁신적인' 게임 체인저들을 의미합니다. industry disruptor들은 기존의 산업에 새로운 기술이나 아이디어를 도입하여 기존의 산업 구조를 바꾸는 기업이나 개인을 말합니다.

Some global retailers are maintaining profitability by adopting various store formats and enhancing digital experiences.
일부 글로벌 유통업체들은 다양한 매장 형태의 도입과 디지털 경험 강화를 통해 수익성을 유지하고 있습니다.

Changes in domestic demographics have led to a recognized purchasing behavior where non-food products are purchased online, while fresh food products are

bought from neighborhood offline stores.
국내 인구 구조의 변화로 비식품은 온라인에서 구매하고, 신선식품은
동네 오프라인 매장에서 구매하는 것으로 두드러진 구매 행태가 나타나고
있습니다.

용어 tips

demographic: 인구통계학적 특성. 인구의 연령, 성별, 인종, 민족, 교육
수준, 소득 수준, 직업, 종교, 결혼 상태, 가족 규모, 거주 지역, 출산율,
사망률 등과 같은 특성을 말하며, 기업은 인구통계학적 특성을 분석하여
제품과 서비스의 마케팅 전략을 수립할 수 있습니다.

- The new product launch was backed by extensive
  market research, including surveys and focus
  groups to understand the needs and desires of the
  target demographic.
  신제품 출시는 대상 인구 그룹의 니즈와 욕구(선호)를 이해하기
  위해 설문 조사 및 포커스 그룹을 포함한 광범위한 시장 조사
  결과를 바탕으로 이루어졌습니다.

- The advertising campaign was specifically tailored to
  reach the **desired demographic**, ensuring maximum
  brand exposure among the target audience.
  광고 캠페인은 목표(선호되는) 인구 통계 그룹에 맞게 특별히
  맞춤화되어 대상 오디언스 사이에서 브랜드 노출을 극대화하도록
  하고 있습니다.

changes in domestic demographics: 국내 인구 구조의 변화. 성별,
연령, 교육, 소득 수준, 출생률 등 다양한 인구통계학적(demographic)
특성을 의미합니다.

Non-food products: 식품이 아닌 제품. 의류, 가전제품, 가구, 자동차,
스포츠 용품, 장난감, 책, 음악, 영화, 소프트웨어 등 다양한 제품이
포함됩니다.

Global retailers are responding to the habit change of global grocery shoppers who are making shorter and more frequent trips to neighborhood stores for fresh food in order to ensure product quality.

글로벌 유통업체들은 신선식품의 품질을 확보하기 위해 인근 매장을 짧은 시간 더 자주 방문하는 글로벌 식료품 쇼핑객들의 습관 변화에 대응하고 있습니다.

표현 tips

respond to change: 변화에 대응하다, 변화에 적응하다(=adapt to change)

- In today's fast-paced business environment, companies that can effectively **respond to change** are the ones that stay ahead of the competition.
  급변하는 오늘날의 비즈니스 환경에서는 변화에 효과적으로 대응할 수 있는 기업이 경쟁에서 앞서가는 기업입니다.

- Successful businesses understand that they must constantly **adapt to change** to remain relevant and meet evolving customer expectations.
  성공적인 기업은 변화에 끊임없이 적응하여 날로 높아가는 고객의 기대에 부응하고 부합해야 한다는 것을 이해합니다.

Customers are seeking a seamless omni-channel shopping experience that combines online and offline channels.

고객은 온라인과 오프라인 채널이 결합된 매끄러운 옴니채널 쇼핑 경험을 원합니다.

표현 tips

seamless: 매끄러운, 끊김 없는, 완벽한. 한국에서도 '심리스'라고 말하는 경우가 많으며, 비즈니스 상황에서 자주 등장하는 단어입니다. 이때는 주로,

- 고객 경험이 매끄럽고 끊김이 없는 것
- 업무 프로세스가 매끄럽고 효율적인 것
- IT 시스템이 매끄럽게 작동하는 것
- 공급망이 매끄럽게 운영되는 것 등 매끄럽고 끊김 없는 과정을 의미합니다.

- Our mobile app provides a <u>seamless user interface</u>, making it easy for customers to navigate and access our services on the go.
  모바일 앱에서 원활한(심리스한) 사용자 인터페이스가 지원됨에 따라 고객은 이동 중에도 쉽게 서비스를 탐색하고 액세스할 수 있습니다.

- With our cloud-based storage solution, employees can access their files from any device, enabling <u>seamless remote work</u>.
  클라우드 기반 스토리지 솔루션을 통해 직원은 모든 장치에서 파일에 액세스할 수 있으므로 원활한 원격 작업이 가능합니다.

remote work: (직원이) 사무실이 아닌 집이나 기타 장소에서 업무를 수행하는 것.

(cf.) work from home: 재택근무. 약어는 WFH.

- <u>WFH</u> has become a popular option for many professionals, providing the flexibility to balance work and personal responsibilities.
  재택근무는 업무와 개인 책임의 균형을 맞출 수 있는 유연성이 있어 많은 직장인들에게 인기 있는 옵션이 되었습니다.

용어 tips

Omni-channel: 옴니채널. 고객이 온라인과 오프라인 매장을 자유롭게 넘나들며 쇼핑할 수 있는 환경을 제공하는 것을 의미하며, 이를 통해 고객은 편리하고 다양한 쇼핑 경험을 할 수 있습니다. 기업은 고객의 데이터를 분석하여 고객이 선호하는 쇼핑 채널을 파악하고, 고객의 요구를 충족시키는 상품과 서비스를 제공할 수 있으며, 고객의 구매 패턴을

파악하고, 고객의 구매를 유도하는 마케팅 전략을 수립할 수 있으므로,
고객의 요구를 충족시키고 매출을 증진하는 데 도움이 될 수 있습니다.

프로젝트의 수행 배경에 대한 설명을 마친 후에, 수행 전략을 두 가지 모듈로 세분하여 설명하려고 합니다. 수행 전략을 세분하면 각 전략의 목표가 명확해지고, 각 전략을 달성하기 위한 구체적인 계획을 세울 수 있는 장점이 있습니다. 클라이언트 회사의 턴어라운드(Turnaround)를 위해, 현재의 사업에 대한 엑싯 전략뿐 아니라 새로운 사업에 대한 전략을 제시하기 위하여 아래와 같이 나눌 예정입니다.

Table 5. **Strategy**

Strategy	The project will be divided into two modules: New Business Strategy and Current Business Exit Strategy.

(2) Strategy (수행 전략)

The project will be divided into two modules:
New Business Strategy and Current Business Exit
Strategy
프로젝트를 두 개의 모듈로 나눔: 새로운 사업 전략 및 현재 사업 엑싯 전략

표현 tips   '전략(strategy)을 도출 / 수립하다'라는 의미로 자주 쓰이는 표현은 아래와
같습니다.

전략을 개발하다/수립하다/세우다/짜다/도출하다:
• develop a strategy

- create a strategy
- establish a strategy
- set up a strategy
- define a strategy
- outline a strategy
- design a strategy
- construct a strategy
- craft a strategy

- We need to **create a strategy** that will help us expand into new markets while maintaining profitability.
  수익성을 유지하면서 새로운 시장으로 확장할 수 있는 전략을 수립해야 합니다.

- Our team will **design a strategy** to enhance customer engagement through digital platforms.
  우리 팀은 디지털 플랫폼을 통해 고객 참여를 향상시키는 전략을 설계할 것입니다.

- It's crucial to **establish a strategy** for cost reduction without compromising product quality.
  제품 품질을 손상시키지 않으면서 원가 절감 전략을 수립하는 것이 중요합니다.

신규 사업(New business model) 팀은 기존 사업과는 다른 신개념 오프라인 스토어의 개념 정립 및 단계별 출점 전략, 디지털화(Digital Transformation) 전략을 수립하는 역할을 담당할 예정입니다.

반면, 기존 사업(Current business) 팀은 사모펀드 클라이언트의 출구 전략(Exit Strategy)를 마련하기 위해 사업 및 부동산의 매각 전략, 임대 및 리스백을 통한 방안, 노조 관련 대응 방안 등의 현안을 위주로 논의할 예정입니다.

두 가지 모듈에서 수행할 각 상세 내용은 아래와 같습니다.

Table 6. **Our Approach**

New Business Strategy	- Develop a New Store concept for a specialized fresh food store to increase customer traffic and basket size. - Create anchor spaces that feature farm-fresh foods, ready meals, and coffee subscription services to attract customers. - Adopt 'hub and spoke' model with store fulfilment function in the center surrounded by the new stores serving as retail outlets for online/offline shoppers. - Provide an omni-channel experience with a digital aisle that connects online and offline experiences, encouraging additional purchases. - Implement a pickup desk where customers receive the items purchased online. - Collect consumer data to drive store visits and ensure supply chain sustainability, creating a more sustainable business model.
Current Business (Old) Exit Strategy	- Optimize current real estate assets and maximize the property value. - Segment hypermarket stores based on ownership type and performance ratings, and execute appropriate strategies such as disposal, conversion into dark stores, or association with new businesses. - Develop a penalty-minimizing scheme for rental and leaseback properties in collaboration with the Tax & Legal team.
	For the New Business (Module 1): - Propose a pilot program to test the sustainability of the New Store concept and establish a successful roll-out plan.

Next Steps	- Determine the target area for pilot execution and decide on the number of pilot stores, aiming for approximately 15,000 stores nationwide. - Utilize existing employees and logistics infrastructure from warehouses and hypermarkets for new store operations. For the Current Business (Module 2): - Conduct further analysis and decision-making to determine optimal strategies for maximizing the value of current real estate assets. - Collaborate with stakeholders to evaluate potential options for hypermarket stores, rental and leaseback properties, and other aspects of the current business. - Develop specific exit strategies, explore associations with new businesses, and implement initiatives based on careful assessment and market conditions.

** Please note that the next steps for the Current Business (Module 2) are yet to be determined (TBD) and will be decided upon further analysis and consultation.

** 참고 사항(please note): 기존 비즈니스(모듈 2)의 다음 단계는 아직 결정되지 않았으며(TBD) 추가 분석 및 협의를 거쳐 결정됩니다.

표현 tips   **please note:** '참고, 주의 바랍니다'의 의미로, 보고서, 이메일, 제안서 등 다양한 문서에서 자주 등장하는 표현입니다.

- <u>Please note</u> that the cost estimates presented in this report are approximate and may vary based on factors such as inflation or changes in supplier prices.
참고: 이 보고서에 제시된 비용 추정치는 근사치이며 인플레이션이나 공급업체 가격 변동과 같은 요인에 따라 달라질 수 있습니다.

- <u>Please note</u> that our company will be undergoing a system upgrade over the weekend. There may be temporary disruptions to online services during this time.
저희 회사는 주말 동안 시스템 업그레이드를 진행할 예정입니다. 이 기간 동안 온라인 서비스가 일시적으로 중단될 수 있으니 참고 바랍니다.

TBD: To Be Determined의 약자. 아직 결정되지 않은 사안을 의미합니다. 계약서, 보고서, 이메일 등에서 자주 사용됩니다.
The meeting date is <u>TBD</u>. (회의 날짜는 아직 결정되지 않았습니다.)

(3) New Business Strategy (새로운 사업 전략)

Develop a New Store concept for a specialized fresh food store to increase customer traffic and basket size.
고객 트래픽과 장바구니 사이즈를 늘리기 위해 전문 신선식품 매장을 위해 New Store 개념 개발

용어 tips

Basket size: '장바구니의 크기'를 뜻하는 basket size는, 고객이 한 번에 구매하는 상품의 총금액을 의미합니다. 고객의 평균 바스켓 사이즈를 분석하면 판매 전략을 수립하는 데 도움이 됩니다. 예를 들어, 고객의 평균 바스켓 사이즈가 작다면 리테일러는 할인 행사나 프로모션을 통해 고객의 구매를 더 유도할 수 있으며, 반대로 고객의 평균 바스켓 사이즈가 크다면 리테일러는 고가 상품을 판매하거나 VIP 고객을 대상으로 한 마케팅 전략을 수립할 수 있습니다.

Create anchor spaces that feature farm-fresh foods, ready meals, and coffee subscription services to attract customers.
신선 농산물, 즉석식품, 커피 구독 서비스를 제공하는 앵커 공간을 만들어 고객을 유치

용어 tips

Anchor space: 매장의 중심에 위치한 대형 매대를 의미합니다. anchor space는 주로 쇼핑몰이나 백화점의 중심부에 위치한 대형 매장으로, 유동인구를 끌어모으는 역할을 하며 다른 매장들의 매출을 높이는 데에도 기여할 수 있습니다.

Adopt 'hub and spoke' model with store fulfillment function in the center surrounded by the new stores serving as retail outlets for online/offline shoppers.
온라인/오프라인 쇼핑객을 위한 소매점 역할을 하는 새로운 매장들로 중앙을 둘러싸고, 그 중앙에서 매장 풀필먼트 기능을 담당하는 '허브 앤 스포크' 모델을 채택

용어 tips

허브 앤 스포크(hub-and-spoke): 자전거의 바퀴의 중심(hub)으로부터, 바큇살(spoke)이 뻗은 모양을 떠올려 볼 수 있습니다. 허브 앤 스포크는 물류, 통신, 항공 등 다양한 분야에 사용될 수 있으며, 하나의 중앙 허브(hub)를 중심으로 여러 개의 말단 노드(spoke)가 연결된 구조를 의미합니다. 예를 들어, 항공 운송에 있어 허브 앤 스포크 전략은 여러 개의 도시를 연결하는 항공 노선을 하나의 허브 공항을 중심으로 운항하는 방식으로 사용됩니다. 또한, 물류 분야의 허브 앤 스포크 전략은 여러 개의 창고를 하나의 허브 창고를 중심으로 운영하는 방식으로 사용될 수 있습니다.

Provide an omni-channel experience with a digital aisle that connects online and offline experiences, encouraging additional purchases.
온라인과 오프라인 경험을 연결하는 디지털 통로로 옴니채널 경험을 제공하여 추가 구매를 유도

용어 tips

Digital aisle: 대화형 디스플레이, 터치스크린, 모바일 앱, 증강 현실 경험 등과 같이 실제 매장 내에서 사용되는 광범위한 디지털 솔루션 및 기술을 포함하는 개념입니다. 고객 참여를 늘리고, 제품 정보를 제공하고, 개인화된 추천을 제공하고, 쇼핑 프로세스를 용이하게 합니다.

Endless aisle: 오프라인 매장에 대형 터치스크린을 설치하여, 매장에 방문한 고객이 미 진열 상품이나 품절 상품 구매를 원할 경우 즉시 현장에서 온라인 구매가 가능하도록 해주는 Digital aisle 개념입니다. 한정된 공간에서 진열하지 못한 상품이나 품절된 상품을 구매하지 못하는 불편을 줄일 수 있습니다.

Implement a pickup desk where customers receive the items purchased online.
고객이 온라인으로 구매한 상품을 수령하는 픽업 데스크를 구현

Collect consumer data to drive store visits and ensure supply chain sustainability, creating a more sustainable business model.
소비자 데이터를 수집하여 매장 방문을 유도하고 공급망 지속 가능성을 보장하여 보다 지속 가능한 비즈니스 모델 창출

표현 tips

drive store visits: 고객이 매장을 방문하도록 유도하다

drive는 비즈니스 맥락에서 추진하다, 이끌다, 박차를 가하다, 동기를 부여하다 등의 의미로 쓰일 수 있습니다.

- Our software release aims to **drive downloads** and increase visits to our product website by showcasing new features and enhancements.
당사의 소프트웨어 릴리스는 새로운 기능과 향상된 기능을 보여줌으로써 다운로드를 유도하고 제품 웹사이트 방문을 늘리는 것을 목표로 합니다.

(4) Current Business Exit Strategy (현재 사업 엑싯 전략)

Optimize current real estate assets and maximize the property value.
현재 부동산 자산을 최적화하고 자산 가치를 극대화

Segment hypermarket stores based on ownership type and performance ratings, and execute appropriate strategies such as disposal, conversion into dark stores, or association with new businesses.
대형마트를 소유 형태와 실적 등급에 따라 세분화하여 처분, 다크 스토어로 전환, 신규 사업과의 연계 등 적절한 전략을 실행

용어 tips | **segment**: 마케팅의 경우 세그먼트(segment)는 특정 특징을 공유하는 소비자 집단을 의미합니다. 예를 들어, 나이, 성별, 지역, 관심사, 구매력 등 다양한 기준으로 소비자를 세그먼트로 세분화하여 고객의 니즈를 파악하고 맞춤화된 마케팅 전략을 수립할 수 있습니다. 또한, 온라인 쇼핑몰을 만들 때, 각 카테고리를 분류하는 작업을 뜻할 때도 사용할 수 있습니다.

- The online shopping mall **segmented** its products by color, making it easier for shoppers to find products that match their style.
온라인 쇼핑몰은 제품을 색상별로 세분화하여 쇼핑객이 자신의 스타일에 맞는 제품을 쉽게 찾을 수 있도록 했습니다.

- The retailer **segmented** its stores by location.
  유통사는 매장을 위치별로 분류했습니다.

- The company **segmented** its customer base by age,
  gender, and income level.
  회사는 고객 기반을 연령, 성별, 소득 수준별로 분류했습니다.

이처럼 segment는 divide(나누다, 분리하다), categorize(카테고리화
하다, 분류하다), segregate(분리하다, 나누다), fragment(나누다)과
같은 의미로 사용될 수 있습니다.

Ownership type: 소유권의 유형. 본문에서는 유통기업(Mega Mart)
이 그들의 매장을 '소유하고 있는지 임차하고 있는지' 분류하는 것을
의미합니다. 이때, store ownership type에는 'owned'와 'leased'가
있습니다. owned는 유통 기업이 매장을 소유하는 것, leased는 유통
기업이 매장을 임차하는 것을 의미합니다.

Disposal: (자산의) 처분. 매각, 폐기, 기부 등. 자산의 처분은 자산의
가치를 회수하고 자산을 효율적으로 관리하기 위해 이루어집니다.
본문에서는 주로 자산의 매각을 의미합니다.

Conversion into dark stores: Mega Mart가 기존에 있던 점포를 다크
스토어*(위의 설명 참고)로 전환하는 것을 의미합니다. 다크 스토어는
온라인 주문만을 처리하는 매장으로, 고객이 직접 매장을 방문하지 않고도
주문한 상품을 배송받는 방식으로 운영됩니다. 본문에서는 온라인 쇼핑이
증가하는 트렌드에 맞추어 일부 매장을 다크 스토어로 전환하는 것을
고려하고 있습니다.

**Develop a penalty-minimizing scheme for rental and
leaseback properties in collaboration with the Tax & Legal
team.**
세금 및 법무팀과 협력하여 임대 및 리스백 부동산에 대한 페널티 최소화
계획을 개발

용어 tips

리스백(Leaseback): 부동산 계약과 동시에 매도인이 빌딩의 전체나 일부를 임차하여 매수인에게 임대료 수익을 보장하는 부동산의 매각 방식 (부동산 자산을 매각하고 다시 동일 자산을 임차하여 활용함). **위의 세일 앤 리스백(sale&leaseback) 설명 참고

(5) Next Steps (다음 단계)

For the New Business (Module 1):
신규 사업의 경우(모듈 1):

Propose a pilot program to test the sustainability of the New Store concept and establish a successful roll-out plan.
뉴 스토어 개념의 지속 가능성을 테스트하기 위한 파일럿 프로그램을 제안하고 성공적인 출시 계획을 수립

용어 tips

Pilot program: 새로운 제품, 서비스, 전략을 테스트하기 위해 소규모 그룹에서 시행하는 프로그램으로, 신제품이나 서비스의 성공 여부 및 전략의 효과를 확인하는 데 도움을 줍니다.

Roll-out plan: roll out은 '(신제품 등을) 출시하다, 생산하다' 라는 뜻으로, roll-out plan은 새로운 제품, 서비스, 전략을 출시 및 실행하기 위한 계획을 의미합니다.

- The new strategy will be <u>rolled out</u> in phases over the next year.
  새로운 전략은 내년에 단계적으로 시행될 것입니다.

- The <u>roll-out</u> of the new software went smoothly, and we're already seeing positive results.
  새 소프트웨어의 출시는 순조롭게 진행되었으며 이미 긍정적인 결과를 보고 있습니다.

Determine the target area for pilot execution and decide on the number of pilot stores, aiming for approximately 15,000 stores nationwide.
전국 약 1만5천 개 점포를 목표로 시범 실시 대상 지역을 결정하고 시범 점포 수를 결정

표현 tips

aim for(목표로 삼다)와 비슷하게 쓸 수 있는 표현들:

- **aspire to:** 열망하다, 바라다
- **target:** 목표로 삼다, 겨냥하다
- **be after:** 추구하다, 노리다
- **go for:** 시도하다, 추구하다

    - The company decided to **go for** an aggressive expansion plan, **aiming to** open 50 new retail stores nationwide within the next two years.
    회사는 향후 2년 안에 전국에 50개 신규 매장을 오픈하는 것을 목표로 공격적인 확장 계획을 진행하기로 결정했습니다.

- **strive for:** 노력하다, 애쓰다

    - Our company **strives for** excellence in customer service by consistently exceeding expectations and providing personalized solutions.
    우리 회사는 지속적으로 기대치 이상으로 개인화된 솔루션을 제공함으로써 고객 서비스의 우수성을 **위해 노력합니다.**

- **in pursuit of:** 추구하다, 노리다

    - Our organization is **in pursuit of** sustainable practices and is actively seeking partnerships with eco-friendly suppliers to reduce our carbon footprint.
    우리 조직은 지속 가능한 관행을 **추구하고** 탄소 발자국을 줄이기 위해 친환경 공급업체와의 파트너십을 적극적으로 모색하고 있습니다.

Utilize existing employees and logistics infrastructure from warehouses and hypermarkets for new store operations.
신규 매장 운영을 위해 창고 및 대형마트의 기존 직원 및 물류 인프라를 활용

용어 tips

Logistics infrastructure: 물류 인프라. 항만, 공항, 철도, 도로, 창고, 배송 시스템 등 물류의 원활한 운송을 위해 필요한 모든 시설과 시스템을 말합니다. 본문에서는 유통기업 Mega Mart가 가지고 있는 배송 관련 시스템, 창고, 차량 등을 모두 의미하는데, 여기서 물류 인프라는 물류 비용을 낮추고, 물류 효율성을 높이며, 물류 안전을 강화하는 데 중요한 역할을 합니다.

For the Current Business (Module 2):
기존 사업의 경우(모듈 2)

Conduct further analysis and decision-making to determine optimal strategies for maximizing the value of current real estate assets.
현재 부동산 자산의 가치를 극대화하기 위한 최적의 전략을 결정하기 위해 추가 분석 및 의사 결정을 수행

실무 tips

Maximizing the value of current real estate assets: 현재 부동산 자산의 가치를 극대화한다는 것은 현재 보유하고 있는 부동산의 가치를 높이는 것을 의미합니다. 즉, 기존 자산을 재개발하거나 증축하여 가치를 올리고, 임대료 수입을 얻는 등의 다양한 방법이 고려될 수 있습니다.

Collaborate with stakeholders to evaluate potential options for hypermarket stores, rental and leaseback properties, and other aspects of the current business.
이해관계자와 협력하여 하이퍼마켓 상점, 임대 및 리스백 부동산, 현재 비즈니스의 기타 측면에 대한 잠재적 옵션을 평가

표현 tips

collaborate과 cooperate는 모두 '함께 일한다'는 의미를 가지고 있지만, 약간의 차이가 있습니다. Collaboration은 하나의 일을 여러 부분으로 나눈 뒤 담당자가 각자의 부분을 마치는 협업을 의미하며, Cooperation 은 하나의 일을 여러 사람이 함께 동시에 추진해 가는 협력을 의미합니다. 한국어로 '콜라보'는 Collaboration의 줄임말로, 여러 브랜드의 합작(공동 작업)으로 제품을 만드는 것을 의미합니다.

- The engineering team **collaborated** with the design team to develop a new product.
  엔지니어링 팀은 디자인 팀과 협력하여 신제품을 개발했습니다.

- The departments **cooperated** to share information and resources.
  부서들이 정보와 자원을 공유하기 위해 협력했습니다.

이처럼, collaborate는 서로의 의견을 조율하고 협력하여 공동의 목표를 달성하는 것을 의미하는 반면, cooperate는 서로의 활동을 조정하여 효율적으로 일을 진행하는 것을 의미합니다.

Develop specific exit strategies, explore associations with new businesses, and implement initiatives based on careful assessment and market conditions.
구체적인 출구 전략을 개발하고, 새로운 사업과의 연관성을 탐색하고, 신중한 평가와 시장 상황을 기반으로 이니셔티브를 구현

initiative: 이니셔티브란 주도적/자발적으로 행동을 취하는 것을 의미합니다. 즉, 주도적으로 문제를 해결하고, 새로운 아이디어를 제시하고, 프로젝트를 진행하는 것을 말합니다.

이런 의미에서 implement initiative라고 하면 '이니셔티브를 실행하다' 라는 의미로, 주도적으로 계획을 세우고, 자원을 할당하고, 사람들을 동원하여 실행하는 것을 말합니다.

Topic 003. R&R과 제안서 작성 계획 세우기

정해진 수행 업무에 대하여 각 팀의 R&R을 정하는 가상 시나리오입니다. TFT의 구성원은 총 12명으로, 각각 컨설팅과 부동산 분야의 글로벌 전문가들이 투입되었습니다.

용어 tips   **R&R:** Role and Responsibility의 약자로, 프로젝트에서 각 구성원의 역할과 책임을 명확하게 정의하는 것을 의미합니다. R&R을 통해 각 구성원은 자신의 역할과 책임을 명확하게 이해하고, 프로젝트의 목표를 달성하기 위해 협력할 수 있습니다.

한국어로 업무를 진행할 때도 마찬가지이지만, 보고서의 표 등에는 완전한 문장이 아닌 명사형을 사용하는 경우가 많아 해당 예시에서도 '명사형'으로 작업하는 모습을 가정하였습니다.

1. Project Approach 및 Roadmap 그리기

타임라인을 맞추고 각 비즈니스 모듈별로 러프하게 로드맵을 작성할 수 있도록 준비합니다.

용어 tips   일정과 관련된 표현들

Kick-off: 프로젝트의 시작. 첫 미팅을 의미하는 킥오프 미팅(kick-off meeting)에서 프로젝트의 목표, 일정, 리소스, 참여자 등을 공유하고, 프로젝트의 성공적인 수행을 위해 협력하는 시간을 갖습니다.

Interim: 프로젝트 중간 단계에서 진행하는 중간보고와 같은 개념입니다. 프로젝트의 진행 상황을 점검하고, 문제점을 해결하고, 성공적인 프로젝트의 진행에 따른 계획을 수립합니다.

Final: 프로젝트의 완료 및 종료. 프로젝트의 결과물을 발표하고 마무리하는 단계입니다.

날짜 표기 주의: 여러 국가의 팀과 일을 할 때는, 날짜 표기에 혼동이 생기지 않도록 해당 월(month)은 Feb, Mar, Apr 등과 같이 앞 철자 3개를 쓰고, 해당 일은 09, 02, 25와 같이 아라비아 숫자를 두 자리 단위로 쓰는 것이 좋습니다. 2월 9일을 [02.09]와 같은 식으로 기록할 경우, 국가에 따라서 표기 순서가 다르므로 이것이 2월 9일인지, 9월 2일인지 구분되지 않을 수 있기 때문입니다.

프로젝트 각 모듈별 로드맵

각 모듈에 대한 로드맵 작성을 위해 하이레벨(구체적이지 않은) 꼭지들만 작성해 두고, 아래와 같은 내용을 채워넣을 예정입니다. 여기서 각 모듈은 각기 다른 전략을 세워야 하므로, 서로 다른 팀이 맡게 됩니다. 앞서 언급했듯, 새로운 비즈니스를 정의하는 New module 팀과, 기존의 비즈니스를 정의하는 Current module 팀으로 나누었습니다.

Table 7. Project Approach & Roadmap

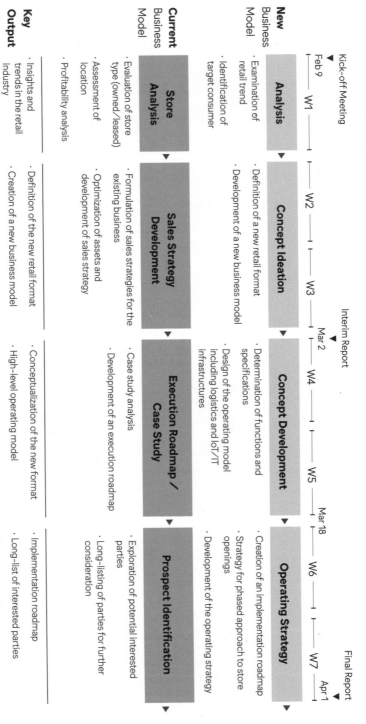

Timeline: Kick-off Meeting — Feb 9 | W1 | W2 | W3 | Interim Report — Mar 2 | W4 | W5 | Mar 18 | Operating Strategy | W6 | W7 | Final Report — Apr 1

Phase	Analysis	Concept Ideation	Concept Development	Operating Strategy
New Business Model	· Examination of retail trend · Identification of target consumer	· Definition of a new retail format · Development of a new business model	· Determination of functions and specifications · Design of the operating model including logistics and IoT/IT infrastructures	· Creation of an implementation roadmap · Strategy for phased approach to store openings · Development of the operating strategy

Phase	Store Analysis	Sales Strategy Development	Execution Roadmap / Case Study	Prospect Identification
Current Business Model	· Evaluation of store type (owned/leased) · Assessment of location · Profitability analysis	· Formulation of sales strategies for the existing business · Optimization of assets and development of sales strategy	· Case study analysis · Development of an execution roadmap	· Exploration of potential interested parties · Long-listing of parties for further consideration

Key Output

New Business Model	Concept Ideation	Concept Development	Operating Strategy
· Insights and trends in the retail industry · Project overview	· Definition of a new retail format · Development of a new business model	· Conceptualization of the new format · Strategy for phased approach to store openings · Development of the operating strategy	· Implementation roadmap · Long-list of interested parties · Project cost estimates

Key Output (Current Business Model):
- Definition of the new retail format
- Creation of a new business model
- Strategy for sales of existing business/assets
- High-level operating model
- Action plan for execution, including key risk areas
- Case studies showcasing transformation

New Module

Analysis: 분석 업무의 세부 사항을 기록할 예정
Concept Ideation: 새로운 스토어 포맷에 대한 콘셉트를 아이디에이션(니즈를 파악하고 문제를 정의한 후, 다양한 아이디어를 발상 및 평가함)한 내용을 작성합니다.
Concept Development: 아이디에이션 단계에서 나온 아이디어를 구체화하여 전략을 개발합니다. 구체적인 내용과 전략을 개발하고 이에 대한 계획을 세웁니다.
Operating Strategy: 제품, 서비스, 마케팅 전략 등을 실행하고 운영하기 위한 전략을 도출합니다.

다음은 각 진행 상황에 따른 세부사항의 예입니다.

Analysis(분석):

- Examination of retail trends
  리테일 트렌드 조사
- Identification of target consumers
  타깃 소비자 식별

Concept Ideation(개념 구상):

- Definition of a new retail format
  새로운 유통 형식의 정의
- Development of a new business model
  새로운 비즈니스 모델 개발

Concept Development:

- Determination of functions and specifications
  기능 및 사양 결정
- Design of the operating model including logistics and IoT/IT infrastructure
  물류 및 IoT/IT 인프라를 포함한 운영 모델 설계

Operating Strategy(운영전략):

- Creation of an implementation roadmap
  구현 로드맵 작성
- Strategy for phased approach to store openings
  단계별 출점 전략
- Development of the operating strategy
  운영 전략 개발

Current module

Store Analysis: 현재 있는 스토어들에 대해 분석할 내용
Sales Strategy Development: 분석한 내용을 바탕으로 세일 앤 리스백 등 구체적인 전략 개발
Execution Roadmap/Case Study: 구체적인 실행 방안과 비슷한 사례에 대한 케이스 스터디 관련 내용
Prospect Idenfication: 프로젝트에 투자하는 데 관심을 가질 만한 잠재적 투자자를 식별하는 것으로, investor prospecting(잠재적 투자자를 서칭) 과정입니다. 본문에서는 향후 매수 또는 투자 의지가 있을 것 같은 기관들을 가상으로 추려본다는 의미로 사용되었습니다. 이와 비슷한 표현은 아래를 참고해볼 수 있습니다.

표현 tips
한국어로 일을 하면서 대출이나 투자를 위해 금융기관 등에 접촉할 때 '탭핑하다' 라는 표현을 자주 씁니다. 그러나 실제 영어권에서는 탭핑이라 하지 않고, tap into(활용하다, 연락하다, 도움을 구하다), contact, reach out(연락하다)이라는 표현을 더 자주 사용합니다.

- We are looking to **tap into** new funding sources.
  우리는 새로운 자금원을 모색하고자 합니다.

- The company plans to raise $100 million by **tapping into** the equity market through a public offering of shares.
  회사는 주식 공모를 통해 주식 시장을 활용하여 1억 달러를 조달할 계획입니다.

- Our team is skilled at **tapping into** data from various financial sources to perform in-depth market analysis.
우리 팀은 다양한 재무 소스의 데이터를 활용하여 심층적인 시장 분석을 수행하는 데 능숙합니다.

- They **tapped into** the global network of their parent company to expand their operations internationally.
그들은 모회사의 글로벌 네트워크를 활용하여 국제적으로 사업을 확장했습니다.

다음은 각 진행 상황에 따른 세부사항의 예입니다.

Store Analysis(매장 분석):

- Evaluation of store types (owned/leased)
점포 유형 평가(소유/임대)
- Assessment of locations
위치 평가(입지 분석)
- Analysis of profitability
수익성 분석

Sales Strategy Development(판매 전략 개발):

- Formulation of sales strategies for the existing business
기존 사업의 영업 전략 수립
- Optimization of assets and development of sales strategies
자산 최적화 및 판매 전략 개발

Execution Roadmap /Case Study(실행 로드맵/사례 연구):

- Case study analysis
케이스 스터디(사례 연구) 분석

- Development of an execution roadmap
  실행 로드맵 개발

Prospect Idenfication(탭핑 리스트, 잠재 대상 식별):

- Exploration of potential interested parties
  잠재적 이해관계자 탐색
- Long-listing of parties for further consideration
  추후 고려 가능한 기관의 롱리스팅 작업

용어 tips

Long-listing: 롱리스팅. 잠재 투자자의 범위를 좁히기 전에 초기에 작성하는 광범위한 잠재적 투자자 목록화 작업

Short-listing: 초기 목록을 더 선별하여 잠재 투자자 그룹으로 줄인 것

Key output (주요 결과물/산출물):

Key output: 각 단계에서 나와야 할 산출물
각 로드맵 단계에 따른 결과물(output)을 추가하였습니다. 결과물을 말할 때는 Output도 많이 사용되지만, 결과물이 문서 형태일 경우 Deliverables(산출물, 결과물)이라는 단어를 더 많이 사용합니다.

- Insights and trends in the retail industry
  유통 산업의 인사이트와 동향
- Project overview
  프로젝트 개요
- Definition of the new retail format
  새로운 유통 형식의 정의
- Creation of a new business model
  새로운 비즈니스 모델 창출
- Strategy for sales of existing business/assets
  기존 사업/자산 매각 전략

- Conceptualization of the new format
  새로운 형식의 개념화
- High-level operating model
  하이레벨 단에서의 운영 모델
- Action plan for execution, including key risk areas
  주요 위험 영역을 고려한 실행을 위한 액션 플랜
- Case studies showcasing transformation
  이러한 변화를 보여주는 사례 연구

용어 tips

High-level: 프로젝트의 큰 그림을 의미합니다. High-level 전략은 프로젝트의 방향을 제시하고, 프로젝트를 성공적으로 완료하기 위한 기초를 제공합니다. 프로젝트의 목표, 범위, 일정, 예산, 리소스, 위험, 성과 지표 등을 포함할 수 있습니다.

- Implementation roadmap
  구현 로드맵
- Long-listing of interested parties
  이해관계자의 롱리스팅
- Project cost estimates
  프로젝트 비용 견적

2. 비즈니스 모듈별 프로젝트 접근 설계하기

New Business Module의 프로젝트 어프로치를 상세히 그려보겠습니다.

Table 8. **Project Approach**

Timeline: Kick-off Meeting ▼ Mar/4 — W1 — W2 — W3 — Interim Report ▼ Mar/25 — W4 — W5 — W6 — W7 — Final Report ▼ Apr/22

Phase (Weeks)	Activities
① **Conduct market and trend analysis** (W1)	• Key trends and strategies of global & domestics retailer • New innovations
② **Analyze consumer behavior** (W1)	• Unmet needs and pain points of on/offline consumers
③ **Assess target market** (W1)	• Our recent strategy and key trends

④ **Generate new concept ideas** (W2–W3)	• Define types of retail format
	  – Newly applicable formats: Hypermarket, fulfillment center, pick-up hub (e.g., drive-through), etc.
	  – Design community center archetypes and illustrate core functions
	  – Define the functions of each format
	• Ideation or new on/offline retail concepts
	  – Differentiated service offerings
	  – Value propositions
	• Develop new business model
	  – Possible alliance/partnership model

⑤ **Refine and develop the selected concepts** (W4–W5)	• Specific new business model
	  – Specify value propositions and alliance/partnership structure
	• Develop specific functions and service ideas
	  – Develop customer journey
	• Visualize new retail concept

⑥ **Design the operating model** (W5)	• Design on/offline/hybrid logistics model alternatives • Design logistics model • Design customer engagement, employment, partnership with last-mile delivery • IT infrastructure list and review

⑦ **Develop a strategy for store openings** (W6–W7)	• Store opening strategy by each phase
	  – Define business goal by each phase
	  – Compile a list of pilot stores
	• Define the pool of alliance/partnership candidates

⑧ **Create an implementation roadmap** (W7)	• Design implementation initiatives and develop implementation roadmap (short-term/mid-long-term) • Develop follow-up execution strategy

Key Output

- Insights and analysis of the retail industry
- Ideation of innovative concepts
- Development of a new business model
- Defined concepts for different retail formats
- High-level operating model
- Phased approach store opening strategy
- Detailed implementation roadmap

Week 1

(1) Conduct market and trend analysis (시장 및 트렌드 분석)

시장 환경을 분석하여 주요 트렌드(key trends)와 전략(strategies)을
추리는 과정입니다.

- **Key trends and strategies** of global & domestic retailers
  국내외 유통업체들의 주요 트렌드와 전략

- New innovations
  새로운 혁신 사례(기술 등)

(2) Analyze consumer behavior (소비자 행동 분석)

- Unmet needs and pain points of on/offline consumers
  온오프라인 소비자의 미충족 니즈 및 페인 포인트(Pain Point)

성공적인 전략을 도출하기 위해 파악해야 하는 가장 중요한 것들 중 미충족 니즈와 페
인 포인트가 있습니다. 컨설턴트는 고객을 대상으로 이러한 점을 파악하여 가치를 제공
하는 전략을 수립합니다.

표현 tips   unmet needs: 충족되지 않은 요구 사항. 즉, 고객이 가지고 있는
니즈이지만, 현재 시장에 존재하지 않는 니즈를 말합니다.

> - We identified the **unmet needs of customers**, which
>   included a desire for seamless omni-channel
>   experiences, where they can transition effortlessly
>   between online and in-store shopping.
>   우리는 온라인 쇼핑과 매장 내 쇼핑 사이를 쉽게 오갈 수 있는
>   원활한 옴니채널 경험에 대한 욕구와 같이, 고객의 충족되지 않은
>   요구 사항(unmet needs)을 파악했습니다.

pain points: 고객이 가지고 있는 문제점이나 애로사항을 말합니다. 문제점 또는 한국어로도 페인 포인트라고 합니다.

- One of the major pain points faced by the retail sector is the inability to effectively utilize customer data for targeted marketing and personalized promotions.
유통 부문이 직면한 주요 문제점 중 하나는 타깃 마케팅 및 개인화된 프로모션을 위해 고객 데이터를 효과적으로 활용할 수 없다는 것입니다.

(3) Assess target market (타깃 시장 평가)

- Our recent strategy and key trends
최근 전략 및 주요 트렌드

실무 tips

타깃 시장에 대한 평가를 통해서 클라이언트의 니즈를 충족시키고, 경쟁에서 우위를 점할 수 있는 전략을 수립할 수 있습니다.

- Output: Insights and analysis of the retail industry
산출물: 유통 산업에 대한 인사이트 및 분석

Week 2~3

(4) Generate new concept ideas (새로운 콘셉트의 아이디어 도출)

- Define types of retail format
리테일 포맷의 정의

- Newly applicable formats: Hypermarket, fulfillment
  center, pick-up hub (e.g., drive-through), etc.
  새로 적용 가능한 형식: 하이퍼마켓, 풀필먼트(주문을 처리하는)
  센터, 픽업 허브(예: 드라이브 스루) 등

표현 tips **applicable**: 적용 가능한, 적합한, 적절한
(= relevant, suitable, appropriate)

- Design community center archetypes and illustrate
  core functions
  커뮤니티 센터 원형 설계 및 핵심 기능 설명

표현 tips **archetype**: 보편적인 원형, 본질적인 특징, 전형적인 사례, 원형

- By analyzing shopping behavior patterns, our team
  recognized the **dominant archetypes of loyal
  customers** for the retail client, allowing them to develop
  loyalty programs that catered to each group's distinct
  preferences.
  우리 팀은 쇼핑 행동 패턴을 분석하여 리테일 클라이언트에 대한
  충성 고객의 지배적인 아키타입(원형)을 인식하여 각 그룹의
  고유한 선호도에 맞는 로열티 프로그램을 개발할 수 있도록
  했습니다.

distinct: 고유한, 구별되는

- The client has a **distinct** target market that it focuses on.
  클라이언트는 특정 타깃 시장을 집중적으로 공략하고 있습니다

　　　　– Define the functions of each format
　　　　각 형식의 기능 정의

　　• Ideation of new on/offline retail concepts
　　새로운 온오프라인 리테일 개념 구상

　　　　– Differentiated service offerings
　　　　차별화된 서비스 제공

　　　　– Value propositions (**1장의 설명 참고)
　　　　가치 제안

　　• Develop new business model
　　새로운 비즈니스 모델 개발

　　　　– Possible alliance/partnership model
　　　　가능한 제휴/파트너십 모델

Output: Ideation of innovative concepts, Development of a new business model
산출물: 혁신적인 개념 구상, 새로운 비즈니스 모델 개발

Week 4~5

(5) Refine and develop the selected concepts
(선택한 개념에 대한 구체화 및 개발)

　　• Specific new business model
　　구체적인 새로운 비즈니스 모델

　　　　– Specify value propositions and alliance/partnership
　　　　structure
　　　　가치 제안 구체화(특장점 도출) 및 제휴/파트너십 구조화

- Develop specific functions and service ideas
  세부 기능 및 서비스 아이디어 개발

- Develop Customer journey
  고객 여정 개발

- Visualize new retail concept
  새로운 리테일 콘셉트 시각화

(6) Design the operating model (운영 모델 설계)

- Design on/offline/hybrid logistics model alternatives
  온/오프라인/하이브리드 물류 모델 대안 설계

- Design logistics model
  물류 모델 설계

  - Customer engagement, employment, partnership with
    last-mile delivery
    고객 참여, 고용, 라스트 마일 배송과의 파트너십

용어 tips | **Last-mile delivery:** 배달 상품이 최종 목적지인 소비자에게
도착하기까지의 과정을 뜻하는 용어로, 온라인쇼핑에서 고객에게 주문
상품을 전달하는 마지막 단계를 '라스트마일 딜리버리'라고 합니다.
라스트마일(last mile)은 고객과의 마지막 접점을 뜻하며, 주문한 물품이
배송지를 떠나 고객에게 직접 배송되기 바로 직전의 마지막 거리 또는
순간을 위한 배송을 가리킵니다. '라스트 마일 배송(Last Mile Delivery)'은
소비자 측면과 공급자 측면에서 모두 중요한 의미를 갖고 있습니다.

- IT Infrastructure List and Review
  IT인프라 목록화 및 리뷰

Output: Defined concepts for different retail formats, High-level operating model
산출물: 다양한 유통 포맷에 대한 개념 정의, 하이레벨 단에서의 운영 모델 도출

Week 6~7

(7) Develop a strategy for store openings(매장 오픈 전략 개발)

- Store opening strategy by each phase
  단계별 출점 전략

  - Define business goal by each phase
    단계별 사업 목표 정의

  - Compile a list of pilot stores
    파일럿 매장 리스트 작성

- Define the pool of alliance/partnership candidates
  제휴/파트너십 후보 풀 정의

(8) Create an implementation roadmap(구현 로드맵 제작)

- Design implementation initiatives and develop implementation roadmap (short-term/mid-long-term)
  실행 이니셔티브 설계 및 실행 로드맵 개발(단기/중장기)

- Develop follow-up execution strategy
  후속 실행 전략 도출

Output: Phased approach store opening strategy, Detailed implementation roadmap
산출물: 단계적 접근의 매장 오픈 전략, 세부 구현 로드맵

Topic 004. 글로벌 QnA를 통한 자료 요청하기

본 프로젝트는 크로스 보더(cross-border) TF이므로, 다양한 국가의 오피스 팀원으로 구성되어 있습니다. 이 중, 유통 산업과 관련하여 가장 경험이 풍부한 미국 오피스에 혹시 참고할 만한 자료가 있을지 요청 자료 및 질문 리스트(RFI, Request for Information)를 작성하였습니다. 제안서를 작성하는 데 도움이 될만한 자료들을 모두 요청해 보도록 하겠습니다.

효율적인 리스트 작성을 위해서는 질문을 카테고리화하는 것이 좋습니다. 해당 질문이나 요청이 두 모듈(New/Current Biz) 중 어디에 해당하는지 카테고리에 기입하고, 요청/질문 내용은 Request, 요청 사항의 중요도는 마지막 Importance 항목에 기록하였습니다.

중요도가 가장 높은 아이템은 High importance, Critical 등으로 기입하며, 중요도가 중간 정도인 아이템은 Medium priority, Relevant, 그리고 중요도가 가장 낮은 아이템은 Non-essential이나 Minor significance, lower importance 등 상황에 맞게 나누어 기입하면 됩니다.

Table 9. **Global Questions List**

Category	Request	Importance
New Biz	Could you provide a case study of major retail companies' IPOs?	High importance
New Biz	Are there any available quantitative data sets for analyzing sales growth after implementing smart technology in offline stores?	High importance
New Biz	Do you have any examples of blockchain technology implementation in offline stores?	Non-essential
New Biz	Are there any business cases of new retail concept stores?	Medium priority
New Biz	Can you share cases that combine a traditional distribution network with an IT system to improve logistic efficiency?	High importance

Category	Request	Importance
New Biz	Do you have a case where a retail company was acquired by a Private Equity firm and successfully negotiated an exit (IPO, transaction, M&A)?	Medium priority
Current Biz	Are there any sources that focus on IT strategies for expanding the number of new stores?	Medium priority
Current Biz	Are there any sources that focus on IT strategies for expanding the number of new stores?	Medium priority
Current Biz	Can you provide a case where a Private Equity firm acquired a retail company for short-term profit through a Leveraged Buyout?	High importance
Current Biz	Could we receive a list of companies that successfully launched a new business model based on digital infrastructure?	High importance
New Biz, Current Biz	How do traditional global retailers (offline-based) manage their Last-Mile delivery systems, and what are their financial investments and technical developments in this area?	High importance
New Biz, Current Biz	Can you provide successful project references for major retail companies?	High importance

Request (요청사항)

Could you provide a case study of major retail companies' IPOs?
주요 유통 회사의 IPO 사례 연구를 제공할 수 있습니까?

실무 tips 비슷한 사례를 통해 클라이언트의 문제를 더 잘 이해하고 해결책을 제시할 수 있으며, 보고서의 신뢰도와 완성도를 높이는 데에도 도움이 될 수 있습니다.

Are there any available quantitative data sets for analyzing sales growth after implementing smart technology in offline stores?
오프라인 매장에서 스마트 기술을 구현한 후의 매출 성장을 분석할 수 있는 정량적 데이터 세트가 있습니까?

용어 tips **Quantitative data:** 정량적 데이터. 숫자로 표현할 수 있는 데이터. 예를 들어, 나이, 성별, 재무/통계 자료, 매출액, 재고량 등입니다.

Qualitative data: 정성적 데이터. 고객의 만족도, 직원의 동기부여, 기업의 문화 등 숫자로 표현할 수 없는 데이터. 고객 조사, 직원 인터뷰, 기업 문화 조사 등 다양한 방법으로 수집됩니다.

Do you have any examples of blockchain technology implementation in offline stores?
오프라인 매장에서 블록체인 기술을 구현한 사례를 알려주실 수 있나요?

실무 tips

엉뚱해 보일 수 있는 질문이지만, 주목받는 기술이나 키워드를 이용하여
혁신적인 시도를 해 볼 수도 있기 때문에 리스트에 포함시켜 보았습니다.
예를 들어, 블록체인은 금융, 의료, 유통, 제조 등 다양한 분야에서 데이터의
보안성과 투명성을 향상시키는 데 사용될 수 있어, 새로운 비즈니스 모델
창출에도 도움이 될 수 있습니다.

용어 tips

Blockchain technology: 분산형 데이터 저장 기술. 네트워크에 참여하는
모든 노드가 데이터를 공유하고 관리하는 방식으로 작동되며, 기존의
데이터 저장 방식과는 달리 중개기관 없이 데이터를 저장하고 관리할 수
있습니다. 따라서 블록체인은 아직 초기 단계에 있지만, 탈중앙화, 보안성,
투명성 등 다양한 장점이 있어, 그 잠재력이 매우 높습니다.

**Are there any business cases of new retail concept
stores?**
새로운 리테일 콘셉트 스토어의 비즈니스 사례가 있나요?

**Can you share cases that combine a traditional
distribution network with an IT system to improve logistic
efficiency?**
기존의 유통망과 IT 시스템을 결합하여 물류 효율성을 높인 사례를
알려주실 수 있을까요?

실무 tips

제안서 작성에 많은 도움이 될 수 있기 때문에 가능한 한 많은 다양한
경우의 예시를 요청해 볼 수 있습니다.

Do you have a case where a retail company was acquired by a Private Equity firm and successfully negotiated an exit (IPO, transaction, M&A)?
유통사가 사모펀드(Private Equity) 회사에 인수되어 성공적인 엑싯 협상 (IPO, 거래, M&A)을 한 사례를 좀 알 수 있을까요?

실무 tips 본문의 클라이언트의 경우와 같이, 사모펀드가 유통업체를 인수한 후 성공적으로 매각한 사례를 다룬 적이 있는지 묻는 질문입니다.

용어 tips Private equity fund(PEF): 사모펀드. 소수의 투자자로부터 사모방식으로 (불특정 다수를 대상으로 하는 공모방식이 아니라) 자금을 조달하여 조성되며, 비상장주식 등 자산에 투자하여 수익을 창출합니다. 공모펀드와 달리 투자대상, 투자비중 등에 제한이 없어 주식, 채권, 부동산, 원자재 등에 자유롭게 투자할 수 있습니다. 한편, PE(Private Equity)는 사모펀드를 운영하는 회사 자체를(자산운용사 등), PEF(Private Equity Fund)는 펀드 자체를 의미합니다. 펀드마다 투자 방법엔 차이가 있지만 대부분 차입 매수 (Leveraged Buyout-*1장 참고)를 통해 회사를 사서 3년~5년 후에 되팔아 이익을 남기는 것을 목표로 합니다.

Are there any sources that focus on IT strategies for expanding the number of new stores?
신규 매장 수를 늘리기 위해 IT 전략에 집중한 케이스가 있습니까?

Can you provide a case where a Private Equity firm acquired a retail company for short-term profit through a Leveraged Buyout?
사모 펀드(Private Equity) 회사가 Leveraged Buyout**(1장 참고)을 통해 단기 이익을 취하고자 유통 회사를 인수한 사례를 말씀해 주시겠습니까?

where: 'where'는 주로 '어디에서'라는 뜻으로 사용되지만, '어떤 상황에서'
라는 뜻으로도 사용될 수 있습니다. 예문의 경우에도 '어떤 상황에서'
라는 뜻으로 사용되었습니다. 즉, 사모펀드가 레버리지 바이아웃을
통해 유통업체를 인수하여 단기적인 이익을 얻은 사례를 제공해 달라는
것입니다.

- Are there any examples of real estate investment trusts
  (REITs) acquiring properties **where** the rental income
  provided stable returns to investors?
  부동산 리츠(REITs)가 자산을 취득한 사례 중 임대 수익이
  투자자에게 안정적인 수익을 제공한 사례가 있습니까?

- Please present a scenario **where** a crowdfunding
  campaign successfully raised capital for a social impact
  project.
  크라우드 펀딩 캠페인을 통해 소셜 임팩트(사회적 영향,
  사회 공헌) 프로젝트를 위한 자금을 성공적으로 조달한
  시나리오를 제시해 주세요.

용어 tips

Social impact project: 소셜 임팩트 프로젝트. 사회적 영향 또는 사회
공헌 프로젝트. 사회에 긍정적인 영향을 미치기 위해 설계된 프로젝트로,
빈곤 퇴치, 환경 보호, 교육 개선, 의료 서비스 제공 등 다양한 목표를
달성하기 위해 다양한 분야에서 진행될 수 있습니다.

Leveraged buyout(LBO): 1장의 용어 설명 참고

**Could we receive a list of companies that successfully
launched a new business model based on digital
infrastructure?**
디지털 인프라를 기반으로 새로운 비즈니스 모델을 성공적으로 시작한 회사
리스트를 제공해 주실 수 있나요?

How do traditional global retailers (offline-based) manage their Last-Mile delivery systems, and what are their financial investments and technical developments in this area?
전통적인 글로벌 전통 유통업체(오프라인 기반)는 라스트 마일 배송 시스템을 어떻게 관리하며, 이 분야에 대한 재정적 투자 및 기술 개발은 어떻게 이뤄지고 있습니까?

실무 tips

라스트마일(위 설명 참고**)이 중요해짐에 따라, 다른 글로벌 경쟁사들이 이를 어떻게 관리하고 있으며, 이 분야에서 어떤 재정적 투자와 기술 개발을 하고 있는지 묻고 있습니다.

Can you provide successful project references for major retail companies?
주요 유통 회사의 성공적인 프로젝트 레퍼런스 사례를 알려주실 수 있습니까?

표현 tips

reference: 참조, 예시. 본문에서 case study(사례 연구)와 같은 뜻으로 사용되었습니다.

Unit 002. 결과물 만들기

Topic 001. TOC 목차 정하기

한국어 제안서의 워딩에 비해 영어 워딩은 직관적인 경향이 강하므로, 문서를 작성할 때 굳이 어려운 단어를 쓰지 말고, 직관적으로 표현하는 것이 좋습니다.

일반적으로 제안서의 목차에 자주 사용되는 단어들 및 관련 내용은 아래와 같습니다. 본 예시에서는 기업 또는 기업을 소유하고 있는 사모펀드 측에 디지털 트랜스포메이션(Digital Transformation, 디지털을 활용한 혁신) 및 출구 전략(Exit Strategy)을 제시하는 경우를 가정하겠습니다.

Table of Contents (목차)

(1) Executive Summary (요약)
(한국어로 작성할 때도 주로 Executive Summary라고 씁니다.)

(2) Introduction (소개)

- **Background**
  배경
- **Purpose of the Proposal**
  제안의 목적

(3) Company Overview 회사 개요(회사 소개)

- Overview of the Business
  사업 개요
- Financial Performance
  재무 성과
- Market Positioning and Competitors
  시장 포지셔닝 및 경쟁자

(4) Rationale for Transformation (변환의 근거)

- Industry Trends and Market Analysis
  산업 트렌드 및 시장 분석
- Need for Digital Transformation
  디지털 트랜스포메이션의 필요성
- Benefits of Digital Transformation
  디지털 트랜스포메이션의 이점/장점

표현 tips

rationale: 합리적인 근거, 이성적인 이유. 비즈니스에서는 새로운 제품이나 서비스를 출시하거나, 새로운 마케팅 전략을 도입할 때 그에 대한 근거를 설명하기 위해 rationale을 사용합니다.

(5) Proposed Transaction Structure (거래 구조 제안)

- Transaction Objectives and Scope
  트랜잭션의 목적 및 범위
- Transaction Structure and Terms
  트랜잭션의 구조와 조건

- **Selling or Sale & Leaseback Strategy**
  매각 또는 매각 후 임대 전략(세일 앤 리스백** 위 설명 참고)
- **Valuation and Pricing**
  밸류에이션(평가) 및 금액 책정
- **Due Diligence Process**
  실사 프로세스

(6) Digital Transformation Strategy (디지털 트랜스포메이션 전략)

- **Digital Plan and Timeline**
  디지털 관련 계획과 타임라인
- **E-Commerce and Online Presence**
  전자 상거래 및 온라인 존재감
- **Customer Relationship Management (CRM)**
  고객 관계 관리(CRM)** (1장 설명 참고)
- **Supply Chain Optimization**
  공급망의 최적화
- **Technology Infrastructure and Investments**
  기술 인프라 및 투자

용어 tips

디지털 트랜스포메이션 전략(Digital Transformation Strategy): 디지털 기술을 활용하여 기업의 비즈니스 모델, 운영 방식, 고객 경험을 근본적으로 변화시키는 전략으로 기업이 경쟁력을 유지하고 성장하는 데 필수적인 전략입니다.

(7) Financial Projections (재무 계획/예측)

- **Revenue Forecast**
  매출 예측

- Cost Optimization and Efficiency Improvements
  비용 최적화 및 효율성 증대
- Projected Profitability and Cash Flow
  예상 수익성 및 현금 흐름

(8) Risk Assessment and Mitigation (위험 평가 및 완화)

- Market and Competitive Risks
  시장 및 경쟁 리스크
- Execution Risks of Digital Transformation
  디지털 트랜스포메이션의 실행상 리스크
- Regulatory and Compliance Risks
  규제 및 규정 준수 관련 리스크
- Risk Mitigation Strategies
  리스크 완화 전략

(9) Exit Strategy (출구 전략/엑싯 전략)

- Exit Options and Timelines
  엑싯 옵션 및 타임라인
- Potential Buyers or Investors
  잠재적 매수자 또는 투자자
- Value Enhancement Initiatives
  가치 향상을 위한 방안/이니셔티브

(10) Conclusion (결론)

- Summary of Benefits and Opportunities
  이점 및 기회에 대한 요약
- Recommendation for the Transaction
  본 트랜잭션에 대한 추가 권장 사항들

Table of Contents 적용 사례

본 제안서에는 아래와 같은 TOC를 적용하여 간단하게 만들어 보겠습니다.

Contents

Executive Summary

전체 문서(보고서, 제안서 등)의 요약. Executive Summary는 보고서의 첫 페이지에 위치하며, 이를 읽는 사람 입장에서 보고서의 주요 내용을 빠르게 파악할 수 있어야 합니다. 여기서는 보고의 작성 목적을 명확히 밝히고, 보고서의 주요 내용을 강조함으로써 보고서의 효과를 높일 수 있습니다.

Executive Summary는 일반적으로 1-2페이지 분량으로 작성되며, 보고서의 목적, 주요 내용, 결론 등으로 구성됩니다.

(1) Mega Mart Team

제안서이므로 팀 소개를 포함시킴

(2) Mega Mart Services
회사 또는 팀이 제공하는 서비스 설명

(3) Mega Mart Differentiators
팀의 특장점에 대한 설명

(4) Our Understanding

제안사가 고객의 요구 사항과 목표를 이해하고 있음을 설명하는 부분으로, 상황에 대한 이해와 분석을 제시합니다. 한국 제안서에 자주 등장하는 '과업의 이해'와 유사합니다. 클라이언트가 이해하기 쉬운 명확하고 간결한 스타일로 작성해야 합니다.

(5) Our approach (접근 방안)

제안서를 제출하는 회사의 과업에 대한 접근 방식을 설명하는 부분입니다. 제안사가 프로젝트를 어떻게 수행할 것인지, 어떤 기술과 방법을 사용할 것인지, 프로젝트의 목표를 달성하기 위해 어떤 노력을 기울일 것인지에 대해 설명합니다.

(6) Our ambition (목표에 대한 사항)

'Our Approach'가 제안사의 접근 방식을 설명하는 부분이라면, 'Our Ambition'에서는 프로젝트의 목표와 비전을 설명합니다.

(7) Gap assessment – from current to ambition state
(갭 평가 – 현재와 목표 상태를 비교하는 기법)

현재 상태와 목표 상태의 차이를 평가하는 부분으로, 현재 상태와 목표 상태의 차이를 평가하고, 목표 상태를 달성하기 위한 계획을 제시하는 부분이므로 중요합니다. 갭 분석 툴로는 유명한 SWOT Analysis(제품이나 프로젝트 등에 영향을 주는 요소를 Strengths, Weaknesses, Opportunities, Threats의 네 가지 측면으로 분석), 컨설팅사 맥킨지의 McKinsey 7S Framework(전략, 구조, 인력, 시스템, 스타일, 기술, 공유 가치라는 7가지 측면으로 나누어 분석) 등이 있습니다.

(8) Future Options & Choices (향후 옵션 및 선택 사항)

고객에게 제공하는 옵션과 선택 사항을 설명하는 부분입니다. 고객에게 회사의 솔루션이 어떻게 도움이 될 수 있는지, 그리고 고객이 어떤 옵션을 선택할 수 있는지 기술해야 합니다.

(9) Next steps (다음 단계)

고객이 제안서를 승인한 후 취해야 할 다음 단계를 설명하는 부분입니다. 고객이 회사의 솔루션을 구현하고, 고객의 목표를 달성하기 위해 어떤 조치를 취해야 하는지 기술합니다.

(10) Timeline and key workstreams

Next steps로 포함시켜 생략할 수 있으나, 한국의 제안서에서는 따로 Timeline을 배치하는 경우도 많습니다.

프로젝트의 일정과 주요 작업 흐름을 설명하는 부분입니다. 프로젝트의 시작일, 종료일, 주요 작업과 마일스톤, 각 작업의 책임자, 각 작업의 의존 관계 등을 기술합니다.

Appendices

- (1) Team CVs 팀 이력서
- (2) Case studies 케이스 스터디(사례 연구)
- (3) Credentials 실적 및 자격**(1장 설명 참고)

용어 tips

credentials: 자격 사항, 실적, 관련 성과 등을 의미. 일반적으로 학력, 자격증, 경력, 수상 경력 등을 가리킵니다. 해당 분야에서 어떤 자격을 가지고 있는지, 어떤 경험을 했는지 등을 보여줍니다.

Credential 외에 쓸 수 있는 표현들:
- Track record: 제안사가 이전에 수행했던 프로젝트의 성과
- Company(또는 project) portfolio: 제안사가 수행했던 프로젝트의 목록
- Experience and expertise: 제안사가 해당 분야에서 어떤 자격을 가지고 있는지, 어떤 관련 경험을 했는지 등을 기술
- Key achievements (또는 key projects): 제안사가 이전에 수행했던 프로젝트에서 달성한 주요 성과

마켓 리서치를 포함시키는 경우에는, 이를 넣는 위치에 따라 워딩을 달리할 수 있습니다. 본 예시에서는 마켓 리서치를 어펜딕스에 포함시켰습니다.

이 외, 제안서에 넣을 수 있는 내용은 아래와 같습니다.

- (4) Key themes emerging from trends and insights (트렌드 및 인사이트에 대한 주요 사항들)

현재의 트렌드와 인사이트에서 도출된 핵심 주제들을 설명하는 부분입니다. 현재 트렌드와 인사이트를 분석하여, 고객의 비즈니스와 관련된 핵심 주제들을 도출해야 하는데, 실무에서 '시장 환경 분석' 관련 내용의 양이 너무 많아 앞에 넣기 곤란할 경우, appendix로 빼낼 수 있습니다.

- (5) Scenario planning (시나리오 계획)

미래의 잠재적인 시나리오를 분석하고, 그 시나리오에 따라 기업이 어떤 전략을 수립할지 계획하는 것입니다. 잠재 시나리오, 각 시나리오의 발생 가능성, 각 시나리오에 따른 전략, 각 전략의 장단점이 포함될 수 있습니다.

Topic 002. Executive Summary 작성하기

Executive Summary는 문서의 가장 앞부분에 등장합니다. 전체 문서의 핵심 내용을 간추리고 있어, 이 부분만 읽어도 프로젝트의 주요 내용을 파악할 수 있어야 합니다. 이전 챕터에서 다룬 것과 같이, 투자용 물건을 소개하는 Investment Highlight(IM) 와 유사합니다.

전체 문서의 흐름이나 내용에 따라 달라질 수 있겠지만, 일반적으로 들어가는 내용과 자주 사용되는 용어 및 표현은 아래와 같습니다. 아래 표현들을 잘 활용하고, 적절한 시각화 및 구조화 방법을 이용하면 이해하기 쉽고 가시성 높은 Executive Summary 를 구성할 수 있습니다.

단, 아래 내용이 모두 들어가야 할 필요는 없으며, 제안서 성격이나 상황에 따라 필요 한 내용만 간추려 사용하면 됩니다.

(1) Introduction
(Background, Context and background-의의와 배경)

현 상황에 대해 간단히 소개하고, 제안서의 목적(현 비즈니스를 디지털에 최적화되도록 하고, 현재 보유한 자산을 팔거나 세일 앤 리스백 하는 전략을 제시)을 언급합니다.

표현 tips   – 현재 상황: current state
- 제안서의 목적: proposal's objective
- 디지털 시대에 경쟁력을 유지하다: stay competitive in the digital age
- 진화하는 리테일 산업: evolving retail landscape
- 디지털 기술 융합의 중요성: embracing digital technologies
- 변화하는 고객의 요구와 선호를 맞추다: meet changing consumer demands and preferences

- 비즈니스를 디지털에 최적화하다: transform the business into a digitally-savvy entity
- 디지털에 능통한, 디지털에 최적화된: digitally-savvy
- 부동산 자산 매각을 통해 얻을 수 있는 가치: value through the sale of real estate assets
- 현재 스토어들의 매각이나 세일 앤 리스백 옵션: options for sale of real estate assets or sale & leaseback of current stores

(2) Rationale for Transformation:

본 디지털 최적화 작업이 왜 필요한지를 설명합니다. 목표하는 기업이 되었을 때의 장점(경쟁력 상승, 고객 경험(CX) 상승, 운영 효율 증대)을 언급합니다.

표현 tips

- 디지털 최적화 작업: digital transformation, 한국어로도 디지털 트랜스포메이션, 또는 DT라고 합니다.
- 리테일 산업에서 디지털 최적화 작업의 필요성: need for digital transformation in the retail industry
- 디지털 최적화 기업이 되었을 때의 장점: potential benefits of becoming digitally-savvy
- 경쟁력 상승: increased competitiveness
- 고객 경험 개선: improved customer experience(CX)
- 운영 효율 증대: enhanced operational efficiency
- A입장에서의 시장 기회: market opportunity for A
- 경쟁 우위: competitive advantage
- 경쟁 우위를 만들다: create a competitive advantage
- 확장의 기회나 가능성: potential for expansion
- 새로운 고객 확보: new customer acquisition
- 마켓 쉐어 증가: market share growth
- A를 업계의 주요 플레이어로 등극시키다: position A as a leading player in the industry

Topic 002. Executive Summary 작성하기

Unit 002. 결과물 만들기

(3) Proposed Transaction/Structure

제안하는 M&A 구조나 방식을 요약하고, 고려할 수 있는 전략을 간단히 설명합니다. 간략하게 밸류에이션이나 가격에 대한 내용도 포함시킬 수 있습니다.

표현 tips
- 세일 앤 리즈백 전략: potential sale & leaseback strategy
- 밸류에이션 (접근)방법: valuation approach
- 가격 고려사항: pricing considerations
- 즉각적인 현금 창출: generate immediate capital
- ~와 ~이 전략적으로 일치함: strategic alignment of A with B
- 사모펀드의 전문성과 리테일 기업의 DT에 대한 목적이 전략적으로 일치함: strategic alignment of the private equity firm's expertise with the retailer's digital transformation goals

(4) Digital Transformation Strategy

제안하고자 하는 Digital Transformation 전략에 대하여 주요 내용만 간단히 설명합니다.

표현 tips
- 간단한 설명(하이레벨): high-level overview
- 주목해야 할 주요 사항: key areas of focus
- 여러 채널(온오프라인)의 융합: omnichannel integration
- 디지털 세상에 적응하다: adapt to the digital landscape
- 성장을 이끌다, 성장하다: drive growth
- 제안하는 DT 전략: planned digital transformation strategy
- 전자상거래 플랫폼 개발: develop an e-commerce platform
- 고객관리시스템 도입: implement customer relationship management (CRM) systems
- 공급망 최적화/관리: optimize the supply chain/supply chain management
- 기술 인프라 업그레이드: upgrade technology infrastructure

(5) Financial Projections

예상되는 매출, 현금 흐름, 수익성 등에 대한 재무적인 부분을 언급합니다.

표현 tips
- 재무 예측: financial projections
- 예상 매출, 매출 전망: revenue forecasts
- 매출 증가: revenue growth
- 원가 최적화 방안: cost optimization plans
- 원가 절감: cost savings
- 수익성 예상치: anticipated profitability
- 수익성 개선: improved profitability
- 현금 흐름 개선사항: cash flow improvements
- DT로 인한 이득 예상치: benefits resulting from the digital transformation
- DT로 인한 재무적 이득 예상치: potential financial benefits of the proposed digital transformation
- 부동산 자산 매각을 통해 얻을 수 있는 부가적인 재무적 이득: additional financial advantages of monetizing real estate assets through their sale

(6) Risk Assessment and Mitigation

제안 내용과 관련된 주요 리스크를 언급하고, 간단하게 이를 완화할 수 있는 방안을 제시합니다. 영향을 줄 수 있는 규제적인 내용을 포함할 수 있습니다.

표현 tips
- 제안하는 DT와 관련된 주요 리스크: main risks associated with the proposed transformation
- 리스크를 완화하다: mitigate the risks
- 리스크 완화를 위해 구축된 (in place) 전략이나 방안들: strategies and measures in place to mitigate these risks

- 규제 또는 컴플라이언스 리스크: regulatory or compliance risks
- 제안 내용에 영향을 줄 만한 규제 또는 컴플라이언스 리스크: regulatory or compliance risks that may impact the proposed transaction

(7) Conclusion (결론)

표현 tips
- 주요 장점과 기회들: key benefits and opportunities
- 제안 내용대로 진행할 경우의 추천 방안: recommendation for proceeding with the proposed transaction
- 가치 창출의 가능성: potential for value creation
- 장기적인 성장: long-term growth

Executive Summary 구성 사항

Executive Summary는 간략하게 구성해야 합니다. 본문에 제시한 가상 시나리오에 따른 내용 예시입니다.

(1) Context and Background (맥락 및 배경)

The growth of the online channel has **contributed** to the increase in both domestic and global retail sales.
온라인 채널이 성장하면서 <u>그 영향으로</u> 국내외 유통 모두 매출이 늘어났습니다.

Mega Mart has achieved long-term growth by **effectively utilizing** its strengths and capabilities in distribution, marketing, and franchise management, such as accessing a growing population, acquisition-based

growth of its network, and a long term consumer trend to convenience.
Mega Mart는 인구 증가에 대한 접근, 네트워크의 인수 기반 성장, 편의성에 대한 장기적인 소비자 트렌드 등 유통, 마케팅 및 프랜차이즈 관리에서 강점과 역량을 **효과적으로 활용**하여 장기적인 성장을 달성했습니다.

In contrast, Korean GMS retailers are struggling from a business performance perspective to respond to the aggressive expansion of online disruptors who have received substantial amounts of investment.
반면, 국내 GMS 유통업체들은 막대한 투자를 받은 온라인 디스럽터들의 공격적인 확장에 대응하기 위해 경영 실적 측면에서 고군분투하고 있습니다.

실무 tips   위에서 간략히 설명한 트렌드에 덧붙여, 국내의 리테일러, 즉 클라이언트가 겪고 있는 문제점에 대해 언급합니다.

While certain global retailers **are seen to** maintain certain level of profitability, it is important for them to adapt to evolving market trends, including various store formats and enhanced digital experiences.
특정 글로벌 유통업체는 일정 수준의 수익성을 유지하는 **것으로 보이지만** 다양한 매장 형식 및 향상된 디지털 경험을 포함하여 진화하는 시장 트렌드에 적응하는 것이 중요합니다.

While Mega Mart business is strong and continues to grow, there are headwinds on the horizon that need to be assessed for impact and considered **in response to** the current corporate strategy.
Mega Mart 비즈니스는 견실하며 계속 성장하고 있지만, 현재의 기업 전략에 **대한 대응으로** 영향을 평가하고 고려해야 할 역풍(악재)이 다가오고 있습니다.

표현 tips   **headwinds: 역풍**

headwinds on the horizon: 앞으로 다가올 어려움. 항해를 할 때 배가 앞으로 나아가는 것을 방해하는 바람인 'headwind'를 마주하게 될 것이므로, 'headwind on the horizon'은 앞으로 다가올 어려움을 의미합니다.

- The company is facing **headwinds on the horizon** due to the economic recession.
  회사는 경제 불황으로 인해 앞으로 다가올 어려움에 직면해 있습니다.

need to be assessed for ~: ~에 대한 평가가 필요한
in response to~: ~에 대한 응답으로
corporate strategy: 기업 전략

concerning: ~와 관련된, 관계있는(=regarding, related to), 걱정스러운

- We are writing to you **concerning** your recent application for a job at our company.
  귀하께서 최근 저희 회사 입사에 지원하신 것과 관련해 메일드립니다.

- We are **concerned** about the recent increase in customer complaints.
  최근 고객 불만이 늘어난 점에 대해 우려하고 있습니다.

- Regulatory pressure **concerning** employment and work hours
  고용 및 근로시간 규제 압박

Changing generational preferences from **visiting offline stores** to online same-day-delivery
오프라인 매장 방문에서 온라인 당일배송으로 세대 선호도 변화

Competitive pressure from e-Commerce companies in convenience
전자 상거래 회사의 편리성에 대한 **경쟁 압력**

Regulatory pressure concerning employment and work hours
고용 및 근로 시간에 대한 규제 압박

Global retailers are also responding to global grocery shoppers' habit change towards seeking **shorter and more frequent trips to local stores** for fresh food, prioritizing product quality.
글로벌 유통업체는 신선식품의 경우 제품의 품질을 우선시하여 **인근 매장을 더 짧게, 더 자주 방문하는** 글로벌 식료품 쇼핑객의 습관 변화에 대응하고 있습니다.

표현 tips

towards: 향하여, 쪽으로, 움직여 가는 방향으로. towards는 물리적 방향, 목표나 목적지를 나타내는 데에도 사용되지만, 본문에 쓰인 towards는 전 세계적인 추세로도 구매자들이 최대한 신선한 음식을 사기 위해 지역 상점에 짧게 자주 쇼핑을 가는 등 품질을 우선시하는 방향으로 구매 습관이 변화하고 있음을 보여주고 있습니다.

- With the rise of e-commerce, there has been a significant shift **towards** online shopping among consumers.
  전자 상거래가 부상하면서 소비자들 사이에서는 온라인 쇼핑으로 옮겨가는 상당한 변화가 있었습니다.

- The company is directing its efforts **towards** expanding its market presence in emerging economies.
  회사는 신흥 경제국에서 시장 입지를 넓히기 위해 노력을 기울이고 있습니다.

Customer demands for a seamless shopping experience where the boundaries between 'online' and 'offline' **blur**.
고객은 '온라인'과 '오프라인'의 경계가 **모호한** 원활한 쇼핑 경험을 요구합니다.

Due to the changes in domestic demographic structure, customers now have a **widely recognized purchasing behavior** which is 'purchasing non-food products on online stores and fresh food products at neighborhood offline stores'

국내 인구 구조의 변화로 인해 소비자들은 이제 '비식품은 온라인 매장에서, 신선식품은 동네 오프라인 매장에서 구매'하는 것으로 **두드러진 구매 행동 변화가 폭넓게** 나타나고 있습니다.

Global Advisors **was brought in to** help Mega Mart define Mega Mart's exit strategy and strategic ambition considering the most probable and high-impact future scenarios.

Global Advisors는 Mega Mart가 가장 가능성이 높고 영향이 큰 미래 시나리오를 고려하여 Mega Mart의 출구 전략과 전략적 목표를 정의하는 데 도움을 주기 **위해 투입되었습니다**.

표현 tips

be brought in to~: ~을 위해 투입되다, ~을 위해 데려오다, ~을 위해 고용하다 (=be brought on board, be brought in as)

- The company **brought in** a new CEO to turn around the business.
  회사는 사업을 회생시키기 위해 새로운 CEO를 영입했습니다.

most probable: 가장 가능성이 높은 (=most likely, most likely to happen, most likely to occur)

- The **most probable** outcome is that our new product will achieve a significant market share within the first year of launch.
  우리 신제품은 출시 후 첫 해에 상당한 시장 점유율을 달성할 가능성이 가장 높습니다.

(2) Strategies (전략)

Introduce a Fresh Food-Specialized Store:
신선식품 전문점을 소개:

The 'New Store' will be seen in the neighborhood as a fresh food-specialized store to **generate more customer traffic** and increase the basket size per customer.
'새로운 점포'는 신선식품 전문점으로 동네에 모습을 드러내어 **더 많은 고객의 방문을 유도하고** 고객 1인당 바구니 사이즈도 늘릴 예정입니다.

Adopt a Hub & Spoke Model: (*위 설명 참고)
허브 앤 스포크 모델 채택:

Implement a new business model that **utilizes a hub & spoke approach** with hypermarket with store fulfillment function in the center surrounded by the new stores serving as retail outlets for online/offline shoppers.
온라인/오프라인 쇼핑객을 위한 소매점 역할을 하는 신규 매장을 중심으로 점포 풀필먼트 기능을 갖춘 하이퍼마켓으로 **Hub & Spoke 접근 방식을 활용한** 새로운 비즈니스 모델 구현

Effective New Store Layout:
효과적인 새 매장 레이아웃:

Design the anchor space of the new store to include **dedicated counters for seasonal farm-fresh foods and ready-made meals**. Additionally, incorporate a pick-up desk where customers can collect their online purchases. Utilize a digital aisle concept to bridge the online and offline experiences, enticing customers to make additional purchases.
새 매장의 중심 공간 디자인에는 **제철 농산물의 신선식품과 바로 먹을 수 있는 먹거리를 위한 전용 카운터**가 포함됩니다. 또한 고객이 온라인 구매 물품을 수령할 수 있는 픽업 데스크도 통합됩니다. 디지털 통로 개념을 활용하여 온라인과 오프라인 경험을 연결하고 고객이 추가 구매를 하도록 유도합니다.

Enhance Data Collection and Supply Chain Sustainability:
데이터 수집 및 공급망의 지속 가능성 향상:

Prioritize the collection of consumer data to gain insights into customer preferences and behaviors and focus on securing a sustainable supply chain to ensure consistent availability of fresh food products. Consider offering a coffee subscription service to drive more store visits and establish a sustainable business model.

고객 선호도 및 행동에 대한 인사이트를 얻기 위해 소비자 데이터 수집의 우선 순위를 정하고 언제든 신선한 식품을 살 수 있도록 보장하기 위하여 지속 가능한 공급망을 확보하는 데 **중점을 둡니다.** 더 많은 매장 방문을 유도하고 지속 가능한 비즈니스 모델을 구축하기 위해 커피 구독 서비스 제공을 고려할 예정입니다.

Optimize Real Estate Assets:
부동산 자산 최적화:

Develop exit strategies to optimize Mega Mart's current real estate assets and maximize property value. Segment hypermarket stores **according to type of ownership and performance ratings,** and different strategies will be executed such as disposal, association with new business, and conversions into dark stores.

Mega Mart의 현재 부동산 자산을 최적화하고 자산 가치를 극대화하기 위한 출구 전략을 개발합니다. 대형마트 점포를 **소유 유형 및 매출 성과 등급에 따라 세분화하고** 폐기, 신규 비즈니스와의 연계, 다크 스토어로의 전환 등 다양한 전략을 실행할 것입니다.

용어 tips **dark store:** * 위의 설명 참고

(3) Next Step (다음 단계)

Pilot Program for New Store Sustainability: Propose a pilot program to evaluate the sustainability and effectiveness of new stores **to establish a successful roll-out plan**.
신규 매장 지속 가능성을 위한 파일럿 프로그램: **성공적인 출시 계획을 수립하기 위해** 신규 매장의 지속 가능성과 효율성을 평가하는 파일럿 프로그램을 제안합니다.

용어 tips   roll-out plan: * 위의 설명 참고

Determine Target Area and Number of Pilot Stores: **Identify target area for pilot execution** and make decision of the number of pilot stores.
목표 지역 및 파일럿 매장 수 결정: **파일럿 실행 대상 지역을 식별**하고 파일럿 매장 수를 결정합니다.

Optimize Hypermarket Store Segmentation: Segment hypermarket stores **based on ownership type and performance ratings**, and execute strategies.
하이퍼마켓 매장 세분 최적화: **소유 유형 및 실적 등급을 기반으로** 하이퍼마켓 매장을 세분화하고 전략을 실행합니다.

Topic 003. 장표 작성 시 유용한 표현들

제안서나 보고서 작성 시 팀과 함께 협업할 때는 각자 나누어 자신의 파트를 작성하는 경우가 많습니다. 이때, 중간중간 초안(draft)을 공유하며 진행하게 되는데, 자신의 파트가 완성되었는지, 아직 작업 중인지, 특정 부분의 리뷰가 필요한지 여부를 확인시킬 필요가 있습니다. 또한, 초안에 넣어둔 그림이 단지 이해를 돕기 위한 임시 표본(dummy)이라서 추후 업데이트할 예정일 때, 민감 정보는 삭제하고 송부하는 버전임을 알리는 등 공동 작업자 간 상시 커뮤니케이션이 필수적입니다.

이를 위해, 이메일을 쓸 때 메일 바디(본문)에 직접 표시하거나, 작성 중인 장표에 노트를 써서 남겨 두면 효율적으로 작업할 수 있습니다.

Note 표현
Note에 자주 나오는 표현들은 아래와 같습니다.

- 작업 중일 때:
  - To populate: 아직 디벨롭 및 추가 예정. 해당 슬라이드가 작업 중(WIP)이며 최종 버전 이전에 관련 내용을 추가할 예정임을 나타냄
  - WIP(work in progress). 아직 작업 중인 장표이며 마무리되지 않았음을 의미함
  - 아직 미완성: TBD(to be determined). 아직 디테일이나 구체적인 내용이 정해지지 않았음을 나타냄
  - To update: 업데이트 예정
  - 추후 내용을 추가하기 위해 공간을 비워둠: Placeholder to populate

- 아직 미완성: Incomplete. 필요한 정보가 누락되었거나 덜 끝난 콘텐츠를 의미함
- 민감 자료 삭제함: Sanitized
- 민감 자료 포함되어 있음: Confidential/Private & confidential
- 외부 공개 금지: Internal Use Only
- 나중에 마무리할 때 완성할 예정임: Complete at the end
- 최종 발표 때 업데이트할 예정임: Will be updated for final presentation
- 정확한 타임라인은 전체 팀 논의 필요: Requires discussion with wider team on realistic timeline
- 참고용임: Included for reference
- 참고: Note. 참고 사항을 공지해 둘 때 사용함

  – 초안 참고 사항: 아직 확정된 금액 아님
   NOTE TO DRAFT: Amounts not realisitically qualifiable at this point.

- 예시: Illustrative. 제공된 자료가 그저 보여주기 위한 예시임을 나타냄
- 일단 더미(dummy)로 넣어둔 내용임: Preliminary

공동으로 장표 작업을 할 때는 Add(추가하다), Review(검토하다), Check(확인하다) 등의 동사를 사용해 각자의 의사나 상황을 자유롭게 전달할 수 있습니다. 아래 표현을 참고해 주세요.

- 정확한지 체크 필요: Check Accuracy
  (정보가 정확한지 팩트 체크를 요청할 때)
- 출처 요망: Add Source/Validate Sources
  (제공된 정보의 소스나 출처를 요청할 때)
- 자세한 설명이나 디테일이 필요할 때: Clarify
- 수정 요망: Edit
- 삭제 요망: Delete
- 일정한 톤 유지 요망: Ensure Consistent Tone
- 정의 추가 요망: Add Definitions

- 좀 더 발전시킬 것: Expand
  (제시된 내용을 좀더 구체적으로 표현하거나 더 디벨롭할 것을 요청할 때)
- 워딩이나 문장 수정 필요: Rephrase
- 대안 고려 필요: Consider Alternatives
  (다른 옵션이나 접근 방식을 제안함)
- 구체적인 예시 포함 필요: Provide Examples
- 포맷 다시 확인: Check Formatting
  (헤딩, 불렛 포인트, 스페이싱(자간) 등 포맷 체크 필요)
- 팩트 체크 요망: Fact Check
- 차트, 그래프 등 비주얼 자료 추가 요망: Add Visual
- 근거 제시 필요: Add Supporting Evidence
  (추가 자료, 리서치, 레퍼런스 등으로 보완 필요)
- 이해관계자 의견 포함 필요: Include Stakeholder Input
- 반복 많음: Check for Redundancy
  (반복적이거나 불필요한 정보 체크 필요)
- 배경 추가 필요: Add Context.
  (이해를 돕기 위해 배경이나 요지에 대한 내용 추가 필요함)
- 문법 체크: Check Grammar
- 너무 어렵게 쓰였음: Too Technical
- 결론 없음: Add Conclusion
- 앞이랑 연결 안 됨: Link to Previous Section
- 전체적 맥락 고려 필요: Check Consistency
- 다음 단계에 대한 설명 요망: Add Call to Action
- 업데이트 필요: Update Needed
- 리뷰 필요: Please review
  (타 팀원들 또는 윗사람의 평가나 리뷰가 필요한 콘텐츠임을 의미함)
- 그룹화 필요: To bucket, To categorize, To group

표현 tips   카테고리를 나누거나 그룹화하는 것을 뜻하는 'To bucket'은 비즈니스에서 사용하는 캐주얼한 표현입니다. 호주 등 특정 국가에서는 다소 편안한 분위기의 업무 환경에서 사용되는 반면, 다른 국가에서는 잘 사용되지 않는 편입니다. To categorize나 To group을 쓰는 것이 무난합니다.

비슷한 표현: 'To segment'는 '세분화하다, 나누다'라는 뜻입니다. 특정 특성, 속성 또는 변수에 따라 세그먼트로 나누는 행위를 의미합니다.

- ~는 추후 검토 예정임: ~ to be further reviewed
  - 가격 구조는 추후 Mega Mart 자료 수령 후 검토 예정임: Cost structure to be further reviewed by using Mega Mart data

Topic 004. 목표와 전략에 대한 장표

목표와 이에 따른 전략 장표의 워딩을 구성해 보겠습니다.

Our Understanding of the Situation >> Mega Mart objectives
상황 이해 >> Mega Mart의 목표(프로젝트 또는 회사의 목적)

현재 상황을 이해하는 데 중점을 두고, Mega Mart 목표를 달성하기 위한 계획을 설명합니다.

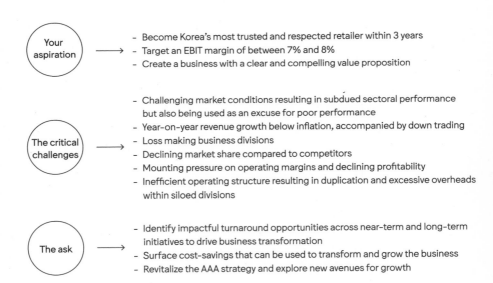

- Become Korea's most trusted and respected retailer within 3 years
- Target an EBIT margin of between 7% and 8%
- Create a business with a clear and compelling value proposition

- Challenging market conditions resulting in subdued sectoral performance but also being used as an excuse for poor performance
- Year-on-year revenue growth below inflation, accompanied by down trading
- Loss making business divisions
- Declining market share compared to competitors
- Mounting pressure on operating margins and declining profitability
- Inefficient operating structure resulting in duplication and excessive overheads within siloed divisions

- Identify impactful turnaround opportunities across near-term and long-term initiatives to drive business transformation
- Surface cost-savings that can be used to transform and grow the business
- Revitalize the AAA strategy and explore new avenues for growth

(1) Your aspiration (목표, 타깃)

Become Korea's most trusted and respected retailer <u>within 3 years</u>
<u>3년 이내에</u> 한국에서 가장 신뢰받고 존경받는 유통업체가 됨

Target an EBIT margin of between 7% and 8%
7%-8% 사이의 EBIT 마진 목표

용어 tips

EBIT margin: 영업 이익이 매출액에서 차지하는 비율을 나타내는 지표.
EBIT은 Earnings Before Interest and Taxes의 약자로, 이자와 세금을
차감하기 전의 영업 이익을 의미합니다.
따라서, EBIT margin은 기업의 영업 효율성을 측정하는 데 사용되며,
일반적으로 EBIT margin이 높으면 그 기업이 영업 활동에서 높은 수익을
올리고 있다는 것을 의미합니다. 본문에서는 EBIT margin의 구체적인
타깃을 목표로 언급하고 있습니다.

Create a business with a clear and compelling value proposition
명확하고 매력적인 가치 제안으로 비즈니스 창출

(2) The critical challenges (핵심 과제, 주요 문제점)

Challenging market conditions resulting in **subdued sectoral performance**
but also being used as an excuse for poor performance
어려운 시장 상황으로 인해 **부문별 실적이 부진**하지만 실적 부진에 대한 이유로 이용
되기도 함

실무 tips

subdued sectoral performance: 부진한 산업별 성과. 해당 산업의
성과가 부진하다는 것은 해당 산업에 속한 기업들의 이익, 매출, 성장률
등이 감소하고 있다는 것을 의미할 수 있습니다.

Year-on-year revenue growth below inflation, accompanied by down trading
다운 트레이딩과 함께 인플레이션 이하의 전년 대비 매출 성장

용어 tips **Year-on-year(YoY):** 전년 대비. year-on-year를 사용하면 특정 기간의 성과를 전년 동기와 비교하여 분석할 수 있습니다. 이는 해당 기간의 성과가 전년 동기 대비 증가했는지 감소했는지, 그리고 그 증가 또는 감소의 폭이 얼마나 큰지 파악하는 데 도움이 됩니다.

- year-on-year sales growth
  전년 대비 매출 성장

CAGR: Compound Annual Growth Rate의 약자로, 연평균 성장률을 의미합니다. CAGR은 투자 수익률이나 기업의 매출 성장률 등을 측정하는 데 유용한 지표이지만, 특정 기간 동안의 평균 성장률을 나타내는 지표이기 때문에, 특정 기간의 변동 요인을 반영하지 못할 수 있습니다.
즉, YoY는 특정 기간의 성과를 전년 동기와 비교하여 측정하는 반면, CAGR은 특정 기간 동안의 평균 성장률을 측정합니다.

Loss making business divisions
적자 사업부

Declining **market share** compared to competitors
경쟁사 대비 **시장점유율** 하락

Mounting pressure on operating margins and declining profitability
영업 마진에 대한 **압박 증가** 및 수익성 하락

Inefficient operating structure resulting in **duplication and excessive overheads** within siloed divisions
사일로화된 부서 내에서 **중복 및 과도한 관리 비용**을 초래하는 비효율적인 운영 구조

용어 tips **Overheads(overhead cost):** 간접비. 제품이나 서비스를 제공/만드는 데 직접적으로 기인하지는 않지만 지속적으로 발생하는 비용을 의미합니다. 즉, 기업을 운영하는 데 발생하는 비용이지만, 상품이나 서비스의 생산과 직접적으로 관련이 없는 비용을 말합니다.

(3) The ask (요청, 요구사항)

Identify **impactful turnaround opportunities** across near-term and long-term initiatives to drive business transformation
비즈니스 혁신을 주도하기 위한 단기 및 장기 이니셔티브 전반에 걸쳐 **영향력 있는 턴어라운드 기회** 식별

Surface cost-savings that can be used to transform and grow the business
비즈니스를 변화시키고 성장시키는 데 사용할 수 있는 비용 절감안 **도출**

Revitalize the Mega Mart strategy and explore new avenues for growth
Mega Mart 전략을 **활성화하고** 성장을 위한 새로운 길을 모색

Topic 005. Approach(접근법)에 대한 장표 예시

Table 10. **Our Approach >> Set-up and align** (week 1)

Key objectives	Initiate engagement, expand business understanding and align with key business objectives

Activities	· Kick-off engagement, establish Steering Committee and ensure alignment on critical business objectives.
	  – Align on work processes, schedule key meetings and attendees
	  – Clarify the roles of key team members, interlinks
	  – Define milestones and key restrictions
	· Thoroughly assess the current state strategy, structures, functional roles, challenges and bottlenecks by:
	  – Reviewing existing information, analyses and insights
	  – Evaluatino business strengths and weaknesses
	  – Conducting an immersion workshop involving key stakeholders from the business
	· Refine key areas of opportunity areas and hypotheses, and present preliminary findings with Steering Committee for alignment
	  – Present and refine ongoing opportunities and hypotheses with the Steering Committee
	· Develop base-case financial model

Outcomes	· Alignment on high-level improvement opportunities · Development of base-case financial model
Deliverables	· High-level improvement opportunities · A report or presentation that identifies and presents overarching areas or opportunities for improvement within a business or organization.

(1) Key objectives (주요 목표)

Initiate engagement, expand business understanding and **align with key business objectives**
프로젝트 참여 시작, 비즈니스 이해 확장 및 **주요 비즈니스 목표에 부합**

(2) Activities

Kick-off engagement, establish Steering Committee and ensure alignment on critical business objectives.
프로젝트(engagement)를 시작하고 운영위원회를 구성하며 중요한 비즈니스 목표에 대한 합치/조율을 보장

- **Align on work processes**, schedule key meetings and attendees
  작업 프로세스를 조정하고 주요 회의 및 참석자 조율
- Clarify the roles of key team members and **interlinks**
  주요 팀 구성원의 역할 및 **상호 연결**을 명확히 함
- Define milestones and **key restrictions**
  마일스톤 및 **주요 제한 사항** 정의

Thoroughly assess the current state strategy, structures, functional roles, challenges and bottlenecks by:
다음을 통해 현재 상태 전략, 구조, 기능적 역할, 과제 및 병목 현상을 **철저히 평가**:

- Reviewing **existing information,** analyses and insights
  기존 자료, 분석 및 통찰력 검토
- Evaluating business **strengths and weaknesses**
  비즈니스 **강점 및 약점** 평가
- Conducting an **immersion workshop** involving key stakeholders from the business
  비즈니스의 주요 이해 관계자가 참여하는 **집중 워크숍** 실시

Refine key areas of opportunity and hypotheses, and present preliminary findings with Steering Committee for alignment
기회와 가설의 **핵심 영역을 구체화하고** 조율하기 위해 운영위원회에 사전(예비) 조사 결과를 제시

- Present and refine ongoing opportunities and hypotheses with the Steering Committee
   운영위원회와 함께 **진행 중인 기회와 가설** 제시 및 개선

Develop **base-case financial model**
기본 사례 재무 모델 개발

실무 tips   base-case financial model은 가장 가능성이 높은 시나리오를 기반으로 한 재무 모델입니다. 이 모델은 기업의 현재 재무 상태, 미래의 성장 전망, 예상되는 위험과 불확실성 등을 고려하여 작성됩니다.

(3) Outcomes (성과)

Alignment on **high-level** improvement opportunities
하이레벨 단에서의 개선 기회에 대한 조정

용어 tips   high-level: *위의 설명 참고

Development of **base-case financial model**
기본 사례 재무 모델 개발

(4) Deliverables (산출물/결과물)

High-level **improvement opportunities**
하이레벨 수준의 **개선 기회**

A report or presentation that identifies and presents **overarching areas** or opportunities for improvement within a business or organization.
비즈니스 또는 조직 내에서 개선을 위한 **전반적인 영역** 또는 기회를 식별하고 제시하는 보고서 또는 프레젠테이션

표현 tips | overarching areas: 전반적인 영역, 전반적인 범위. 비즈니스에서 회사의 전반적인 목표나 전략을 설명하는 데 사용될 수 있습니다.

Topic 006. 팀 소개

제안서에서 팀을 소개하는 방법에는 여러 가지가 있을 수 있습니다. 프로젝트 팀원을 모두 언급하는 경우보다는, 앞부분에서 간단히 소개한 뒤, 프로젝트의 리더급(Leadership)의 CV만 어펜딕스에 추가하거나 핵심 프로젝트 참여 인력의 CV를 추가하는 경우 등이 있습니다. 또한, 팀의 구조도(Governance)를 추가할 수도 있습니다.

한국에서는 CV를 첨부할 때 서술형보다는 bullet point로 학력 사항 및 이전 직장경험을 강조하는 경우가 많습니다. 상황이나 나라별로 다를 수는 있지만, 영어권에서는 학력 사항이나 이전 직장경험보다는 해당 수행 프로젝트와 유사한 경험을 간략히 서술하는 경우가 많습니다.

본문에서도 영어권에서 주로 사용되는 소개 방법인 관련 경력 서술 방법으로 리더십의 소개 페이지를 작성합니다.

Table 11. ABC team – Leadership

ABC team – Leadership	Other leaders to populate	
An experienced leadership team, combining international experience and deep retail expertise is ready to start working with you		
Leaders	**Relevant experience**	

Picture — Daniel Han, Partner, ABC South Korea Engagement Lead Partner	· Daniel brings 20 years of restructuring and M&A experience, leading large, complex cross-border advisory assignments for investing institutions, corporates, and creditor groups.
	· His relevant experience includes advising numerous companies in the retail industry through complex digital transformation initiatives, optimizing their online platforms, and enhancing customer experiences. Some notable examples include:
	  – Pesco, a retail giant, on their international expansion strategy, resulting in successful market entries in multiple countries and accelerated revenue growth.
	  – BluePin, a retail start-up, in securing investment funding and establishing a strong market presence.	

Picture — David Kim, Partner, ABD LLP Global Restructuring Leader	TBD	
Picture — Andrea Jo, Partner, ABC Singapore Asia-Pacific Consumer M&A Lead Partner	TBD	

(1) 작성 노트

Other leaders to populate: 다른 리더들 추가 예정(to populate)

실무 tips   아직 작성 중인 초안 단계의 장표이므로, 앞으로 다른 리더들의 소개가
추가될 예정이라고 노트를 남겼습니다.

(2) 헤딩

ABC team – Leadership

(3) 리딩 메시지

An experienced leadership team, combining international experience and
deep retail expertise is ready to start working with you.
국제적 경험과 깊은 **유통(리테일) 전문성**을 결합한(모두 갖춘) 숙련된 리더십 팀이 귀사와
함께 일할 준비가 되어 있습니다.

실무 tips   위와 같은 메시지가 너무 판매를 유도하는 마케팅 멘트처럼(salesy)
느껴진다면, 배제하고 바로 소개만 해도 좋습니다.

salesy pitch: 판매를 유도하는 멘트

(4) 리더

이름 + 직책(Partner, ABC South Korea Engagement Lead Partner)

(5) Relevant Experience (유관 경험/경력)

Daniel brings 20 years of restructuring and M&A experience, **leading** large, complex cross-border advisory assignments for investing institutions, corporates, and creditor groups.
Daniel은 20년의 구조 조정 및 M&A 경험을 바탕으로 투자 기관, 기업 및 채권자 그룹을 위한 대규모의 복합적인 국경 간 자문 업무를 **이끌고 있습니다**.

His relevant experience includes **advising numerous companies in the retail industry** through complex digital transformation initiatives, optimizing their online platforms, and enhancing customer experiences. Some notable examples include:
그의 경험으로는 복잡한 디지털 변환 이니셔티브를 통해 **유통업계의 수많은 회사를 자문하고** 온라인 플랫폼을 최적화하며 고객 경험을 향상시킨 사례를 들 수 있습니다. 몇 가지 주목할 만한 예를 들자면 다음과 같습니다.

- Pesco, a retail giant, on their international expansion strategy, resulting in successful market entries in multiple countries and **accelerated revenue growth.**
  거대 유통업체 Pesco의 국제 확장 전략을 통해 여러 국가에서 성공적인 시장 진입을 달성하고 **매출 성장을 가속화**했습니다.

- BluePin, a retail start-up, in securing investment funding and **establishing a strong market presence.**
  리테일 스타트업 블루핀에서 투자금을 유치하고 **강력한 시장 인지도를 확보**했습니다.

'글로벌 형식'으로 팀의 구조도(Governance) 추가하기

(1) Project steering committee

'steering'은 '항해하다'의 의미를 가지고 있습니다. Steering committee는 전체의 프로젝트가 순조로운 항해를 할 수 있도록 프로젝트의 방향을 제시합니다. 프로젝트의 결과물(deliverables)을 받고 이에 대한 의견을 제시하며(comment), 전체 결과물에 대한 승인을 담당합니다. 여기에는 클라이언트 회사의 CEO, CFO, 그리고 관련된 다른 멤버들이 포함됩니다.

Table 12. **ABC team – Governance**

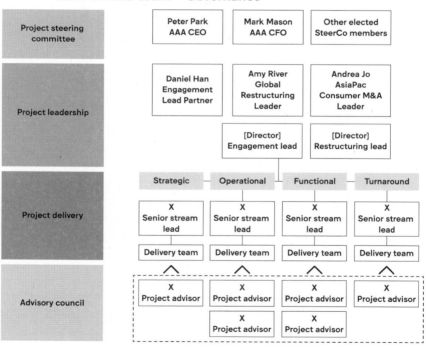

(2) Project leadership

앞에서 CV가 제공된 프로젝트의 리더들은 고객의 만족과 결과물의 퀄리티(quality of delivery)를 보장하는 책임이 있습니다.

(3) Project delivery

실무를 담당하는 'sprint team'은 Senior Manager(시니어 매니저, 한국의 부장급 이상)의 리드하에 협업하여 업무를 수행하게 됩니다. 시니어 매니저들은 해당 프로젝트 용역의 범위인 Turnaround 전략을 수립하고 실행하는 데(experienced in formulating and executing on the various elements of a turnaround strategy) 경험이 풍부합니다.

팀은 클라이언트(Mega Mart)와 협업하여 회사를 이해하고 데이터를 분석하여 문서 작업을 완료하며 다양한 이해관계자들(stakeholders)과 주요 영역들에 대하여 지속 가능하고 실행 가능한 미래의 모습(future state)을 구체적으로 그릴 예정입니다.

프로젝트 수행을 위해 네 가지 전문 영역별로 팀을 구성할 예정입니다.

a) Strategic(전략적, 전략 담당)

Focuses on developing and implementing **high-level plans and initiatives** that align with the overall goals and objectives of the project. This includes analyzing market trends, identifying growth opportunities, **conducting feasibility studies**, and formulating effective strategies to achieve desired outcomes.
프로젝트의 전반적인 목표 및 이에 일치하는 **하이레벨 수준의 계획 및 이니셔티브**를 개발하고 구현하는 데 중점을 둡니다. 여기에는 시장 동향 분석, 성장 기회 식별, **타당성 조사 수행**, 원하는 결과를 달성하기 위한 효과적인 전략 수립이 포함됩니다.

b) Operational(운영적, 운영 담당)

Revolves around the efficient execution of day-to-day activities and processes to ensure smooth project operations. This includes establishing operational frameworks, optimizing workflows, managing resources, and implementing performance measurement systems to track progress and make **necessary adjustments**.

일상적인 액티비티와 프로세스의 효율적인 실행을 **중심으로 진행하며** 원활한 프로젝트 운영을 보장합니다. 여기에는 운영 프레임워크 설정, 워크플로 최적화, 리소스 관리, 진행 상황 추적 및 **필요한 조정**을 위한 성과 측정 시스템 구현이 포함됩니다.

c) Functional(기능적, 기술적 담당)

Pertains to specialized knowledge and skills in **specific functional areas** relevant to the project. This includes expertise in finance, marketing, human resources, technology, logistics, or any other area that directly contributes to the successful execution of project tasks and objectives.

프로젝트와 관련된 **특정 기능 영역**의 전문 지식 및 기술을 다룹니다. 여기에는 재무, 마케팅, 인적 자원, 기술, 물류 또는 프로젝트 작업 및 목표의 성공적인 실행에 직접적으로 기여하는 기타 영역의 전문 지식이 포함됩니다.

d) Turnaround(턴어라운드 담당)

Focuses on revitalizing and transforming underperforming or troubled projects or businesses. This involves conducting a comprehensive analysis of the existing challenges, developing and implementing **restructuring plans**, managing stakeholders, and driving the necessary changes to restore viability and profitability.

실적이 저조하거나 문제가 있는 프로젝트 또는 비즈니스를 활성화(되살리고)하고 변화시키는 데 중점을 둡니다. 여기에는 기존 문제에 대한 종합적인 분석 수행, **구조 조정 계획** 개발 및 구현, 이해관계자 관리, 생존(성공) 가능성과 수익성 회복에 필요한 변화 추진이 포함됩니다.

(4) Advisory council

프로젝트의 고문단을 조성하여 전체 결과물에도 관여하고 제안하는 솔루션에 대한 검증 (Validity)을 가능케 할 예정입니다.

참여 인력 추가

다음은, 팀 소개에 핵심 참여 인력을 추가하는 경우입니다.

Table 13. ABC team – Core engagement personnel

Retail Consulting		Retail Advisory	
Picture	Name: Emily Lee Grade: Senior Consultant Location: South Korea Expertise: Financial Analysis and Modeling Role: Financial Analyst	Picture	Name: Grade: Location: Expertise: Role:
• Background • Experience • Key projects		• • •	
Engagement role • ... • ... • ...		Engagement role • • •	
Picture	Name: Grade: Location: Expertise: Role:	Picture	Name: Grade: Location: Expertise: Role:
• • •		• • •	
Engagement role • • •		Engagement role • • •	

(1) Core Engagement:

프로젝트 핵심 참여 인력. Engagement는 '참여'라는 뜻이지만, 컨설팅에서는 프로젝트의 참여 또는 프로젝트를 의미하기도 합니다.

(2) Name/Grade /Location/Expertise /Role

이름/직급/로케이션(어느 나라 소속인지)/전문 영역/역할을 의미하며, 예시는 아래와 같습니다.

- **Name:** Emily Lee (이름: 에밀리 리)
- **Grade:** Senior Consultant (직급: 과장)
- **Location:** South Korea (거주지: 한국)
- **Expertise:** Financial Analysis and Modeling (전문분야: 재무분석 및 모델 작성)
- **Role:** Financial Analyst (직무: 재무분석)

3. Background/Experience/Key projects
(배경/경력/주요 프로젝트)

Background: Bachelor's degree in Finance from OOO University and certified as a KICPA (Korean Institute of Certified Public Accountants). Brings expertise in financial planning, analysis, and optimization.
배경: OOO 대학교 재무학 학사 및 KICPA(한국공인회계사). 재무 계획, 분석 및 최적화에 대한 전문 지식을 제공

실무 tips | 영어로 자격이나 경력 사항을 기재할 때는, '과연 한국 상황에 대해 모르는 사람이 들어도 이해할 수 있는지'를 생각하며 작성해야 합니다. 예를 들어, '한국 회계사'를 말할 때는, 본문에서처럼, 그냥 accountant라고 적지 않고, certified as a KICPA라고 표현하는 것이 보다 적절합니다.

Experience: Conducted financial analysis for retail start-ups and assisted in the financial turnaround of struggling e-commerce companies.
경력: 유통 신생 기업에 대한 재무 분석을 수행하고 고전 중인 전자 상거래 회사의 재무 전환을 지원

Key Projects:
주요 프로젝트:

eFashion: Evaluated business model, assessed profitability, and developed financial forecasts for fundraising.
eFashion: 비즈니스 모델 및 수익성을 평가하고 자금 조달을 위한 재무 예측을 개발.

KOSMart: Identified cost inefficiencies, implemented cost-saving measures, and restored profitability.
KOSMart: 비용 비효율을 파악하고 비용 절감 조치를 시행하여 수익성을 회복.

HealthCare Solutions: Analyzed financial performance, identified areas for cost optimization, and supported strategic decision-making.
HealthCare Solution: 재무 성과를 분석하고, 비용 최적화 영역을 식별하고, 전략적 의사 결정을 지원.

eTravel: Assessed revenue streams, analyzed market trends, and developed financial models for growth initiatives.
eTravel: 수익 흐름을 평가하고, 시장 동향을 분석하고, 성장 이니셔티브를 위한 재무 모델을 개발

(4) Engagement role (참여 역할)

해당 프로젝트에서 어떤 역할을 담당하는지를 작성합니다.

Analyze financial data, identify areas of improvement, develop financial models, and provide strategic recommendations to optimize financial performance.
재무 데이터를 분석하고, 개선 영역을 식별하고, 재무 모델을 개발하고, 재무 성과를 최적화하기 위한 전략적 권장 사항을 제공

그저 아쉬운 건 경험뿐

본 책의 기획 단계에서 타깃 독자 조사를 하면서 실제 업무 반경이 영어에 가까울수록 영어 공부에 대한 필요 역시 높다는 점을 확인했습니다. 영어 업무 환경에서 정석적인 표현으로 해도 무방하지만 좀 더 원어민이 즐겨 사용하는 표현으로 대응하고자 하는 욕구, 현장에서 그에 적합한 영문 표현을 구사할 때 리서치의 시작점을 찾고싶어 하는 경우, 당장 내일 영어 발표를 앞둔 막막함에 적절한 자료만 구할 수 있다면 밤을 새워서라도 외울 각오가 되어 있는 실무자, 한국인들로만 모으더라도 영어업무 능통의 글로벌 팀으로 구성하고 싶다는 스타트업 대표, 실무 단계에서 제안서나보고서 작업 시 좀 더 간결한 스타일이나 용어로 정리해야 할 필요, 매번 다루는 주제지만 검색에 기대지 않고 속도감 있게 업무를 처리하는 데 어려움을 겪는다는 소회 등인더스트리 맥락으로 비즈니스 영어 활용 역량을 높이고 싶다는 수요가 여전했습니다.

저자의 목소리가 들리는 원고와 그렇지 않은 원고. 책을 준비하면서 늘 기준으로삼고자 하는 명제입니다. 책을 읽는다는 것은 곧 저자의 경험을 듣는 것이고 그에따른 정보 값을 확인하는 것이기에 독자 입장에서 간접의 간접 경험이 되지 않으려면 현장 감각을 적극 전해줄 수 있는 저자의 경험치는 언제나 그렇듯 책의 중요한시작점이 됩니다.

M&A 뉴스에서 자주 접하게 되는 LBO 등의 개념이나 재무 실사, 부동산 프로젝트 파이낸싱 관련 용어, 일견 러프해 보이나 속도감 있는 영문 이메일 등 그저 이론적이기만 할 것 같은 개념도 저자의 경험이 깃든 설명을 대하노라면 버터가 녹듯 이해가 쉬워집니다.

끝점이 있을까 싶은 영어를 지식의 낱알로 공부하면서 우리에게 필요한 언어 습득의 태도 역시 경험이라는 버터가 아닐는지요. 아니면, 적어도 맥락이 작동하는 진정한 의미의 상상력일 수 있습니다. 사람인 사람은 없듯, 영어인 영어도 없을 테니 그런 의미에서 언제나 아쉬운 건 경험입니다.

컨설턴트인 저자의 풍부한 경험에 기반하여 맥락 가득히 전해드린 본 비즈니스 영어가 여러분의 영어적 상상력을 일깨울 수 있기를 바랍니다. 드라이한 정보로 구성된 맵 위에 경험이라는 호흡을 더하여 그 안에서 휘발되지 않는 여러분의 영어가 온전히 쌓여갈 수 있기를 응원합니다.

편집자 김효정